国家社科基金西部项目"西北少数民族教育公平发展研究"(08XMZ041)结项成果

西北师范大学青年文丛

西北少数民族地区课程政策实施研究

基于教育公平的视角

张善鑫 著

中国社会科学出版社

图书在版编目(CIP)数据

西北少数民族地区课程政策实施研究：基于教育公平的视角/张善鑫著.—北京：中国社会科学出版社，2017.3

（西北师范大学青年文丛）

ISBN 978-7-5161-9472-0

Ⅰ.①西⋯ Ⅱ.①张⋯ Ⅲ.①少数民族-民族地区-课程-教育政策-研究-中国 Ⅳ.①G520

中国版本图书馆 CIP 数据核字（2016）第 308837 号

出 版 人	赵剑英
责任编辑	王 茵　张 潜
责任校对	胡新芳
责任印制	王 超

出　　版	中国社会科学出版社
社　　址	北京鼓楼西大街甲 158 号
邮　　编	100720
网　　址	http://www.csspw.cn
发 行 部	010-84083685
门 市 部	010-84029450
经　　销	新华书店及其他书店

印刷装订	北京君升印刷有限公司
版　　次	2017 年 3 月第 1 版
印　　次	2017 年 3 月第 1 次印刷

开　　本	710×1000　1/16
印　　张	18
插　　页	2
字　　数	259 千字
定　　价	76.00 元

凡购买中国社会科学出版社图书，如有质量问题请与本社营销中心联系调换
电话：010-84083683

版权所有　侵权必究

序

刘旭东

民族教育是国家教育工作、民族工作的重要组成部分，它的健康和谐发展与民族素质的提高、国家的长治久安和社会的和谐发展密切相关。长期以来，国家对民族教育给予了高度重视，在不断加大财政投入力度、积极改善民族教育办学条件的同时，还对提升民族教育的内涵和质量方面做了大量的工作。基础教育是任何一个民族步入现代化的奠基性工程，在民族现代化的过程中具有基础性、先导性、战略性的地位和作用。

由于缺乏历史基础，民族地区具有现代性质的中小学是在较低的起点上发展起步的。但经过近百年来的发展，特别是近30多年，实现了跨越式的发展，成就是显著的。尽管某些统计数据与全国平均水平相比还有一定的差距，还存在诸如教育投入不够、办学条件差、教师学历合格率偏低、教学质量不高等问题，其中有些问题随着国家的发展和当地经济的发展，相对容易解决。但还存在某些更为内在的、亟待解决的问题。（1）民族地区基础教育的某些重要的发展指标不稳定，保持工作异常繁重。民族地区基础教育的发展需要多方面的支持方能实现，但由于民族地区经济、社会发展水平不高，特别是经济发展水平还十分有限，群众的生活水平还不高。如果在生活中出现困难，子女教育就必然会首当其冲地受到影响。（2）学生课业负担重，学习压力大，课程内容远离民族地区学生的生活经验与当代社会、科技发展的要求。（3）教学方法机械、死记硬背，严重挫伤学生学习的积极性。民族地区的学生在心理素质、学习和生活习惯等方面与普通学校的学生相比存有差异，民族地区基础教育的课程设置与教材内容应能适合各民族学生的特点。正如美国多元文化教育专家班克斯所指出的："少数民族学生学业成就低下的主要原因之一就是缺乏合理的民族教育模式。他们一直接受的是主流文化的教育模式。"(4) 教师工作负担重、压力大，工学矛盾突出。(5) 学校缺乏办学的自主权、主动性，缺乏富有特色的办学理念。上述问题的存在，使民族地区基础教育在民族地区经济、社会发展中的独特作用还不能充分展现出来。现代化理论认为，一个国家或民族的现代化需要多方面条件的支持，但其中最为重要的是自身内部的需要和发展能力。循此，在民族地区基础教育的发展中最重要的是提高民族地区基础教育的内在品质，使其有自我再生和自我发展能力。然而，近年来，民族地区基础教育在发展中更多的是对外在条件的关注，对提升其内在品质却关注得不够，这是值得重视的具有战略意义的问题。

认真反思和总结民族地区基础教育的发展道路，民族地区基础教育的发展受制于多重因素，其中有些影响因素十分微妙。如果能够探幽寻密、深入研究，就越能够全面深入地揭示民族地区基础教育发展的特殊性。然而，在以往的相关研究中，存在着对民族地区基础教育发展的客观环境和客观物质条件进行描述和研究，忽视对民族地区基础教育发展的主观条件、文化环境、精神建构的研究；重视对民族地区基础教育发展的"应然"状态的研究和描述，忽视对"实然"状态全面细致的分析；重视与发展民族地区基础教育"硬"指标相关问题的研究，忽略对"软"条件的研究，部分研究在低水平上重复。在今后的研究中，随着发展民族地区基础教育的外部条件的逐步改善，在民族教育现代化的过程中，须对影响民族地区基础教育质量的内在因素做更加全面细致的研究。

民族地区基础教育现代化的关键有两个：一是要重视课程建设，提高教学质量。课程与教学是学校教育为学生发展所设计的"跑道"，是学校教育的主战场。在基础教育现代化的过程中，无一国家或地区不是对其有突出的认识和体悟的。20 世纪 80 年代以前，相当一批工业化国家在基础教育的发展中，把目光聚焦在了办学条件、经费投入、师资学历等硬指标上，但是后来他们发现，这些因素之于基础教育现代化的作用并不是万能的，过于倚重这些因素的作用会误导民族地区基础教育的健康发展，使之在低水平上徘徊而不能超越。因此，20世纪80年代以后，各国纷纷把课程与教学改革作为实现本国基础教育现代化的关键和突破口，把改革课堂教学作为重心，想方设法提高课堂教学质量。二是切实关注多元文化背景下的教师专业发展问题。依据斯滕豪斯提出的"教师是研究者"的思想，不能再把他们仅仅作为"授—受者"，而应视为传授文化过程中的新文化的创造者，是新型人格的塑造者。在今后民族地区基础教育的发展中，对教师队伍建设，特别是教师队伍的专业发展给予特别的关注，把这看作实现民族地区基础教育跨越式发展的保证。

切实加强对提高民族地区基础教育教学质量的研究是民族教育实现内涵式发展的必由之路。尽管民族地区基础教育的发展受制于诸多外在条件，而且在一定条件下，它们的影响和制约作用还表现得很明显。但民族教育学原理却表明，在任何情况下，民族地区基础教育的发展都有它的相对独立性，特别是在建设具有本土性的课程、提高教学质量方面，是能够有大的作为的。影响课程建设和教学质量的提高的最主要因素是人而不是物，教师教学观念、课程理念的转变与教学行为的转变间存在着密切的内在关联，充分认识这一点、发掘其所具有的价值是提高民族地区基础教育的教学质量的关键。然而在这方面的研究还有待于进一步切实加强。当前，在对课程的本土化建设方面还做得不够，教学内容还未能密切地与民族地区学生的生活经验和实际相关联，本土资源的开发利用工作还不够充分，还未能形成有民族地区特色的开发利用本土教学资源的途径与方法，在课程与教学中还存在着浓重的"舶来"、"移植"色彩。这是在今后的民族地区基础教育研究中需要切实加强的方面。

多年来，本着提高民族教育、使其实现内涵式发展的愿望，政府制定了一系列关乎课程和教学的政策、规章制度，本书以此为主线，从绩效评估的视角对其做出研究，选题具有重要的理论价值和实际意义。在论述中，本书着力从幸福的层面诠释教育公平，提出了课程公平是更深层次的教育公平的观点，深化了对教育公平的理解与认识，并为全书确立了最基本的学术观点和视角，反映出较高的理论水平。在此理论建构的基础上，较好地使用了问卷、访谈、观察等实证性的研究方法，由此获得了较为丰富的第一手资料和信息，使相关认识建立在充分的论据基础上，做到了持之有故、论之有据，提升了本书的说服力。

　　本书的学术价值主要体现在以下方面：一是从对教育公平的外在性认识转换到从内在性即从民族教育课程的角度认识教育公平，深化了对教育公平问题的认识和把握。本书以课程政策为抓手，对西北民族地区［调查主要集中甘肃、宁夏、青海三个省（区）的藏族、回族聚居地区］学校教育中的课程和教学方面存在的问题进行了深入的分析和解读，并提出了相应的政策建议。二是对促进民族教育公平发展的主观因素进行了分析和考量。本书富有创见地指出，以客观资源配置的尺度评说教育公平是否达标只是一种基本的事实判断；从民族教育发展的内涵来说，它更是一种基于事实判断的主观价值判断，是人们主观认知的平衡状态。基于此种认识，本书不仅对西北民族教育发展中客观要素进行了考察，而且也调查了在课程政策实施中各利益相关者的心理矛盾和文化冲突，从而为民族教育政策改进和民族教育公平发展提供了心理依据。三是本书对政策实施的各个利益相关者进行了"社会调查"，力图从不同的角度"全景式"揭示民族教育公平发展进程中出现的问题，所获得的结论改变了以往教育研究中仅仅针对学校师生的单纯的、就事论事式的"教育调查"。四是通过本书能为相关决策部门提供咨询和决策意见。

　　学无止境。在民族教育领域，张善鑫博士已经做出了可喜的成果，期待他能够在现有的基础上，继续不断拓展自己的学术研究空间和领域，并且有更好的成果问世。是为序。

2015 年 12 月于西北师范大学

目 录

第一章 绪论 …………………………………………………………（1）
  第一节 研究背景 ………………………………………………（1）
    一 研究缘起 …………………………………………………（1）
    二 研究视角 …………………………………………………（4）
    三 研究意义 …………………………………………………（7）
    四 研究的框架与思路 ……………………………………（10）
  第二节 理论基础与文献述评 …………………………………（11）
    一 理论基础 …………………………………………………（11）
    二 文献综述 …………………………………………………（25）
    三 已有研究反思与本书问题界定 ………………………（51）
    四 本书基本概念界定 ……………………………………（54）
  第三节 研究方法选择与实施 …………………………………（55）
    一 研究方法选择 …………………………………………（55）
    二 具体实施 ………………………………………………（60）
    三 资料收集 ………………………………………………（66）

第二章 教育公平理念下西北少数民族地区课程
       及其政策理论 ………………………………………（68）
  第一节 民族地区学校课程的职能 ……………………………（69）
    一 基于少数民族学生发展的视角 ………………………（69）
    二 基于"多元文化整合教育理论"的思考 ………………（72）
  第二节 合理"放权"的课程及政策改革 ………………………（74）
    一 "放权"的目的是促进课程决策民主化 ………………（75）

二 "放权"的实质是课程权力的分配更合理 ……… (77)
　　三 "放权"的阈限是寻求课程权力的制衡点 ……… (79)
 第三节 公平理念下课程政策的人文价值诉求 ……… (81)
　　一 教育公平与教育幸福复合的政策理想 ………… (81)
　　二 "有幸福感的教育公平"的政策追求 …………… (84)
　　三 探寻教育幸福之路的政策目标 ………………… (90)
 第四节 确立"关注学生全面发展"的课程政策理念 …… (94)
　　一 关照少数民族学生生活经验的政策立足点 …… (95)
　　二 促进民族地区人口素质提高的政策价值 ……… (97)
　　三 完善少数民族特色教育资源整合机制 ………… (100)
 第五节 多元文化教育背景下西北民族地区学校
　　　　课程理论的建构 ………………………………… (104)
　　一 落实多元文化教育的课程理念 ………………… (104)
　　二 构建充满张力和弹性的课程体制 ……………… (106)
　　三 关照学校课程特殊性的实施设想 ……………… (107)
　　四 落实三级课程管理的规定 ……………………… (111)

第三章 教育公平理念下西北少数民族地区课程政策
　　　　实施问题考察 …………………………………… (118)
 第一节 进入现场与问题界定 …………………………… (118)
　　一 "田野"工作说明 ………………………………… (119)
　　二 走进现场与观察 ………………………………… (122)
 第二节 师生的课程与教学观现状分析 ………………… (131)
　　一 课程与教学观调查 ……………………………… (131)
　　二 课程与教学问题梳理 …………………………… (139)

第四章 教育公平理念下西北民族地区学校课程政策
　　　　实施实证分析 …………………………………… (148)
 第一节 课程政策利益相关者对政策的认知 …………… (148)
　　一 师生对相关规定和要求的认知 ………………… (148)
　　二 政策利益相关者的政策态度 …………………… (153)

三　基本结论 …………………………………………… (164)
　第二节　课程政策在民族地区学校的适切性 ……………… (165)
　　一　学校课程与教学的现状 …………………………… (165)
　　二　课程政策适切性分析 ……………………………… (168)
　　三　基本结论 …………………………………………… (186)
　第三节　课程政策实施的效果 ……………………………… (187)
　　一　课程开设的现状 …………………………………… (187)
　　二　课程政策的实际效果 ……………………………… (189)
　　三　利益相关者对课程政策实施效果的评价 ………… (192)
　　四　基本结论 …………………………………………… (197)
　第四节　政策实施后利益相关者的主观公平感 …………… (198)
　　一　学生的主观公平感 ………………………………… (199)
　　二　教师的主观公平感 ………………………………… (202)
　　三　基本结论 …………………………………………… (203)
　第五节　政策利益相关者的政策期待 ……………………… (205)
　　一　家长的政策期待 …………………………………… (205)
　　二　师生的政策期待 …………………………………… (206)
　　三　基本结论 …………………………………………… (208)

第五章　教育公平理念下提升西北民族地区课程政策
　　　　实效性的建议 ………………………………………… (209)
　第一节　学校师资补充与双语师资的培养和培训 ………… (209)
　　一　加大民族地区师资补充的政策建议 ……………… (210)
　　二　加强民族双语师资的职前培养和职后培训 ……… (211)
　第二节　民族地区基础教育的价值反思与学生的
　　　　　就业政策 …………………………………………… (217)
　　一　民族地区基础教育价值取向的反思 ……………… (217)
　　二　制定少数民族学生就业政策的建议 ……………… (218)
　第三节　加强少数民族学生民族文化传承意识的培养 …… (223)
　　一　做好民族学生民族认同感的教育 ………………… (223)
　　二　做好民族学生文化平等观的教育 ………………… (224)

三　创新民族文化传承的形式 …………………………（225）
　第四节　落实好民族预科政策与双语教学政策 ……………（227）
　　　一　落实好民族学生预科教育政策 …………………（227）
　　　二　进一步完善民族地区双语教学政策 ……………（232）

结语　促进西北少数民族教育公平发展的思考 …………（241）
　第一节　加强教育政策的文化价值研究 ……………………（241）
　第二节　加强对课程政策实施效果的跟踪和评估 …………（244）
　第三节　加强对政策利益相关者合法权益的
　　　　　协调和有效监督 ……………………………………（246）

附　录 ……………………………………………………………（248）
　附录一　"西北少数民族地区教育公平发展研究"
　　　　　教师调查问卷 ………………………………………（248）
　附录二　"西北少数民族地区教育公平发展研究"
　　　　　学生调查问卷 ………………………………………（253）
　附录三　"西北少数民族地区教育公平发展研究"
　　　　　教育行政官员访谈提纲 ……………………………（258）
　附录四　"西北少数民族地区教育公平发展研究"
　　　　　校长访谈提纲 ………………………………………（259）
　附录五　"西北少数民族地区教育公平发展研究"
　　　　　教师访谈提纲 ………………………………………（260）
　附录六　"西北少数民族地区教育公平发展研究"
　　　　　学生访谈提纲 ………………………………………（261）

参考文献 …………………………………………………………（262）

后　记 ……………………………………………………………（273）

图表目录

图 1—1　研究基本框架图 …………………………………………（10）
图 1—2　知识类型与课程形态对应关系图 …………………………（15）
图 1—3　研究文献梳理结构图 ………………………………………（26）
图 3—1　学校的"三语"宣传标语 …………………………………（120）
图 3—2　教室里民族服装遭遇的"尴尬"与课间学生的
　　　　　"随机应变" …………………………………………（125）
图 3—3　学生对"课程"理解的频数统计结果 ……………………（136）
图 3—4　学生对课程积极作用的频数统计结果 ……………………（146）
图 4—1　学校开齐课程情况的频数统计结果 ………………………（188）
表 1—1　西方教育公平流派的理论观点与改进路线图 ……………（18）
表 1—2　欧洲的教育公平指标框架表 ………………………………（20）
表 1—3　课程政策实施实效性分析框架 ……………………………（58）
表 1—4　问卷调查样本分布表 ………………………………………（66）
表 3—1　学生对"民族教育"理解的编码结果 ……………………（132）
表 3—2　学生对"课程"理解的编码结果 …………………………（134）
表 3—3　学生对"教学"理解的编码结果 …………………………（137）
表 3—4　学生对"学习困难"理解的编码结果 ……………………（141）
表 3—5　学生对课程在自身发展中的认识的编码结果 ……………（145）
表 4—1　学生对课程与教学相关规定了解途径的
　　　　　主观判断结果 …………………………………………（150）
表 4—2　学生对教师的要求和规定熟悉程度的
　　　　　描述统计结果 …………………………………………（150）

表4—3　师生对学校课程管理相关规定了解情况的
　　　　描述统计结果 …………………………………………（151）
表4—4　学生对学校生活的态度和积极性的
　　　　描述统计结果 …………………………………………（154）
表4—5　学生认为教师在教学中努力程度的调查结果………（156）
表4—6　Z中学高考成绩与该县一中的横向比较 …………（157）
表4—7　2011年Z中学初中毕业会考成绩与全县
　　　　水平的比较 ……………………………………………（158）
表4—8　Z中学的课程形式等演进情况 ………………………（165）
表4—9　Z中学中民族语文和汉语文课程开设情况 …………（166）
表4—10　学生对教师要求达致程度的描述统计结果 ………（168）
表4—11　课程内容对不同民族学生的适切性判断的
　　　　　描述统计结果 …………………………………………（171）
表4—12　教师对少数民族学生关照程度的
　　　　　描述统计结果 …………………………………………（173）
表4—13　学校对不同民族学生要求的描述统计结果 ………（174）
表4—14　课程开设与学生实际相符合程度的描述
　　　　　统计结果 ………………………………………………（178）
表4—15　教师对学生学习困难判断的统计结果 ……………（180）
表4—16　学生对自己学习困难判断的统计结果 ……………（181）
表4—17　学生教学评价机会的描述统计结果 ………………（183）
表4—18　学生对当前学业评价形式认识的
　　　　　描述统计结果 …………………………………………（183）
表4—19　学生对课程开设参与程度的描述统计结果 ………（184）
表4—20　学校教师参与教学管理程度的调查结果 …………（185）
表4—21　民族地区城乡教师工作量（任教科目数、
　　　　　周课时）的比较 ………………………………………（185）
表4—22　民族地区不同学段教师工作量（任教科目数、
　　　　　周课时）的比较 ………………………………………（186）
表4—23　学校课程对提高学生社会适应能力作用判断的
　　　　　描述统计结果 …………………………………………（190）

表 4—24	学生对地方课程和校本课程了解程度的描述统计结果	（190）
表 4—25	教师对课程结构重要性程度的排序结果	（191）
表 4—26	家长对学校教育教学质量评价的描述统计结果	（193）
表 4—27	家长对学生学习内容评价的描述统计结果	（194）
表 4—28	学生家长对学生学习关注程度的描述统计结果	（195）
表 4—29	学生家长辅导学生学习情况的描述统计结果	（197）
表 4—30	教师在教学中对待学生公平程度的描述统计结果	（200）
表 4—31	学生自我公平感的描述统计结果	（200）
表 4—32	学生获知民族知识途径的排序结果	（201）
表 4—33	教师对目前学校公平现状判断的描述统计结果	（203）
表 4—34	家长对学生学习内容期望的描述统计结果	（205）
表 4—35	学生对老师课程建议判断的描述统计结果	（206）
表 4—36	学生对学校评价方式改进预期的描述统计结果	（207）

第一章

绪 论

近年来,教育公平问题成了教育研究领域中的焦点问题,当前国家已把"促进公平作为国家基本的教育政策"[①]。西北少数民族地区教育因其特殊性使公平发展问题更加突出,促进公平发展任务更为艰巨,研究西北民族地区的教育公平问题无疑具有重要的理论和现实意义。反观以往有关教育公平的研究,大多数是从资源配置的视角审视教育公平问题的,本书拟从个体主观感受的层面建构课程政策,审视教育公平问题。众所周知,民族教育是民族文化传承的主要途径和方式,民族地区学校课程是民族文化传承的重要载体,亦是在课程与教学层面审视民族教育公平问题的切入点。如何通过学校的课程传承少数民族文化、助推少数民族学生全面发展、实现教育公平始终是民族教育研究的核心问题。本书正是基于这种考虑选择民族地区的课程政策作为切入点,对民族地区现行课程政策的实施效果进行考察,试图通过这一研究揭示西北少数民族地区教育公平发展的政策因素。

第一节 研究背景

一 研究缘起

2005年笔者硕士毕业留校后,有幸在教育部人文社科重点研究基地西北师范大学西北少数民族教育发展研究中心工作。这里因为

[①] 《国家中长期教育改革和发展规划纲要(2010—2020年)》,2010年7月29日。

前辈长期研究的积淀，拥有研究西北少数民族教育得天独厚的研究资源，并经常有机会受到熏陶和学术训练。后来由于工作关系，笔者接触少数民族教育的机会便日渐增多，每到民族地区进行教育调研，笔者都会自然而然地把自己已有的生活方式、风俗习惯等和在民族地区看到的这些情况进行"下意识"的比较，民族地区学校师生那种"另类"的生活方式给了笔者太多的吸引。在笔者这个没有任何少数民族教育概念和体验的"局外人"心目中，经常充满了好奇甚至是疑惑和追问。遗憾的是，有时候去民族地区多是走马观花地"看"和来去匆匆地"听"，笔者脑海中类似"少数民族为什么那么做"这样的问题始终没有合适的时机探寻答案。2008年7月，笔者申报的国家社会科学基金西部项目"西北少数民族教育公平发展研究"批准立项，给了笔者很大的支持和鼓励。但实事求是地说，这个题目很泛，笔者开始考虑并着手少数民族教育的研究。前期工作中笔者也经常去少数民族地区和民族学校调研，对于脑海中的那些"是什么"的问题开始有所了解，也找到了部分答案。但那些"为什么"的问题却一直没有找到理想的解释。在对这些问题的长期思考中，基于社科基金申报时的前期设计和项目经费的支持，"民族教育"便成了研究选题中的第一个关键词。

在确定本书的第一个"关键词"后，笔者开始查阅相关主题的文献资料，这其中包括国家的政策、法律、法规，其中近年来在教育研究文献中出现了一个焦点问题，就是教育公平。如党的十七大报告指出，"教育是民族振兴的基石，教育公平是社会公平的重要基础"。全国教育工作会议（2010）提出："促进教育公平，要着力促进教育制度公平，全面推进依法治教和依法治校，坚持用规范管理维护教育公平，探索教育行政执法体制机制改革，完善督导制度和监督问责机制。"这就表明，促进教育公平，在党领导人民全面建设小康社会、构建社会主义和谐社会的进程中，是一项具有全局性、战略性的任务，也是我国教育改革和发展坚定不移追求的目标。2010年颁布的《国家中长期教育改革与发展规划纲要（2010—2020年）》指出："把促进公平作为国家基本教育政策，教育公平是社会公平的重要基础。教育公平的关键是机会公平，基本要求是保障公民依法享有受教育的权利，重点是促进义务教育均衡发展和扶持困难群体，根本措施是合理配置教育资源，向农村地区、边远贫困地区和民族地区倾斜，加快缩小教育差距。教育公平的主要责任在政府，全社会要共同促进教育公平。"2015 年 8 月，国务院印发《关于加快发展民族教育的决定》，其中指出，坚持缩小发展差距。坚持民族因素和区域因素相结合，完善差别化区域政策，分区规划，分类指导，夯实发展基础，缩小发展差距，促进教育公平，绝不让一个少数民族、一个地区掉队，推进民族教育全面发展。这些文件和规定表明，我国现阶段促进教育公平的基本目标是确保机会公平，争取条件公平，关注结果公平，以义务教育为重点，通过合理配置公共教育资源、扩大社会教育资源，城乡之间、区域之间、学校之间、人群之间的教育差距不断缩小。相关研究也证明，教育公平问题是当前政策关注的重大教育现实问题。教育公平问题研究的理论意义不言而喻。后来笔者结合在民族地区调研的实际发现，在民族地区教育发展"硬件"基本达到保障的前提下，少数民族教育发展的"软件"开始受到前所未有的关注。就教育公平发展的实践来看，在学生的入学权利没有得到保障的背景下，探讨教育公平问题的切入点是保障每个儿童"有学上"；当入学公平得到基本保障的前提下，教育公平问题的探讨便转向了"上好学"这样一个过程公平的问题。在"有学上"和"上好学"的问题基本解决的前提下，探讨教育公平问题的着眼点便是"学习好、发展好、生活好"这样的结果公平，但是怎样才能使学生"学习好、发展好、生活好"有很多维度，研究拟以罗尔斯《正义论》中的程序公正为基本的理论支撑，对影响学生"学习好、发展好、生活好"的政策因素进行研究和反思，"教育公平"也就理所当然地被界定为本书的第二个关键词。

两个关键词界定后，研究的基本方向便是"民族地区的教育公平"问题了，但随之而来的问题是，教育公平的内涵和外延太大了，从哪里做起？"研究的抓手到底在哪里？"笔者开始思索并查阅了相关的文献，发现我国在少数民族地区教育发展过程当中实施了大量的倾斜性政策（详见"文献综述"部分）。但对政策实施的效果和现状缺乏必要的反省和审视，有必要对某些教育政策出台的背景、政策实施的效果和后续政策改进的思路进行重新定位和思考，以提高政策执行的效果，提升民族教育发展的质量。当前，从整个民族教育政策研究的趋向来看，已从促进民族教育发展的外部"支持性"政策转向对学校内部"发展性"政策的关注和探讨了。换句话讲，已经从外部的资源、资金扶持转向学校的课程和教学了。在学校教育层面，课程政策是体现国家少数民族语言和文化政策的重要组成部分，是关涉少数民族教育公平发展的制度保障，更是涉及民族地区教育教学质量提升的"学校内部的发展性政策"之一。课程政策执行的效果怎么样？有必要对其实施的效果进行反省和检视，"课程政策"经权衡和思考之后被确定为本书的第三个关键词。

在后来的思考与文献检索当中，研究发现课程政策还是一个内涵很宽泛的范畴，作为一项公共政策，课程政策包括制定、执行、评估、改进等多个方面，到底从哪一个环节去审视民族地区的课程政策，又成了一个现实的问题。通过文献检索发现，对民族地区的政策实施缺乏必要的评估是少数民族政策研究基本现状，研究能否对这一政策进行相应的评估和跟踪研究？笔者又深感力不从心，必须进一步界清研究问题，缩小研究范围。一番思索后，笔者决定仅对课程政策实施的一个方面——政策实施的效果进行研究。后来在实际做的过程中又发现了一个棘手的问题，即我国有55个少数民族，对全国少数民族地区学校课程政策实施效果进行研究不大可能，课程政策的研究范围还需要进一步明确。鉴于区位、地域特点和研究可行性的考量，将最终研究范围确定为"西北少数民族地区"。实践表明，这不仅有一定理论和现实意义，而且也有一定的可行性。这样经过了反反复复一年多痛苦的思索，本书最终界定为"西北少数民族地区课程政策实施研究——基于教育公平的视角"。

二 研究视角

我国是世界上较早在少数民族地区实行特殊教育政策的国家。从20世纪50年代起，党和政府就对少数民族地区实行了"民族区域自治"制度并进行了相应的立法。《民族区域自治法》规定："民族自治地方的自治机关为少数民族牧区和经济困难、居住分散的少数民族山区,设立以寄宿为主和助学金为主的公办民族小学和民族中学,保障就读学生完成义务教育阶段的学业。办学经费和助学金由当地财政解决,当地财政困难的,上级财政应当给予补助。招收少数民族学生为主的学校(班级)和其他教育机构,有条件的应当采用少数民族文字的课本,并用少数民族语言授课;根据情况从小学低年级或者高年级起开设汉语文课程,推广全国通用的普通话和规范汉字。""采用民族语言教学,不仅体现了民族平等,也符合教育规律。一种民族语言就是一座民族文化的宝库,人们学习和使用自己民族语言的过程,也就是学习和继承自己民族文化的过程。跨文化的心理研究证明,如果儿童所受的启蒙教育不是以他所熟悉的母语为工具,其结果是儿童既无法理解和掌握所学知识,而且思维方式也严重受阻。"[1] 因此,党和政府在我国民族教育实践中,对少数民族教育事业的发展向来采取"重点扶持,优先发展"原则和措施。

在对教育公平做过制度化的努力、民族地区的教育发展达到了一个基本的底线(相对公平的要求)之后,代之而起的则是人们对非制度化教育公平的追求和预期。换句话讲,当人们对教育公平的物质努力达到一定程度后,面临的另一个问题必然是对教育公平更高层次的追求。如果还用原来的起点公平、过程公平和结果公平标准审视教育公平问题的话,就难免会把教育公平问题机械化和标准化,导致追求"一模一样"的实践取向。由于历史发展的原因,民族地区的教育在发展过程中凸显了具体问题,使教育公平问题更为突出,有必要对这一发展进程进行更微观的审视。本书拟以民族地区的课程政策为切入点,以课程政策的实施为研究主题,从教育公平的角度探讨课程政策在实施过程中产生的问题以及在人的主观方面产生的矛盾和冲突。目前有学者提出了"有质量的教育公平"[2]的论断。本书试图从民族地区的课程政策入手,对"有质量的民族教育发展"的内涵进行尽可能的解读。有研究认为,"有质量"就

---

[1] 哈经雄、滕星:《民族教育学通论》,教育科学出版社2001年版,第175页。
[2] 陈如平:《走向有质量的教育公平》,《中国教育报》2007年8月18日第3版。

是教育效率的提高。事实上，学校教育效率提高从根本上讲涉及课程和教学的效果，课程政策实施的有效性是提高教育质量的基本要件，即教育发展达到一个相对公平的程度和底线之后，要求研究者要切实关注民族地区影响教育发展的、关涉教育质量提升的相关政策和措施。

纵观国家近年来在少数民族地区实施的大量倾斜性的带有明显优惠性质的教育政策，这些政策的实施的确为少数民族地区教育发展发挥了雪中送炭的积极作用，为促进西北少数民族教育公平发展奠定了坚实的基础。但却有一部分倾斜性的优惠政策在实际操作中出现了一些问题，有些甚至违背了政策设计者的初衷。少数民族学生在面对主流文化与本民族文化的两难选择中，内心不可避免地出现了焦虑、恐慌甚至抵触情绪。在当前推进教育公平的大背景下，对这些政策出台的背景及其在实施过程中表现出的文化冲突和政策利益相关者的心理矛盾进行探讨和分析，具有一定的理论和现实意义。本书拟探讨西北少数民族地区教育发展凸显的"非公平"因素中的"政策问题"，为构建西北民族地区的学校课程以及课程政策、为"有质量的教育公平"寻求新的支点。

从某种程度上讲，国家在民族地区实施倾斜性的教育政策集中反映了国家的教育公平导向，体现了国家的教育意志和政府的教育意愿。换句话讲，国家特殊的教育政策反映了政府决策者的教育愿望，但政策实施的过程中又在某种程度上"改变"和"修正"着民族地区普通民众的"教育观"或"教育理想"，出现了与决策者的初衷不相一致的情况。这样必然在人们内心产生若隐若现的"文化冲突"甚至是"教育矛盾"。当然，再完善的教育政策都不可能完全弥合利益相关者的教育期望，实现所有人的教育理想。在理想和现实的博弈中，这种矛盾集中体现在政府决策者和普通民众对教育政策（包括课程政策）的理解上，造成了一些具体的教育政策在执行过程中的"变形"和"走样"，出现了决策者不曾预料的政策"偏差"。在人们的传统理解上，认为这种现状只能靠政府的"强力"去改变。殊不知，对待人们的内心矛盾与冲突，这种强力有时却表现得无能为力，收效甚微。本书拟以民族地区的课程政策为依托，在教育公平的视角下，探讨课程政策的实施效果，同时在政策绩效的评估中，引入教育公平的主观指标评判课程政策的效果，并力求使研究在探讨政策对象的心理矛盾与冲突方面有所创新。

从根本上讲，课程政策是典型的公共政策，对这一政策实施效果的研究必然会借鉴公共政策的相关理论。在检索相关公共政策评价的理论中，部分研究成果也给笔者以新的启示。但还有部分公共政策的研究结论显然不能完全拿来套用到笔者对课程政策的评价当中。如"前—后对比法"的公共政策评价方法显然不适合对课程政策的评价，因为教育政策包括课程政策的效果都不可能立竿见影地用简单数量化的结果来表征，更没有在现实中取得精确的前测结果。同时本书主要侧重对课程政策在民族地区适切性的研究，而不是针对课程政策实施后的"纯效果"进行测评。实际上对政策"纯效果"的评定是任何政策评估的理想，也是任何政策研究的难点。只能在研究过程中尽可能地克服一些因素的干扰，做到在政策评定中尽可能对其"纯效果"的审视。

三　研究意义

在人们惯性的教育公平理解当中，总是从"资源配置"的角度、以"提高配置标准"的方式去解读、规范教育活动本身，而且持追求"一样"的平等教育公平观，即认为教育公平就是不管时间和地域，教育发展都要达到相同的水平，"让大家一样"，这种理解给人们带来了一定程度的误解。事实上，这种绝对无差别的公平观不仅脱离了我国现实的教育国情，而且有悖于教育公平理论中的差异公平原则。正因为存在上述认识的偏差和误解，使人们对教育公平问题的研究和探讨一直显得扑朔迷离。因为以"达标"的思维方式审视教育公平问题时显然掩盖了教育公平中深层次的问题和矛盾。本书对教育公平的审视，拟从一种"资源配置的公平"转向课程政策实施后"人们主观公平感受"的探讨，进行这种研究视角转向的意义主要有以下三个方面。

(一) 探讨人的主观公平感受问题符合教育公平研究的价值取向

教育公平是基于教育事实基础上的价值判断，它不仅是客观的，而且是主观的。在以往诸多的审视和研究过程中，人们更多秉持一种事实公平的逻辑，在实践中表现为"资源配置"公平取向，结果就是不知不觉地忽视了人们对主观教育公平层面的价值判断。然而教育公平作为事实判断，它描述和反映着社会和教育领域中各种教育不公平的现象和事实，具有客观性的基本特点。作为价值判断，它体现了人们的主观感受和认识，包含着人们在不同的思想观念和评价标准的基础上形成的对教育公平的看法，因而也具有主观性的特点。当然，在不同的社会经济和教育发展阶段，这种取向在教育公平中的表现是不同的。在社会和教育发展的早期，人们更多的是根据教育公平中的客观事实尤其是资源配置的状况来判断教育公平的程度和水平。随着教育的发展，人们开始注重对教育公平的价值判断，教育公平中的主观感受和价值判断的成分会越来越多。但无论是客观事实，还是主观感受与评价，都是教育公平和教育机会均等的基本内容。当前在教育资源配置基本公平的前提下，教育公平研究中强调教育公平的事实判断和价值判断的结合，也是教育公平的新理论假设的一个重要体现。正是由于人们教育公平的主观感受不同，从某种意义上讲，尽管教育发展达到了一定的程度和水平，但人们对教育公平的要求和主观评价往往是更高了，而且更加多样化了。

"目前，强调教育公平主观感受在现代社会和教育中的重要性，并不是否定教育公平的客观性，而恰恰是更加客观地反映现代社会和教育中教育公平的特点。"① 在对民族地区课程政策实施效果的研究中，将人的主观感受作为研究教育公平问题新的切入点，能使我们进一步揭示民族地区各教育利益相关者的心理矛盾和冲突，也更加符合当前教育公平研究的价值取向，对提高民族教育质量具有更加现实的意义。

（二）有助于对民族教育政策本身做进一步的思考和审视

现实生活中，人们的公平观是殊异的，教育政策在执行的过程

---

① 谢维和等：《中国的教育公平与教育发展（1995—2005）——关于教育公平的一种新的理论假设及其初步证明》，教育科学出版社2008年版，第110—111页。

中也会与政策制定者的初衷产生一定的差距。如国家在民族地区实施的双语教学政策，作为国家和政府来讲是站在促进民族地区教育公平发展、保存和发展民族传统文化的立场上来考虑的。但调研发现，在民族地区普通民众的理解中，双语教学政策却成了导致其日后教育不公平的根源。因为民族教育过程中对民族语言和民族传统文化的"格外重视"，造成了今后少数民族学生只能选择"民考民"教育路径的事实。这也在一定程度上造成了学生融入主流社会的困难，限制了少数民族学生的出路，甚至影响他们今后的发展。因此作为民族师生而言，他们并不将双语教学政策看成是促进教育公平发展的政策。教育公平是社会制度的一种内在安排，教育政策是实现这种制度安排和构建一种制度文化的基本途径与手段，教育政策本身是一种制度化存在，是完善和发展相应制度的基础。"目前众多的教育不公平问题最终都可以还原为政策或制度问题，一方面，许多教育不公平问题本身就是政策（包括制度）缺失或制度不健全造成的，即所谓'政策不公是最大的不公'；另一方面，几乎所有的教育不公平问题最终都可以通过政策来调节。"[1] 因此从政策利益相关者审视政策的执行有利于政策的改进。

（三）有助于从"为人"的视角考量教育质量

正如前文所述，当前对教育公平的研究和探讨已经深入到"有质量的教育公平"[2] 这样一个时代命题。实事求是地讲，停留在原来对数量、资源、标准和投入等视角下对教育公平的探讨在某种程度上未必能有效地促进教育质量的提高，即资源配置的高水平未必能达到教育质量的高水平，这是不争的事实，这一切只不过是教育发展的一个必要条件而已。就教育事业本身而言，教育是"为人"也"依靠人"的事业，这一基本理论要求我们在探讨教育公平问题时必须关注人，关注教育参与者的主观感受应该是提升教育质量的应有之义。因此，只有对教育公平的人文取向问题进行相应的探讨，才能将"提高教育质量"真正落到实处。

---

[1] 刘欣：《基础教育政策与公平问题研究》，博士学位论文，华中师范大学，2008年，第59—60页。

[2] 陈如平：《走向有质量的教育公平》，《中国教育报》2007年8月18日第3版。

四　研究的框架与思路

从课程政策的视角，研究西北少数民族教育公平发展的目的是对西北民族地区的课程政策在实施中存在的问题以及政策实施的效果进行跟踪和评价，体现和维护课程政策利益相关者的主观公平感。在本书中，课程政策将被定义为民族地区为达到一定的教学目标，教育行政部门通过调整课程与教学权力的不同需要，调控课程与教学运行的目标的方式而制定的行动纲领和准则。本书本着改进课程与教学政策、促进民族教育公平发展的根本目的，在教育公平的背景下，从理论建构和实证研究两个维度，通过对民族地区课程及其政策理论的构建以及课程政策实施效果的分析，从中发现课程政策实施后在理论和实践两个方面形成的落差，折射出了政策对象在政策过程中形成的心理矛盾和冲突，从而进一步反映政策各利益相关者的政策期待，提出相应的改进政策的建议。本书的整体框架如图1—1。

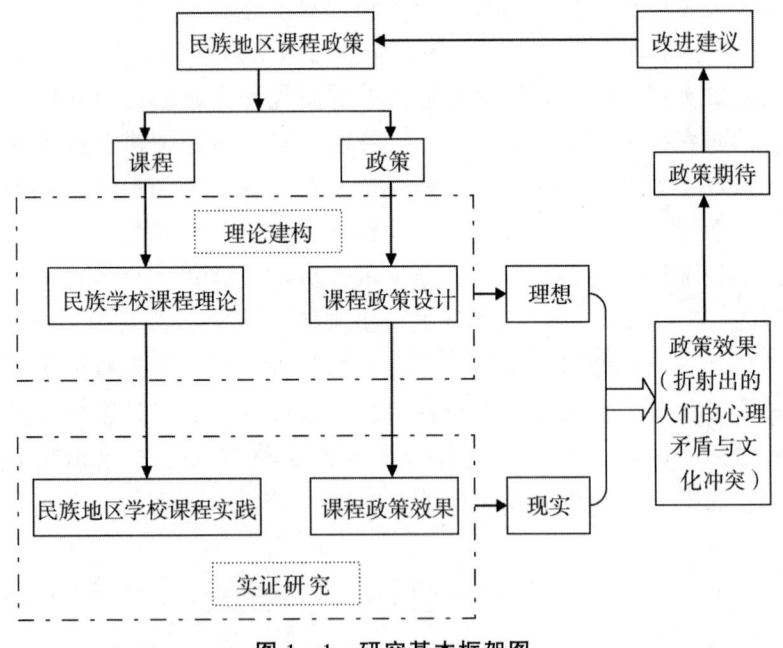

图1—1　研究基本框架图

第二节 理论基础与文献述评

一 理论基础

(一) 多元文化教育理论

涉及民族教育的相关研究，离不开多元文化教育理论的支持。谈民族教育，也离不开对民族与文化这两个核心概念的解读，尤其在探讨有关民族地区学校课程的相关研究中，民族与文化是不能回避的理论问题。民族与文化是相互联系、不可分割的。"民族是指对某些社会文化要素认同而自觉为我的一种社会实体。包含三层含义：一是对某些社会文化要素的认同；二是要对它'自觉为我'（民族的自我意识）；三是一个社会实体（因为民族作为社会存在的人们共同体，具有社会属性，只有在一定的社会条件下才能形成与发展）。"[1] 大多数研究成果都对主流文化和民族文化的共在形式进行了分析和研究。著名国际跨文化心理学家约翰·贝理（John Berry）的研究表明，"少数民族个体在文化适应的过程中往往对主流文化和民族文化采取拒绝或维持的态度。这样一共形成了四种文化适应的模式，即整合（Integration）、同化（Assimilation）、分离（Separation）和边缘化（Marginalization）"[2]。四种模式指明了民族文化与主流文化共存的四种样态，任何一种民族文化与主流文化的关系，都离不开这样一种模式的制约。也有研究对其中的某种模式进行了进一步的研究和探索。

安东尼·吉登斯（Anthony Giddens）认为民族融合途径大致有三种：第一种融合途径是同化。教育的全球化意味着少数民族要放弃原来的习俗和生活方式、学习特点和文化内容，调整自己的行为以符合大多数人的价值观和标准。它要求少数民族成员改变他们的语言、衣着、生活方式和文化视角，作为融入一种新的社会秩序的

---

[1] 徐杰舜：《论族群与民族文化》，《民族研究》2002年第1期。
[2] 万明钢：《多元文化视野：价值观与民族认同研究》，民族出版社2006年版，第21页。

一个组成部分而做好各方面的准备。第二种途径被称为熔炉（melt pot policy）。这种做法不是要求少数民族或移民根据占主导地位的已有人口的喜好来改变自己的传统，而是把所有的人都混合到一起，并产生一个新的、进化中的文化类型。典型的像美国对所有民族问题采用一视同仁的政策。第三种途径是文化差异和理解。这种观点认为最合适的路线是发展一个真正的多元社会，在这个社会里承认各种不同"亚文化"的合法性。文化多元主义理论认为少数民族群体也是社会中平等的一分子。这意味着他们应享有与多数人口相同的权利。① 不管是各种文化之间的相互适应，还是不同民族之间的相互融合，多元文化理论认为都是为了达致相应的多元文化教育目标，相应的研究中也有分析。

英国多元文化教育学家林茨（James Lynch）认为，多元文化教育有三个主要目标，即积极地发展文化的多样性、维护社会的平等与团结以及实现人类公正。另外，林茨还对三个主要目标进行了细化，分成了八个非常具体的目标：（1）处理好人际关系；（2）避免人类冲突；（3）消除种族和民族之间的偏见与歧视；（4）解决如何评价人类成功的价值；（5）确定道德行为的标准；（6）协调人类环境与经济的相互适应关系；（7）探讨如何培养一个良好公民的素质；（8）探讨如何发展移民素质。认为多元文化教育总目标是社会差异和社会一体化过程处于平衡和发展之中。② 马戎在对此问题审视后认为，"多元一体格局是我们中华民族历史上乃至今后相当长的一个历史时期的客观现实。无视或者轻视这个现实，不处理好各民族之间的关系并做到共同繁荣，就谈不到中华民族的现代化"③。在如何达到这些具体目标上，相关的研究对采用的策略进行了探讨。

多元文化主义主张的教育策略是：（1）培养学生的跨文化交流能力，帮助学生从其他文化的角度来观察自己民族的文化，并获得最大限度的自我理解和对他文化以及民族间的相互了解和尊重；

---

① ［英］安东尼·吉登斯：《社会学》，赵旭东译，北京大学出版社2004年版，第327—32页。
② 哈经雄、滕星：《民族教育学通论》，教育科学出版社2001年版，第42页。
③ 马戎：《民族与社会发展》，民族出版社2001年版，第101页。

(2) 给学生提供文化选择的权利和机会，使他们获得适应本民族文化、主流文化以及全球社会所必需的知识、技能和态度；(3) 培养学生学习语言、进行阅读与思考和批判的技巧；(4) 消除对亚文化和少数民族的歧视，以及由此而产生的心理上的压力；(5) 建立一种教育制度和教育环境，旨在使来自不同人种、民族、社会集团的学生都能享有平等的教育机会，让所有学生都能得到全面发展。[1]

显然通过这些研究成果来看，主流文化与民族文化的关系问题，不仅是一个多民族（族群）的理论问题，也是一个民族教育的重大现实问题。事实上，文化冲突的过程，也是各种文化相互融合、相互理解、相互共存的过程。没有冲突，就不会有融合；没有冲突，也不会有民族文化的传承和发展，更不会形成"政治一体，文化多元"的局面，对此我们必须辩证地去理解。在审视民族地区学校课程的相关研究中，这些分析与研究成果为我们提供了前提和依据。显然在这些研究当中，课程是多元文化教育中一个最基本的切入点，对民族地区课程政策的审视有助于我们更好地挖掘多元文化教育的实质。

（二）课程理论

在对民族地区课程政策的审视中，相关的课程理论亦是本书重要的理论基础。西方著名的课程学者泰勒（Tyler, R. W.）的《课程与教学的基本原理》是公认的最有影响的课程著作。泰勒的课程论思想主要是围绕着四个问题展开的。即（1）学校应该达到哪些教育目标？（2）提供哪些教育经验才能实现这些目标？（3）怎样才能有效地组织这些经验？（4）我们怎样才能确定这些目标正在得到实现？[2] 围绕泰勒提出的"纲领"，民族地区的课程建构值得我们去深入思考。应该为少数民族学生设立什么样的教育目标，选择哪些教育经验进入学校的课程，在具体的课程实践中如何落实，达致确定的教育目标。在将这一理论进行"本土化"转化之后，泰勒课程论中提出的四个问题也一直是我们民族教育，尤其是民族地区学

---

[1] 哈经雄、滕星：《民族教育学通论》，教育科学出版社2001年版，第577—579页。
[2] ［美］泰勒：《课程与教学的基本原理》，施良方译，人民教育出版社1994年版，第2页。

校课程实践中面临的理论难题。

美国学者古德莱德（J. I. Goodlad）的课程分类的理论对本书给予了很大的启发。他认为："课程有五个层次，依次递进。包括理想的课程（ideological curriculum），即研究机构、专家提出的应该开设的课程；正式的课程（formal curriculum），即教育行政部门规定的课程；领悟的课程（perceived curriculum），即学校和任课教师领会的课程；运作的课程（operational curriculum），即在课堂上实施的课程；经验的课程（experiential curriculum），即学生实际体验到的课程。"[1] 事实上课程实施取向上这种明显的层次划分，也在某种程度上反映出不同层面的课程预期与实施效果。简而言之，理想的课程和经验的课程之间实际上存在一定差距，也对课程设计者的初衷落实有限。

作为课程及其政策设计者的初衷而言，课程实践中设计好的"理想的课程"和最终实践的"经验的课程"在目标上应该是完全一致的。但在真正的课程实践中，这种"一致的情形"是罕见的。多数情形就是课程在实施过程中在各个利益相关者层面会出现不同的实际效果，使课程在实施中出现不同程度的"变异"，这也是任何政策执行过程中的正常现象。但这种"变异"有时也会走上极端。最极端的情况是课程在实施中出现效果的完全"衰减"和"递增"的情形。"衰减"的现象即课程在实施过程中，越来越远离设计者的初衷，甚至与事前设置的课程目标背道而驰。"递增"的现象即课程在实施的过程中，不仅达到了预期设定的目标，而且在某些方面远远超过了事前设定的课程目标，使政策在实践中得到了创造性的执行。无论在实践中出现哪一种情形，都需要课程政策对其进行适时的调整。正是基于以上理论认识，本书对课程及其政策在不同利益相关者层面实施的具体情况将进行重点探讨和分析。

本书认为，民族地区学校课程作为民族地区学生发展与今后生活的"先行组织者"和实行"多元文化整合教育"的中介[2]，学校

---

[1] J. I. Goodlad, et al., *Curriculum Inquiry*, 1979, pp. 60-64.
[2] 此观点在后文第二章第一部分将做专门论述。

中普适性知识的学习为其将来更好地适应并融入主流社会创造了前提和条件，但民族类知识的学习又是保持其民族身份和民族特征、维持其民族认同的重要基础。因此，这两大类知识构成了民族地区学校课程的基本素材。民族地区学校课程离不开这两个"支柱"，正是有了它们的支撑，也才能在教育实践中真正形成文化"多元"的现实和政治"一体"的格局。"中华民族多元一体教育在注重国家一体教育的同时，提倡和发扬各少数民族的文化教育传统，并通过这种多元的文化教育发展少数民族的文化教育事业，通过国家的一体教育来确保少数民族享有现代教育的权利，增强中华民族各民族的凝聚力。"[1] 目前，国家就是以这样的政策思路来实施课程的。就三级课程的管理体制而言，民族地区学校学生所面临的国家课程所要求学习的"普适类知识"需要依托国家课程来落实；弥散在少数民族学生生活中，对民族学生产生重要影响的"民族类知识"的传承则成了地方课程和学校课程理所当然的首要任务。本书认为，民族地区知识的类型和相应的课程形态的关系可用图1—2表示。

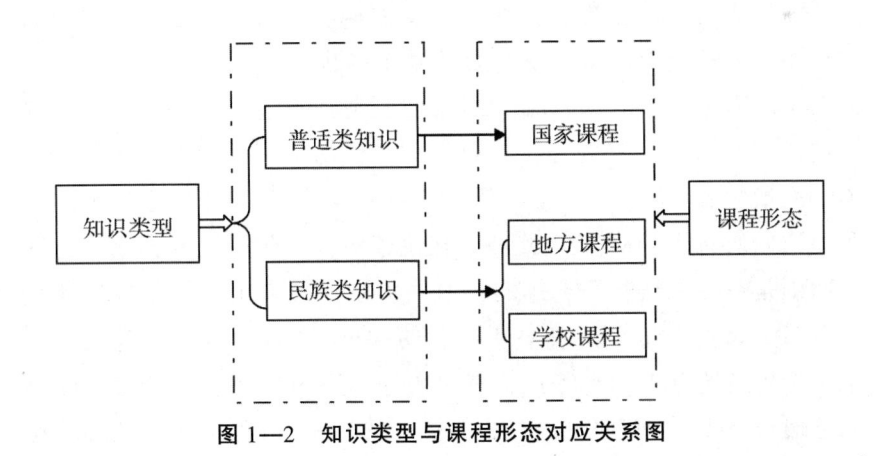

图1—2　知识类型与课程形态对应关系图

民族类知识的传承只有依托三级课程中的地方课程和学校课程

---

[1] 王鉴：《试论中华民族多元文化与一体教育观的形成与发展》，《广西民族研究》2002年第4期。

来完成，但在地方课程和学校课程中选择哪些民族类的知识进入课程，即选择的标准问题一直是课程理论和实践中的难题，也有不少研究进行了探讨和尝试。整体上看这些研究都试图将少数民族的知识"加工"成课程的形态在学校传承。但实事求是地讲，再完备的课程政策、再完善的课程形态也难以将少数民族生活的方方面面囊括在内。实践表明：只要是经过选择的，就是可以传承的。少数民族的地方知识的多样性也表明：试图将一切民族文化与知识拿到学校层面来传承是有极大难度的。因为理论上而言，民族文化存在多种形态，传承的方式和途径理应是多元化的。

（三）正义论

迄今为止，对公正、公平问题探讨最为深刻和精辟的要数罗尔斯的正义论思想。虽然罗尔斯在论述中多次使用"公正"、"正义"等概念表述他的公平理想，但不可否认他的核心问题仍然是在探讨社会公平的问题，仍然是当前关涉公平问题的理论基础。基于教育公平是社会公平问题在教育领域中延伸的考量，教育公平也不例外。

罗尔斯正义论思想包括两个主要原则："第一个原则：每个人对于所有人所拥有的最广泛平等的基本自由体系相融的类似的自由体系都应有一种平等的权利。第二个原则：社会和经济的不平等应该这样安排：（1）在与正义储存原则一致的情况下，适合于最少受惠者的最大利益；并且（2）依系于在机会公平平等的条件下职务和地位向所有人开放。"[1] 此外，在论述中，罗尔斯明确指出，这两个原则是按照先后次序安排的，第一个原则（自由的优先性）优先于第二个原则（正义对效率和福利的优先）。这一次序意味着，对第一个原则所要求的平等自由制度的违反不可能因较大的社会经济利益而得到辩护和补偿，财富和收入的分配及权力的等级制，必须同时符合平等公民的自由和机会的自由。这一表述暗含的意思便是："所有社会价值——自由和机会、收入和财富、自尊的基

---

[1] [美]约翰·罗尔斯：《正义论》，何怀宏、何包钢、廖申白译，中国社会科学出版社1988年版，第7—8页。

础——都要平等地分配,除非对其中一种价值或所有价值的一种不平等分配合乎每一个人的利益。他的第一个原则也被称为最大均等自由原则,第二个原则被称为差异原则。"①

他的这两条原则实际上表达了这样的含义:(1)每个人都有同等的权利,拥有最大限度的基本自由;(2)机会的公正原则和差别原则的结合。两个基本原则之间应遵循优先规划,即第一个原则(最大均等自由原则)比第二个原则(差异原则)具有优先性,第一个原则没有满足之前我们不能满足第二个。即没有平等做前提,是没有办法面对差异的,罗尔斯提出了社会公正的基本原则。"在罗尔斯的理论努力下,他的期望是要达到一种事实上的平等,也就是胡森所讲的结果的平等,而这种平等实际上需要以一种不平等为前提,即对先天不利者和有利者使用并非同等的而是不同等的尺度。这实际上就达到了补偿原则的某种效果。"② 在《正义论》理论探讨的基础上,一些研究者还对教育平等的问题进行了较为深入的研究。科尔曼提出了教育平等的四条标准,反映了教育平等观念的历史进程:(1)进入教育系统的机会均等;(2)参与教育的机会均等,即不同社会出身的组别,有相同比例的人数,能够得到同样的教育机会,并且在质和量上都得到相等的教育参与;(3)教育结果均等。这是指不同的社会群体都有一定比例的人,从每学年的教育进程和整体的教育经验中得到相似的教育成效;(4)教育对生活前景机会的影响均等,指的是通过教育来克服人的出身、性别等自然不平等和社会经济等方面的差别,取得相近的社会成就。③ 从某种程度上讲,罗尔斯所谈的正义论思想,是在"无知之幕"下对绝对公平问题的探讨和分析。"罗尔斯所追求的,是一种自由人的平等政治。"④ 胡森认为,就个体而言,教育平等可以有三个方面的

---

① [美]约翰·罗尔斯:《正义论》,何怀宏、何包钢、廖申白译,中国社会科学出版社1988年版,第9页。
② 翁文艳:《教育公平与学校选择制度》,北京师范大学出版社2003年版,第22页。
③ 袁振国:《论中国教育政策的转变:对我国重点中学平等与效益的个案研究》,广东教育出版社1999年版,第67—69页。
④ 周保松:《自由人的平等政治》,生活·读书·新知三联书店2010年版,第200页。

含义：(1) 个体的起点平等，指每个人都有不受任何歧视地开始其学习生涯的机会；(2) 中介性阶段的平等，指的是以各种不同但都以平等为基础的方式来对待每一个人，不论其所属人种、阶级和社会出身等情况；(3) 个体最终目标的平等，指学业成就上的平等，也可以认为是上述三个方面综合的平等。[1] 由于所处的立场和对教育公平解读维度上存在的差异，不同的研究对教育公平理解的角度也是千差万别的。如储朝晖认为教育公平包括教育的外部公平和内部公平两个方面。"外部公平也叫宏观公平，包括教育机会均等、教育权利平等、代际转换机遇均衡。它更多地关涉社会问题，因而不能通过教育的方式来解决。内部公平也叫微观公平。包括教育观念公平、教育目标公平、课程设置公平、评价公平、教学过程公平。内部公平是一种质性公平，是教育公平的内质和精髓，体现了教育公平的教育学特征。"[2] 这种划分和解读，为我们理解和探讨民族地区的课程和教学问题提供了参考和依据。

综观西方对教育公平的研究，曾出现了各种各样的流派，归纳起来，各个流派都对各种情势下改进教育不公平的现象进行了归因分析，并从政策层面提出了一些改进的趋势和措施，具体内容见表1—1。

表1—1　　　　西方教育公平流派的理论观点与改进路线图

理论流派	主要观点	不平等的根源	改进的趋势
功能主义	通过扩大教育机会均等来促进社会平等。教育机会均等不可避免地会带来教育成就上的差别，进而导致新的社会不平等	受到个人能力、家庭导向、个人动机等因素的影响	教育通过将这种不公平合法化，来帮助消除社会分裂和冲突的紧张趋势，实现平衡和协调

---

[1] 翁文艳：《教育公平与学校选择制度》，北京师范大学出版社2003年版，第8页。
[2] 储朝晖：《走出教育公平的观念误区》，《中国教育学刊》2005年第7期。

续表

理论流派	主要观点	不平等的根源	改进的趋势
新韦伯主义	强调教育在控制知识、维持身份和阶级地位中的作用,即教育不只是与生产关系有关,而是通过文凭维护了阶级关系	正如社会不平等一样,教育不平等也表现为不同的人或群体由于经济地位、身份背景等方面的差异而在教育体系结构中具有不同的地位	对教育进行控制,对知识、文凭和学历进行控制
新马克思主义	能力和智商并不是决定个人社会地位的主要因素,个人的社会地位虽然被学历所决定,但学历条件由于和家庭的经济社会背景相对应,所以学校教育成为阶级再生产的工具	学校是再生产社会生产关系的代理机构,而这些社会生产关系是资本主义制度得以运作的必需品	为了改变不平等的学校教育体系,必须进行彻底的教育改革,只有通过把民主制度延伸到社会生产生活的各个角落,才能实现经济结构和社会分配的根本民主化
文化再生产理论	家庭出身并不仅仅通过单纯的经济收入来影响求学的子女,学校不是中立的机构,它传递的文化反映着统治阶级的文化,因而有利于其子女的学业成功	不平等产生的根源在于阶级社会中的家庭文化背景的差异和学校教育中对待阶级文化的不平等	资本主义制度的不合理构筑了不合理的教育制度,只有改革资本主义制度才能推进教育民主化
文化相对主义	各群体文化之间的平等与相互独立性	学校中的文化歧视	进行课程改革,使来自工人阶级或少数群体的学生可以从适合的课程中获益
文化多元主义	尊重各种文化之间的差异性	家庭与学校之间的文化与教学差异	学校中不再有等级差别

资料来源:安晓敏:《教育公平指标体系研究——基于义务教育校际差距的实证分析》,博士学位论文,东北师范大学,2008年,第24页。

(四) 公共政策理论

"教育是崇高的社会公益事业,不仅具有公益性,还有强烈的普惠性，发展和管理教育事业是现代政府公共服务的重要职能。"①教育作为公共领域中的重要实践，是我们重要的社会事务之一。但是以往我们对教育公共事务的认识不足，在认识中要么把教育完全看作隶属于政治的狭隘的斗争工具，要么看作市场化的"公共产品"，或者看作受教育者个人实现某种成功的手段。② 这些认识都削减了教育的公共性，将教育的职能工具化，为此我们有必要借鉴公共政策的相关理论对民族教育中重要的公共政策——课程政策进行探讨和分析。

教育政策是重要的公共政策，课程政策是教育政策的有机构成部分，对少数民族地区课程政策实施的分析和研究必然涉及公共政策理论，对课程政策实施效果的评估和分析也必须以公共政策绩效评估的相关理论为基础。其中，欧洲流行的对教育公平指标体系的探讨就是在公共政策研究的基础上进行的，这为我们审视教育公平问题提供了很好的视角和参照系（见表1—2）。

表1—2　　　　　　　　欧洲的教育公平指标框架表

一级指标	二级指标	三级指标
A. 教育不均等的背景	A1 个体的教育结果	A11 教育的经济条件
		A12 教育的社会条件
	A2 经济和社会的不均等	A21 收入不均等和贫穷
		A22 不均等的经济保障
	A3 文化资源	A31 成人的教育水平
		A32 十五岁学生的文化资源
		A33 十五岁学生的文化实践
	A4 渴望和感知	A41 十五岁学生的职业抱负
		A42 学生的公平标准
		A43 学生对于公平的普遍观点

---

① 吴德刚：《论促进教育公平成为国家基本教育政策的意义——学习〈教育规划纲要〉的体会》，《教育研究》2010年第12期。
② 金生鈜：《保卫教育的公共性》，《教育研究与实验》2007年第3期。

续表

一级指标	二级指标	三级指标
B. 受教育过程的不均等	B1 教育接受的数量	B11 受教育年限的不均等
		B12 教育消费的不均等
	B2 教育接受的质量	B21 十五岁学生获得教师帮助的感知
		B22 十五岁学生对于学习氛围的感知
		B23 隔离
		B24 学生被公平对待的感知
C. 教育自身的不均等	C1 技能	C11 在非义务教育阶段技能的不均等
		C12 学校的优势和劣势
	C2 个人的发展	C21 学生的个人知识
	C3 学校教育经历	C31 学校教育经历的不均等
D. 社会和政治对教育影响的不均等	D1 教育和社会的流动性	D11 由于教育水平的职业成就
		D12 社会出身对职业地位的影响
	D2 对弱势群体的教育补偿	D21 为了让处境最不利的人受最多的教育所做的贡献
	D3 对不均等共同努力	D31 学生对教育系统公平的判断
		D32 学生对教育系统的期望
		D33 在教育系统中学生对公正的感受
		D34 忍受/不能忍受
		D35 社会政治参与
		D36 对制度的信任

资料来源：M. Demeuse, A. Baye, et al., *Equity of the European Educational Systems: Asset of Indicators*, Aproject Supported by the European Commission Directorated General of Education and Culture Project Socrates SO2-61OBGE, 2003, p. 33.

不难看出，这种评价体系的核心是在人们之间合理分配公共教育资源和教育权力，对各利益相关者的利益协调是"公平指标"的基本内涵。

对公共政策理论中最重要的借鉴来自公共政策评估的相关研究。研究涉及的某些标准和方法为本书提供了思路和基本框架。政策绩效评估的实质是政策实施后评价政策效果"好"与"坏"的问题。但从某种意义上讲，有些政策我们不能简单地用"好"和"坏"进行定性概括，尤其是那些正在实施中的政策，本书所直面的课程政策就是如此。因此，"政策绩效评估也是一种重政策实施过程、同时关注政策实施结果的工作。就公共政策评估本身而言，政策评估作为衡量公共政策成效的重要工具，其实有两层意义，一是检察资源分配的妥适性；二是以系统的、科学的方法评估公共计划"[1]。

在对政策评估本质认识的基础上，一些研究又对政策评估的标准进行了探讨。有研究认为，针对不同的政策评估内容，有不同的政策评估标准。常用的政策评估标准包括有效性（Effectiveness）、效率（Efficiency）和公平性（Equity），简称"3E"标准。认为政策效果包含三个具体的方面："一是政策的有效性，即政策实施后实现其预定目标的程度；二是政策的效率，即相对于其实施所需的全部成本，政策取得的成果如何；三是政策实施后带来的利益或造成的损害在相关群体中的分配是否公平。"[2] 后来又有研究针对政策制定的过程，从政治学的角度提出了"公众参与度（Public Participation）、可预测性（Predictability）和程序公正性（Procedural Fairness），简称'3P'标准"[3]。这些关于政策评估标准的探讨，为我们审视课程政策、评价政策效果提供了相应的依据，虽然有些不能完全照搬和套用，但为本书提供了一定的理论启迪。

有了评估的标准，紧接着就是对方法的关注了。有研究认为，在评估方法方面，在不同的时期，也曾经产生了不同的评估方法。美国学者古巴和林肯依据时间先后将评估方法的演进分成四个阶段：第一阶段，从1910年到第二次世界大战期间，这一时期评估方法的标志是"测量"（Measurement）属于第一代；第二阶段，从

---

[1] 李允杰、丘昌泰：《政策执行与评估》，北京大学出版社2008年版，第155页。
[2] 张金马：《公共政策分析：概念、过程、方法》，人民出版社2004年版，第461页。
[3] Stuart S. Nagel, *Public Policy: Goals, Means, and Methods*, New York: St. Martins Press, 1984, pp. 110-120.

第二次世界大战至 1963 年,这一时期评估方法的标志是"描述"(Description),属于第二代;第三阶段,从 1963 年至 1975 年,这一时期评估方法的标志是"判断"(Judgement),属于第三代;第四阶段,1975 年以后,这一时期评估方法的标志是"回应—建构性评估"(The Responsive Constructivist Evaluation),属于第四代。[①] 如果按照这样的理论和标准进行划分,本书通过对民族教育直接参与者的调查,目的是要了解民族地区各个利益相关者对现行课程政策实施后的一种客观评价,属于典型的"回应性"的政策评估。但事实上,"有关少数民族教育的政策评估更是所有链条中最薄弱的一环"[②]。政策评估不仅影响到了已有政策的实施效果,还影响到新政策的出台。相关研究也一针见血地指出了我们政策评估所面临的问题,认为目前尤其是我国少数民族的政策评估主要存在如下问题:"一是评估主体对少数民族教育政策的评估认识不到位;二是缺乏专业的评估组织;三是评估标准单一化。如重视社会公正的价值标准,而忽视了对政策效率、政策效能和政策效益等事实标准的关注,另外就是方法单一,主要使用定性的方法而很少使用定量的方法。"[③] 以往的研究较少涉及,这也在客观上增加了本书的难度。

通过对相关研究的探讨和分析,不难看出,近年来的公共政策理论或相关的研究表现出以下三个显著特点,使得本书不得不在这样的研究取向下进行。

第一,政策制定凸显民主,政策执行加强利益相关者之间的利益协商。纵观公共政策的发展和研究取向,公共政策不断体现出各利益相关者之间的利益平衡。政策对象原来无条件地"照着做"的模式逐渐被政策制定中的民主倾向取代,进而由政策主体和政策对象共同探索"怎么做"的问题,这也是今后整个政策科学发展的基

---

① E. G. Guba & Y. S. Lincoln, *Fourth Generation Evaluation*, Newbury Park: Sage Publications, 1989, pp. 22–48. 翁兴利、施能杰、官有垣、郑丽娇:《公共政策》,台湾空中大学 1999 年版,第 442—44 页。

② 陈立鹏、李娜:《我国少数民族教育 60 年:回顾与思考》,《民族教育研究》2010 年第 1 期。

③ 同上。

本趋势。"政策科学并不直接探讨各种政策的实际内容,而是探讨怎样更好地制定政策以及改进相关的方法、知识和体制。其关心的重点是国家或社会的指挥系统,特别是公共政策的制定系统。"[①] 在这种改革背景下,公共政策改革更加凸显民主,也更重视各利益相关者之间的利益协商,并从各个角度试图建立完善政策制定和执行的协商机制。

第二,政策评估重点关照公共利益。公共利益是个体发展的宝贵社会资源,但公共利益的获得又需要相应的公共政策来进行保障,这是公共政策制定的立足点。公共政策是为了实现公共利益而进行的制度设计,它关注的是社会生活中的公共问题,其最终的解决是妥善协调和分配社会群体中的公共利益。众所周知,"公共政策的目的在于调整和改善社会经济生活中的公共问题,也就是通过提供公共产品和服务、调整、改善公共产品和服务的供求均衡,也包括实现社会资源的再分配"[②]。说到底公共问题的成功解决是对公共利益的维护和保障。

第三,政策评估理念凸显"以人为本"。政策评估是当今各国建立高效、廉价、透明政府的必要途径。在许多国家包括一些发展中国家,公共政策评估已经成为一种制度化、法制化的工作。从某种程度上讲,公共政策的这种发展取向体现出了对人的关注。无论何种政策都是"人为的",亦是"为人的",即政策是人为制定的,同时又是为人服务的,公共政策也不例外。在当前全社会"以人为本"社会治理理念的影响下,公共政策也表现出强烈的"以人为本"的浓厚色彩,这与教育是促进学生全面发展的基本理念是相吻合的。

公共政策研究的这些成果和理论,为我们探究民族地区现行的课程政策并把握今后政策的取向提供了相应借鉴,有一定的理论指导

---

① [美]托马斯·戴伊:《理解公共政策》,孙彩红等译,北京大学出版社2008年版,第4页。
② 王飞跃:《公共政策与民族地区城乡统筹发展对策研究》,经济科学出版社2008年版,第20页。

意义。尤其是公共政策研究在目前表现出的几个特征，是我们在新的情势下研究政策的基本立足点。同时，就政策评估的方式而言，主要有"前—后对比法"、"回应性的评估"等政策评估的方式方法。由于在对民族地区课程政策实施效果的相关探讨和研究中，几乎在前人的研究文献中没有找到相关的量化基线数据，公共政策评估中所采用的"前—后对比法"不可能被借鉴到对民族地区学校课程政策实施效果的分析中。因此，整个研究借鉴公共政策评估中"回应性的评估"的思维和范式，探讨在课程政策实施以后，了解各利益相关者对政策执行结果的反馈、意见和建议。

基于以上相关基础理论，本书就是在教育公平的视角下，以关注程序公平为基本切入点，对民族教育政策的重要组成部分——课程政策的实效性进行考察，在多元文化教育理论的指导下对民族地区学校课程进行多元建构以及民族地区学校课程传承少数民族文化的现状进行"回应性"的政策评估和分析，从而为进一步促进西北少数民族地区教育公平发展提出相应的对策和建议。

二　文献综述

教育公平视角下"西北少数民族地区课程政策的实效性研究"的文献梳理是按照以下思路展开的（见图1—3）。

文献拟从教育政策史实尤其是民族教育政策和制度的演进、教育公平观念演进及民族文化传承与发展三个维度，在教育公平的视野下，梳理出对西北民族地区课程政策研究的思路和逻辑，在理论研究上为本书找到切入点，进一步细化并界清研究的问题。

（一）教育政策演进的路径

1. 概念界定

（1）政策。从西方社会的发展历史来看，政策是伴随着政党的出现而产生的。政策的原意是指用以指政府、政党等政治组织为了实现特定目标对所要采取的行动的一种表达形式，其本义中也有权谋、治术之意。总的来讲"政策"一词在西方的文化中表示一种政治性活动，并带有规划、谋略和规范的含义。① 在国内，对政策概念的研究也是流派纷呈，各种各样。但从多种多样的"政策"定义可以看出，政策就是政党为达到一定的目的而采取的措施和方法，是政党组织调节和分配社会利益的重要手段，是政党意志的集中体现。不同点在于各个研究由于其对政策的认识层次上有差异，因而表现在对政策的本质的认识上亦有不同。如有研究认为是规范，而有些研究则界定为"综合说"。

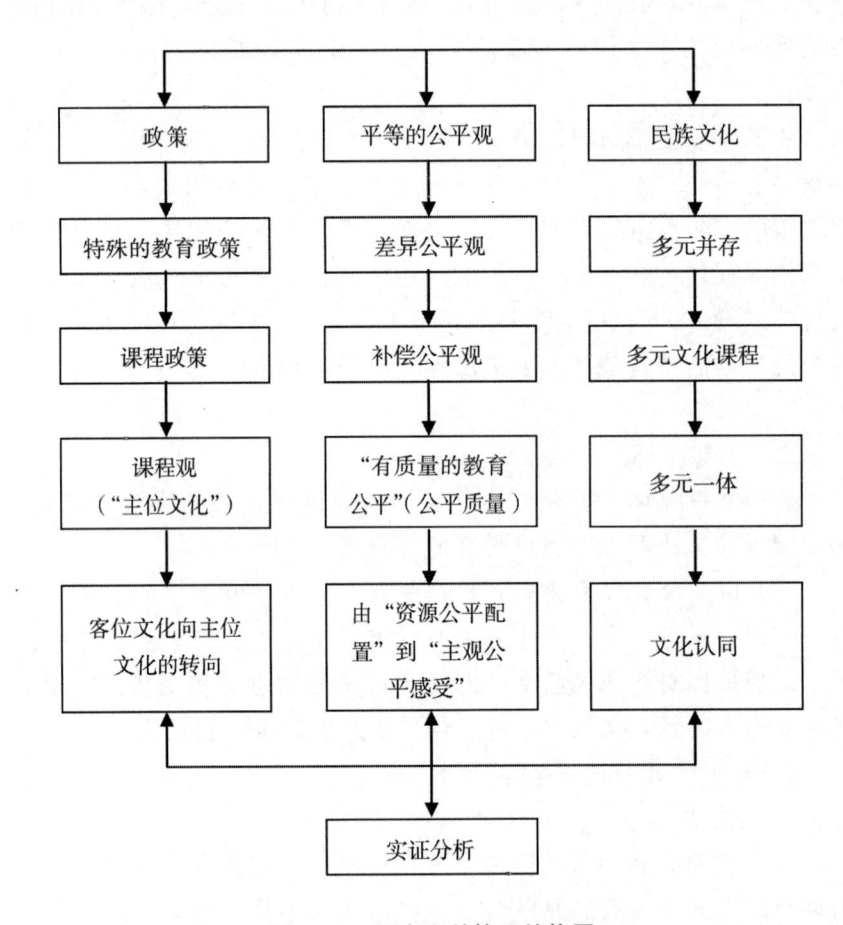

```
┌─────────┐         ┌───────────┐        ┌─────────┐
│  政策   │         │ 平等的公平观│        │ 民族文化 │
└────┬────┘         └─────┬─────┘        └────┬────┘
     ↓                    ↓                   ↓
┌─────────┐         ┌───────────┐        ┌─────────┐
│特殊的教育│         │ 差异公平观 │        │ 多元并存 │
│  政策   │         │           │        │         │
└────┬────┘         └─────┬─────┘        └────┬────┘
     ↓                    ↓                   ↓
┌─────────┐         ┌───────────┐        ┌─────────┐
│ 课程政策 │         │ 补偿公平观 │        │多元文化课程│
└────┬────┘         └─────┬─────┘        └────┬────┘
     ↓                    ↓                   ↓
┌─────────┐         ┌───────────┐        ┌─────────┐
│ 课程观   │         │"有质量的教育│        │ 多元一体 │
│("主位文化")│        │公平"(公平质量)│      │         │
└────┬────┘         └─────┬─────┘        └────┬────┘
     ↓                    ↓                   ↓
┌─────────┐         ┌───────────┐        ┌─────────┐
│客位文化向主位│      │由"资源公平配│        │ 文化认同 │
│ 文化的转向 │        │置"到"主观公│        │         │
│         │         │ 平感受"    │        │         │
└────┬────┘         └─────┬─────┘        └────┬────┘
     └─────────────────→ ↓ ←─────────────────┘
                    ┌─────────┐
                    │ 实证分析 │
                    └─────────┘
```

图 1—3 研究文献梳理结构图

---

① 朱永坤：《教育政策公平性研究——基于义务教育公平问题的分析》，博士学位论文，东北师范大学，2008年，第23页。

(2) 教育政策。教育政策作为政策的具体类型，其定义可以从一般政策的界定出发推演出来。有研究所指出："教育政策是政党和政府依据特定时期的教育目标，对教育利益进行协调和分配以解决教育问题、平衡教育利益的行动准则、规则、措施、工具、手段或过程。"① 张新平认为："教育政策是一种有目的的动态发展过程，是政党、政府等政治实体为实现一定历史时期的教育目的和任务而规定的行动依据和准则。"② 一般来说，教育政策的价值取向是由一系列层次不同的要素构成的。也有学者由此推演出"政策价值观念主要由政策理论、政策理想、意识形态和政策评价标准组成的"③。还有研究对我国教育政策的分类和体系进行了探讨，认为，教育政策完全可以借鉴公共政策分析的思路和方法，提出政策研究应该从"政策的内容分析、政策的过程分析和政策的组织分析三个维度进行"④。有研究对我国教育政策体系的构成进行了分析，认为教育政策由教育质量政策、教育体制政策、教育经费政策、教师政策等组成的国家教育政策体系。⑤ 也有学者在概念认识的基础上，对教育政策的价值问题进行了探讨。劳凯声等在对我国教育政策分析的基础上，认为："教育政策是有价值基础的。所谓教育政策的价值基础，主要是指这样两方面的含义：一是指教育政策的价值取向模式，由一系列价值观念和价值原则构成；二是指价值取向模式赖以存在和确立的理论依据和假设。"⑥ 这些有代表性的教育政策研究结论，都是从不同的政策分析角度对教育政策所作的探讨，都有创新，但也有局限，都是研究者自己对政策按照某一标准所作的划分和界定。总的来说，教育政策是政党意志在教育领域中的反映，教

---

　　① 朱永坤：《教育政策公平性研究——基于义务教育公平问题的分析》，博士学位论文，东北师范大学，2008年，第44页。
　　② 张新平：《教育政策概念的规范化探讨》，《湖北大学学报》（哲学社会科学版）1999年第1期。
　　③ 陈振明：《政策科学》，中国人民大学出版社1998年版，第485页。
　　④ 曹喆：《政策分析的三个维度》，《理论探讨》1993年第3期。
　　⑤ 孙绵涛：《关于国家教育政策体系的探讨》，《教育研究》2001年第3期。
　　⑥ 劳凯声、刘复兴：《论教育政策的价值基础》，《北京师范大学学报》（人文社会科学版）2000年第6期。

育政策所体现出来的某些倾向，也正反映了当权者的教育价值取向。教育政策体系是国家政策系统中的一个子系统，教育政策的价值取向与国家大政、方针的价值取向是一致的。由于少数民族的某些特殊性致使民族教育表现出和普通教育的差异，从而使民族教育政策也有了某种特殊性。同时，在国家补偿教育公平观的指引下，国家对民族地区的教育政策又实施了一系列的倾斜和优惠。

2. 新中国成立以来国家促进民族教育发展的政策回顾

新中国成立以来，为促进少数民族教育发展，实现教育公平，政府和各级教育行政部门采取了诸多重大举措，实施了特殊的倾斜政策，大力支持少数民族地区的教育发展，启动并实施了一系列重大教育发展项目，如在内地开办西藏班和新疆班、实施国家贫困地区义务教育工程、东部发达地区对口支援西部贫困地区学校、西部农村中小学现代远程教育工程、西部地区"两基"攻坚计划，等等，极大地促进了少数民族地区教育事业的快速发展。这对缩小民族地区与其他地区教育发展的差距，促进教育公平，起到了十分重要的作用。其中影响较大、效果明显的重大政策或项目如下。

（1）双语教育政策。双语教育是民族教育的一个重要组成部分，是民族地区课程政策的重要组成部分，搞好双语教育有利于民族教育的发展。使用和发展本民族语言文字，是我国《宪法》和《民族区域自治法》赋予少数民族的权利，也是党的民族政策的重要内容之一。双语教学是双语现象在教学领域中的集中表现，它不仅是一种跨文化教育的重要手段，更重要的是，它也是少数民族教育背景下的一种特殊的教学形式。

（2）高考加分录取以及普通高校民族班、预科班政策。考虑到少数民族和民族地区学生的实际，从20世纪80年代开始，国家还在部分重点高校和有关省、自治区的普通高等学校设立专门的少数民族预科班和民族班，招收少数民族学生。普通高等学校举办少数民族预科班、民族班，是党和政府加快培养少数民族地区人才的特殊政策措施，也是国家为加快培养少数民族人才而采取的一种特殊办学形式。

(3) 在内地开办西藏班（校）、新疆班。1984年12月，根据中央的决定，教育部、国家计委下发了《关于落实中央关于在内地为西藏办学培养人才的通知》。同时，国家计委、教育部、西藏自治区人民政府与有关省、市商定，在北京、成都等城市创办3所西藏学校，在上海、天津、辽宁等16个省、市开办西藏班。目前，中国已有26个省市开办了西藏中学或西藏班，为西藏培养了大批优秀干部、技术人员和教师。实践证明，在内地为西藏办学，是党中央、国务院一项具有战略意义的决策，对提高少数民族子女受教育水平，确保民族经济繁荣、社会稳定、民族团结、边防巩固和各项事业全面发展，都具有重大的现实意义和深远的历史意义。

(4) 对口支援。1993年，国家教委印发了《关于对全国143个少数民族贫困县实施教育扶贫的意见》，提出了经济教育比较发达的省、直辖市与当时国家重点扶持的143个少数民族贫困县开展教育对口支援协作，明确了协作关系和教育扶贫的主要任务。通过20多年的对口协作实践，有力地促进了民族地区经济社会和民族教育的发展。

(5) 西部地区"两基"攻坚计划。国家西部地区"两基"攻坚计划（2004—2007年）是党中央、国务院扶持西部地区基本普及九年义务教育、基本扫除青壮年文盲，提高国民素质，缩小东西部差距，促进当地经济发展和社会进步的一项重大举措。

(6) 义务教育工程。"国家贫困地区义务教育工程"是党中央、国务院扶助贫困地区包括西部少数民族地区普及义务教育，提高国民素质，缩小贫困地区、少数民族地区与发达地区差距，促进当地经济发展和社会进步的一项重大举措，这是我国有史以来规模最大的基础教育工程。为此，中央财政投入并实施新中国成立以来投入资金最多、规模最大的教育工程——"国家贫困地区义务教育工程"，以支持贫困地区、民族地区发展义务教育。一期工程中央和地方投入资金共125亿元，实施范围集中在852个贫困县。一期工程取得了巨大效益，再投入中央专款50亿元，实施"二期义教工程"。通过这一工程，极大地改善了西部地区特别是西部少数民族地区中小学的办学条件，促进了少数民族教育的快速发展。

（7）中小学危房改造工程。在党中央、国务院领导下，经过民族地区各级人民政府和广大人民群众的不懈努力，民族地区中小学校舍建设和危房改造工作取得了明显成绩，民族地区中小学办学条件得到明显改善。但是，部分地区中小学仍有大量危房存在，严重威胁着师生安全，影响正常的教学秩序，引起了各方面的重视。为了加快中小学危房改造步伐，国务院从2001年开始在全国实施"中小学危房改造工程"。为此，中央投入"工程"专款近百亿元，重点支持中西部贫困地区、少数民族地区，用五年的时间基本消除了中小学危房，产生很好的社会效益，被广大人民群众誉为"民心工程"、"德政工程"。

（8）"两免一补"和农村义务教育经费保障新机制。为解决好西部农村特别是西部少数民族地区适龄儿童的就学问题和"留得住"的问题，2003年《国务院关于进一步加强农村教育工作的决定》提出，争取全国农村义务教育阶段家庭经济困难学生都能享受到"两免一补"（免除学杂费、免费提供教科书和补助家庭经济困难寄宿生生活费），努力做到不让学生因家庭经济困难而失学。2005年全国1797万义务教育阶段中小学学生享受了这一政策，其中西部少数民族地区的大部分学生都享受了这一政策。另外，为了支持家庭经济困难的寄宿制学生的学习，中央还实行了寄宿生生活补助政策，目前大部分少数民族寄宿学生都享受了这一政策。这一政策的实施进一步巩固了"普九"成果，极大地促进了农村义务教育，特别是少数民族地区义务教育的发展。

（9）农村寄宿制学校建设工程。"农村寄宿制学校建设工程"是中央为了解决制约西部农村地区、民族地区普及义务教育"瓶颈"问题而采取的重要措施。为此，中央投入资金100亿元，用于实施农村寄宿制学校建设工程（以下简称"寄宿制工程"）。从2004年起，在西部地区特别是西部少数民族地区新建、改扩建一批寄宿制学校。"寄宿制工程"共覆盖中西部地区953个县，共涉及项目学校7651所，其中初中5113所，小学2538所。工程的实施有效地解决了高海拔地区和边境海岛地区无学校和办学条件差的问题。

（10）西部农村现代远程教育。2003年9月，国务院召开了全国农村教育工作会议,下发了《国务院关于进一步加强农村教育工作的决定》(以下简称《决定》)。《决定》明确提出"实施农村中小学现代远程教育工程,促进城乡优质教育资源共享,提高农村教育质量和效益。争取用五年左右时间,使农村初中基本具备计算机教室,农村小学基本具备卫星教学收视点,农村小学教学点具备教学光盘播放设备和成套教学光盘"。2003年"西部地区农村中小学现代远程教育工程"全面启动。该项工程中央和地方共投入约130个亿,为全国约11万个农村小学、民族中小学教学点配备教学光盘播放设备和成套教学光盘,向这些教学点的约510万山村小学生提供优质教育教学资源,解决师资和教学质量较低的问题,使全国38.4万所农村小学初步建成卫星教学收视点,基本满足农村8000多万小学生对优质教育教学资源的需求。

(11) 少数民族高层次人才培养计划。为贯彻落实党中央、国务院关于实施西部大开发战略的有关精神和《国务院关于深化改革加快发展民族教育的决定》(国发〔2002〕14号),2004年教育部、国家发展和改革委员会、国家民委、财政部和国家人事部等下发了《关于大力培养少数民族高层次骨干人才的意见》(教民〔2004〕5号),决定在全国实施少数民族高层次骨干人才培养计划。计划从2005年开始选择部分中央部委所属院校试点招收博士生500人,硕士生2000人,共计2500人进行培养。已扩大到2016年计划招生5000人,其中博士1000人,硕士4000人。[①] 目前这一计划正在稳步进行,招生人数在逐年增加。这项计划的实施,对于加快少数民族高层次人才培养、推动少数民族地区社会经济可持续发展意义重大。

(12) 师资队伍建设与提高。师资队伍是制约民族地区基础教育发展的重要因素之一。近年来,中央政府和各级地方政府均采取诸多有效方法解决少数民族地区中小学师资队伍的数量不足、质量不高的问题。2006年,国家启动了"农村义务教育阶段学校教师特

---

① 教育部办公厅关于下达《2016年"少数民族高层次骨干人才"研究生招生计划的通知》。

设岗位计划"，中央财政设立专项资金，招募高校毕业生到西部"两基"攻坚县农村学校任教，及时缓解了"两基"攻坚县教师数量不足、素质不高的问题。与此同时，教育部还启动了西部农村教师远程培训计划、城镇教师支援农村教育计划，以及援藏教师培训计划、援疆教师培训计划、农村学校教育硕士师资培养计划等，通过一系列的培养计划实施，西部地区累计有130万人接受了培训。[1]其中很多民族地区的教师是第一次参加这样的培训。2007年，由中央财政支持，教育部启动、实施的"送培进藏"、"送培进疆"项目，组织全国最优秀的教师培训机构和教师培训专家到西藏和新疆，对两地近2000名中小学教师进行现场培训，受到了当地少数民族教师的欢迎和好评。[2]

从某种意义上讲，这些政策和措施是国家为促进少数民族地区教育公平发展的具有倾斜性的特殊教育政策，反映了国家教育公平发展的基本导向。从这些重大教育发展项目和政策出台的背景来看，这些倾斜性政策无不反映了国家、政府和决策者促进民族地区教育公平发展的理想，无不是基于对少数民族教育发展的特殊性而进行的政策考量。从实施的效果来看，这些特殊政策或重大项目在推进民族教育实现跨越式发展、促进教育公平方面发挥了不可替代的积极作用。

3. 新中国成立以来少数民族语言文化政策、制度的演进

在审视少数民族课程政策之前，亦有必要对新中国成立后少数民族语言文化政策进行相关梳理，使我们对我国少数民族语言文化政策、制度的历史演进有一个全面的了解和把握。从查阅到的文献资料来看，有关少数民族语言文化政策大多散见于颁布的相关文献、制度、法律等文件当中。本书遵循政策出台的时间顺序，对这些政策、制度以及相关规定从文件规定、语言文化政策以及课程政策两个维度对政策的演进进行了整理。

（1）在新中国成立前夕，在《中国人民政治协商会议共同纲

---

[1] 教育部2007年第11次新闻发布会。
[2] 孙百才、张善鑫：《我国发展少数民族教育的重大举措及其主要经验》，《西北师大学报》（哲学社会科学版）2009年第1期。

领》(1949年9月29日)中就对少数民族领域的相关问题进行了界定和说明,规定:"在少数民族聚居区,实行民族区域自治,在民族杂居地区,少数民族代表参加当地政权机关,处理与本民族有关的事情。"而相关的语言和文化政策则更为详尽,进行了明确的规定。其中指出:"各少数民族均有发展其语言文字,保持或改革其风俗习惯及宗教信仰的自由,人民政府应帮助各少数民族的人民大众发展其政治、经济、文化、教育的建设事业。"

(2) 1951年,在第一次全国民族教育大会上,对民族语言和文化也有相关的规定:"必须采取民族形式,照顾民族特点,才能很好地和各民族实际情况结合起来",同时指出"少数民族教育的内容和形式问题、课程教材问题,既要照顾民族特点,又不能忽视整个国家教育的统一性。……少数民族地区学校的教学计划(课程计划)、教学大纲应以教育部的规定为基础,结合各民族的具体情况加以变通和补充"。在后来的《中华人民共和国民族区域自治实施纲要》(1952年2月22日)中,也对少数民族的发展尤其是文化教育事业有较为明确的界定。"民族自治机关采用各民族自己的语言文字,以发展各民族的文化教育事业,采取适当措施,培养热爱祖国的、与当地人民有密切联系的民族干部,采取必要的和适当的方法,发展各民族的文化、教育、艺术和卫生事业。国家帮助民族地区有计划地培养当地的民族干部,发展其政治、经济、文化、教育和卫生事业。"

(3) 1956年,在第二次全国民族教育大会上,对少数民族教育发展提出了较为清晰的目标。规定:"提出少数民族教育要赶上汉族水平,在少数民族地区有步骤地开展扫盲工作和实行普及小学义务教育。在这一会议精神的指引下,民族地区学校的课程进行了相应的改革,主要是进一步加强汉语文课的开设和民族语文在教学中的使用。各民族地区的中小学和师范学校应译用或采用全国通用教科书,另外自编本民族语言教材和民族地区学校汉语教材及民族补充教材。编译出一套比较完整的民族文字教科书和教学参考书。"到1974年9月,国务院科教组召开少数民族语言教材工作座谈会,就少数民族教育的课程与教材问题进行了研讨,尤其对少数民族教材的编译、出版、印刷等问题做了具体规定。

（4）1980年，国务院出台了《关于加强民族教育工作的意见》，指出："招收少数民族为主的学校，有条件的应当采用少数民族文字的课本，并用少数民族语言讲课；小学高年级或中学设汉文课程，推广全国通用的普通话。各级人民政府要在财政方面扶持少数民族文字的教材和出版物的编译和出版工作。""凡是有语言文字的民族，应使用本民族的语文教学，学好本民族的语文，同时兼学汉语文。"

（5）1981年，在第三次全国民族教育工作会议上，时任教育部副部长臧伯平在报告中指出："民族地区学校是发展民族语言文字的重要阵地。我们应该积极提倡，少数民族学生在小学和中学阶段首先要学好本民族语文，同时要学好汉语文，在学好本民族语文和汉语汉文的前提下，有条件的中等和高等学校再学一门外国语。"

（6）1984年，《中华人民共和国民族区域自治法》规定："民族自治地方的自治机关自主地发展民族教育，扫除文盲，举办各类学校，普及初等义务教育，发展中等教育；举办民族师范学校、民族中等专业学校、民族职业学校和民族学院，培养少数民族专业人才。对本地方内各民族公民进行爱国主义、共产主义和民族政策的教育。各民族干部和群众要互相尊重语言文字、风俗习惯和宗教信仰，共同维护国家的统一和各民族的团结。"后来，1986年，先后成立了藏文、朝鲜文、蒙古文教材审查委员会，并先后制定了民族文字教材审查工作章程和评审办法，从内容、形式、文字、插图等方面提出了提高教材质量的具体要求。1995年，国务院又出台了《关于加强民族教育工作若干问题的意见》，指出："在使用民族语言文字教学的地区，要因地制宜地搞好双语文教学，大力推广普通话。各省（区）在语言文字政策的实施上，要根据有关法律和有利于民族的长远发展、有利于提高民族教育质量、有利于各民族的科学文化交流的原则，要根据多数群众的意愿和当地的语言环境，作出具体的规定。各民族之间要相互学习，增进了解。"

（7）2002年，国务院《关于深化改革加快发展民族教育的决定》对民族地区的师资队伍做了新的规定,指出:"少数民族和西部地区教师队伍建设要把培养、培训'双语'教师作为重点,建设一支合格的'双语型'教师队伍。加强培养在农牧区、高寒地带、山区和边疆地区能'下得去、留得住'的各级各类学校教师。"同年,全国第五次民族教育会议召开,时任教育部部长陈至立在报告中对民族语言和文化工作提出了更高的要求,指出:"大力推进民族中小学'双语'教学工作。根据《全日制民族中小学汉语教学大纲》,编写以提高民族学生实际应用汉语能力为目标的汉语教材。要积极创造条件,逐步在用母语授课的民族中小学中从小学一年级起开设汉语课程。根据群众意愿,在使用汉语授课的民族中小学和班级中开设民族语文课。提倡各民族学生同校学习。为了保障少数民族使用本民族语文接受教育的权利,根据国家课程、教材改革的要求,编译具有当地特色的民族文字教材。当地政府要把民族文字教材建设列入教育经费预算以保证教材供应。"

(8)2010年,《国家中长期教育改革与发展规划纲要(2010—2020年)》颁行,其中对民族教育的发展进行了专门论述。分"重视和支持民族教育事业"和"全面提高少数民族和民族地区教育发展水平"两节内容。提出了促进民族地区各级各类教育协调发展和加大对民族地区中等职业教育的支持力度等具体任务,尤其在民族语言和文化传承方面做出了明确的规定:"全面开设汉语文课程,全面推广国家通用语言文字。尊重和保障少数民族使用本民族语言文字接受教育的权利。全面加强学前双语教育。国家对双语教学的师资培养培训、教学研究、教材开发和出版给予支持。"

(9)2015年8月27日,国务院发布了《关于加快发展民族教育的决定》(以下简称《民族教育决定》),对当前民族教育发展的问题进行了梳理。其中在谈及课程和教学中,重点列专章对双语教学的问题进行了论述。《民族教育决定》指出了目前推进双语教学的原则,并从六个方面对推进双语教学进行了规范。即保证少数民族学生国家通用语言和文字的使用;提高少数民族学生的民族语言水平;在通用语言薄弱地区建立双语教学体系;国家对双语教学给予政策支持;鼓励民汉学生相互学习语言;出台双语教师标准,督导双语教学并进行质量监测。这是新时期民族教育课程政策变革的重要依据。

从新中国成立以后相关法律文件规定和现行少数民族文化政策中不难看出各种政策、制度规定中的关键词,即政府一贯对少数民族的语言和文化遵循"特色、自由"的发展思路。换句话讲,尊重少数民族教育发展的特色,尊重少数民族学生对本民族语言文化选择的自由是政府一贯坚持的原则和立场。同时,在民族地区学校对有语言和文字的少数民族一如既往地推行民族双语教学是传承少数民族文化、落实这种思路的重要方式。

(二) 课程政策研究综述

文献研究对以往有关课程政策的研究成果进行了梳理,这些研究主要集中在以下三个方面。

1. 教育公平视角下的课程政策研究

课程与教学公平是体现教育公平的一个重要方面,也是教育公平研究关注的微观领域。涉及这方面的文献资料比较少,但给了本书很大的启示。在义务教育办学条件不断得以改善、逐步趋于均衡发展的条件下,课程与教学公平是更能体现公平特征的领域。有学者认为:"教育公平的核心是课程公平。"[①] 有研究表明,理想的课程政策必须体现教育公平的原则,教育公平是制定课程政策的基础。因为课程政策涉及课程资源在社会群体中的优化配置,它所表现的是一种在分配课程资源的过程中不同群体所共同行使的公共权力。课程政策最终指向的是受教育者的受教育权和课程享用权。该研究同时认为,"教育公平的有效实现是理想课程政策最基本的价值标准"[②]。还有研究认为:"对课程政策分析必须深入到价值层面。从政治哲学的角度看,公正性是基础教育课程政策的必备品格,课程决策应优先考虑公正原则。我国当前基础教育课程政策优先考虑效率问题,对政策的公正性缺乏足够重视,有必要遵循补偿原则加

[①] 熊和平:《论课程公平即课程改革》,《教育导刊》2007年第1期。
[②] 王玲:《博弈视野下的课程政策研究》,博士学位论文,山东师范大学,2008年,第33页。

强对弱势群体的扶持。"① 在检索到的相关研究中,还有一类研究是关于对教学和教育公平问题的探讨。有研究认为:"在教育教学实践中,可以通过差异教学来促进教育公平。这其中包含着差异教学促进教育公平的机制和策略。差异教学促进教育公平的机制:(1)差异教学通过激发学生学习的动机促进教育公平;(2)差异教学通过在学生已有知识结构和现有学习之间建立联系促进教育公平;(3)差异教学通过拓展学生成功的领域促进教育公平。差异教学促进教育公平的策略:(1)科学测查;(2)挑战性的学习目标;(3)开放性可选择的学习内容;(4)灵活多样的教学方法和活动;(5)弹性的组织形式;(6)多元化的评价。"② 还有些研究对教育政策和教育公平的关系进行了探讨。有研究认为:"考察教育政策和教育公平之间的关系有从教育政策的价值追求和目标建构的角度、从政府公共职能履行的角度、从国家社会制度的安排、选择的角度和从文化传统和伦理法则演进的角度等四种视角进行探讨和分析,在这种视角下,研究将教育政策与教育公平的关系概括为如下四种关系:价值同构的关系(教育政策的核心价值是公平和效率,而教育公平正在成为教育政策的基础性伦理诉求);手段与目的的关系;利益分配与代价代偿的关系和应然与实然相统一的关系。"③ 这些研究都将课程政策与教育公平问题作为研究的重点并进行了相关的分析。有些研究从教学层面审视教育公平问题给予本书以诸多启示。研究结论虽然表现出"异曲同工",但一个核心问题就是课程政策应该具有"公平性"这个基本属性,才能保证教育公平中最基本的课程公平的实现。

2. 教育政策视域中课程政策研究

课程政策是整个教育政策体系的子系统,把课程政策放置于整个教育政策的大背景下进行考察,是另一类研究文献表现出来的特点。这些研究中一般都对课程政策进行了界定,并认为课程政策是

---

① 郭晓明:《论课程政策的公正问题》,《教育理论与实践》2002年第4期。
② 史亚娟、华国栋:《论差异教学与教育公平》,《教育研究》2007年第1期。
③ 刘欣:《基础教育政策与公平问题研究》,华中师范大学出版社2008年版,第58—61页。

权力部门制定的规范课程和教学的准则。即"课程政策是指国家教育行政部门为调整课程与教学权力的不同需要,并调控课程与教学运行的目标的方式而制定的行动纲领和准则。课程政策一般是由一个国家用文件的形式来规定的。它包括三个方面的内容,即课程政策的目标、课程政策的载体和课程政策的主体"①。

显然对课程政策的认识关系到课程和教学的有效实施问题,只有准确地把握课程政策的本质,才有助于我们更好地理解课程和教学问题,提高教育教学质量。不难看出,正如研究文献对"政策"、"教育政策"等概念的解读一样,大多数研究文献都是从课程权力合理分配的视角来分析课程政策本身的。有研究认为:"理想的课程政策是中央政府、地方政府与学校主体间性良性发挥的结果;理想的课程政策是明确国家、地区、学校的主体地位,通过它们之间相互配合、相互协调、相互补充来完成决策的过程,并最终达成共识的结果。"② 也有研究认为,课程政策的基本含义是国家教育行政主管部门在一定社会秩序和教育范围内,为了调整课程权力的不同需要,调整课程运行的目标和方式而制定的行动纲领和准则,其本质是解决"由谁来决定我们的课程"或课程权力的分配问题,其载体是课程计划、课程标准和教科书。③ 也有一部分研究认为,课程政策就是顺利推进学校课程和教学开展的策略。在研究中指出:"课程政策,是教育行政当局针对目前社会需求、学生愿望及未来发展的趋势,依据国家教育宗旨与法令规章,确定课程计划,规划教学内容,调整课程结构,经由法定程序公布实施,成为行政部门或教育机构执行的准则。课程政策的制定旨在满足社会需求,解决课程问题和达成课程目标。所以,课程政策系推行课程工作的指针,亦为达成课程宗旨的策略。"④ 这些对课程政策的研究结论,都为我们认识课程政策提供不同的视角,也为我们进一步认识民族地

---

① 钟启泉等:《课程与教学论》,华东师范大学出版社 2008 年版,第 21 页。
② 王玲:《博弈视野下的课程政策研究》,博士学位论文,山东师范大学,2008 年,第 11 页。
③ 胡东芳:《论课程政策的定义、本质和载体》,《教育理论与实践》2007 年第 11 期。
④ Decker Walker, *Fundamentals of Curriculum*, Harcourt Brace Jovanovich, Inc., 1990, p. 303.

区学校课程提供了方法论的指导。

3. 民族文化传承与民族地区学校课程研究

在检索到的相关文献资料中，有研究从课程目标、课程结构、课程内容、课程实施、课程评价及课程管理等方面探讨了其与少数民族文化传承的关系，这些研究，为探讨民族地区课程政策实施效果提供了一定的文献基础。

在研究中，有研究对我国民族地区学校课程实施中存在的问题进行了总结和反思，认为我国民族地区的课程存在着诸多亟待完善的地方。表现为：在我国民族地区的课程目标方面，存在着文化熔炉的课程目标取向和激进的多元文化目标取向；在课程内容方面，存在着"汉化"倾向；在课程实施方面，存在着严重的功利化倾向。这些问题的存在使民族地区的一些学校担心多元文化课程的开设会影响学生的学习成绩以及学校的升学率，因此干脆不开设多元文化课程或仅将其列在课程计划上，但不去落实和实施。还有民族地区的一些学校在多元文化课程的学习中仅强调知识，把多元文化课程的实施目的片面地理解为传递民族文化和多元文化理论知识，要求学生接受现成的结论，而不是对文化进行思考、诘问、批判和创生。在民族文化的学习过程中不关注学生的情感体验，剥离了文化学习与培养民族亲近感、认同感和自豪感的内在联系。[①] 有研究认为民族地区课程存在的问题主要表现在：顺应主流文化的主导和制约，民族地区的课程改革缺乏理论指导等，从而对民族地区的课程从课程内容方面的变革提供了相应的改革思路。从宏观方面来看，课程既要体现人类社会的共同要求，也要反映民族人类社会总体的发展方向，因而课程设计必须研究社会生活的各个领域。从微观方面来看，每个人所处社会或社区的地理条件、经济活动类型、文化传统、生活方式等因素，都对每个人的成长与发展具有内在的影响。课程不可避免地要受到来自民族社区的文化需求和条件供给的制衡。因此，课程价值取向要兼顾国家、民族地区、民族社区、

---

① 杜志强、靳玉乐：《民族地区多元文化课程：问题与对策》，《中国教育学刊》2005年第9期。

民族家庭和民族学习者主体的需要，并且充分考虑到可以提供的课程文化资源条件。① 这些研究结论表面上指出了民族地区学校课程实施中存在的典型问题，也部分地反映了民族地区学校课程传承民族文化所存在的弊端和问题。

有研究在课程与民族文化的关系方面认为，民族教育是民族文化继承的重要方式，而课程则是民族文化的主要载体和集中反映。因此，民族文化与课程有着密不可分的天然关系。研究进而对民族文化对学校课程的"统摄"进行了分析，认为课程是文化传承的重要媒介和载体，离开了人类积累和创造的文化财富，课程就成了空洞无物的东西。学校课程如语文、数学、物理、化学、生物、历史、地理、天文、美术、音乐等学科的基本知识、技能、观念，那是世界各民族有史以来积累下来的精神文化遗产。其中，在课程门类的设置、课程内容的取舍、比例分配上，文化传统是一个不可忽视的选择内容。此外，"民族文化影响和制约着课程的目标设置、学习方式，同时课程对民族文化具有一定的反作用，体现为课程的文化传递、保存、优化整合、更新、创造等多种功能"②。

也有研究对出现上述问题和现象的原因进行了分析和研究，其中最为典型的便是 CIPP 模式。这种模式主要是通过对学生行为的考察来找出实际活动与教育目标的偏差，主要突出评价的改进功能。国内一些研究也有相应借鉴，认为对于一项课程政策方案的执行而言，受制于四个方面："一是规划性决定，即确定政策方案的目标；二是结构性决定，即修改政策方案或比较政策方案的优劣的决定；三是实施性决定，即决定政策方案的具体实施；四是考核性决定，即判断方案最终实施结果的决定。对应四种决定，存在四种政策方案评价，即背景评价（context evaluation）、输入评价（input evaluation）、过程评价（process evaluation）和成果评价（product

---

① 金志远：《民族地区课程改革的文化批评》，《西南民族大学学报》（人文社会科学版）2008 年第 5 期。

② 金志远：《课程内容多元文化初探》，《内蒙古师范大学学报》（教育科学版）2002 年第 1 期。

evaluation)。"① 虽然在表述上有差别，笔者认为异曲同工。

这些有关学校课程的研究，是对民族文化通过学校教育进行传承的积极探索，无疑对有效保存和传承民族文化将起到积极作用。这些研究也使我们认识到，文化才是课程的核心和要素，课程是文化传承的工具或载体。事实上，人们是在通过课程来满足他们的文化需求，人们对课程的认同和接受就是文化认同的过程。课程绝不能简单地理解为人们认识视域中的"客体文化"，而是能够满足人们需要的文化载体和教育标准。

（三）教育公平研究

对教育公平问题的探讨最早可追溯到孔子"有教无类"的教育思想和柏拉图在《理想国》中的相关论述，这些研究和探讨为后来的教育公平研究提供了思想基础和理论指导。

综观目前国内有关教育公平的相关研究，分别从教育哲学、教育经济学、教育人类学、教育学、文化学、伦理学等诸多的学科和领域，从不同的学科视角对教育公平进行了解读，拓展了我们审视教育公平问题的视野，丰富了教育公平的内涵。但无论从哪种学科视角进行的教育公平界定，学者们均不约而同地认为，教育公平就是受教育者公平地享有教育权利，分配教育资源。基本都是在套用胡森的"教育公平理论"，认为教育公平应该从起点公平、过程公平和结果公平三个方面来衡量。这些研究和论述无疑为我们探讨和研究教育公平问题拓展了视角，但目前的研究成果已不是停留在原有的这样一些理论层面，而表现出了新的特点和趋势。

1. 教育公平研究的转向

目前教育公平研究已经进入到"有质量的教育公平"这样一个全新的时代命题，对有质量的教育公平的探讨已经成为教育公平研究的主流。有研究对"有质量的教育公平"这一命题进行了全方位的解读，认为："有质量的教育公平"，是指在我国教育事业规模和数量不断扩大的基础上，各级政府以推进教育公平为取向，以提高

---

① 张家军、靳玉乐：《论课程政策的评价模式》，《教育理论与实践》2004年第4期。

教育质量为重点,通过制定各种政策和采取相应措施,合理调节公共教育资源的供给和配置,满足社会公正,享有高质量教育的需求,促进教育自身可持续发展和社会和谐发展的一种新的价值观念、政策取向和行动措施。"有质量的教育公平"具有如下主要特征:"(1)以推进教育公平为基本的价值取向;(2)追求高质量的教育;(3)重在提高学生学业成就;(4)其推进责任在政府;(5)其实施主体是学校。""有质量的教育公平"的具体目标有:"(1)全民教育目标的全面实施;(2)区域、城乡、群体之间和教育结构内部均衡发展;(3)全面实施素质教育;(4)农村教育水平和质量大幅度提升;(5)处境不利儿童的教育得到切实保障;(6)各类人群的多元教育需要得到满足。"[①] 也有研究认为:"教育普及还不是真正意义上的教育公平,只有通过提高教育质量,满足不同学生学习和发展的需要,才是教育公平应该追求的更重要的实质性目标。没有教育质量作保证,教育公平是没有任何意义的。"[②]

2. 教育公平与教育效率的研究

在对教育公平相关文献的梳理中,笔者还发现一些研究是对一个"老问题"(教育公平与教育效率的关系)的"新探讨"。从研究成果来看,以往的研究成果中,大多数将两者对立起来分析和探讨,但近来的研究则将两者统一起来谈,并在某种程度上达成了共识,认为教育质量就是教育公平与教育效率的有机统一。教育公平与教育效率不是对立关系,也不是主次关系。教育公平与教育效率是两个可以独立的、同等重要的教育追求或教育目标。现代教育应该坚持"教育公平与教育效率并重"的原则,通过教育公平提升教育效率应该成为我国教育改革与发展的国家战略和政策选择。也有学者认为,因为以往对教育效率的理解多是在经济学的分析框架下

---

① 参见朱小蔓、陈如平《对策与建议:2006—2007年度教育热点、难点问题分析》,教育科学出版社2007年版,第46—69页;刘欣《由教育政策走向教育公平——我国基础教育政策的公平机制研究》,博士学位论文,华中师范大学,2008年;马晓强《"科尔曼报告"述评——兼论对我国解决"上学难、上学贵"问题的启示》,《教育研究》2006年第6期等文献的相关论述。

② 史亚娟、华国栋:《论差异教学与教育公平》,《教育研究》2007年第1期。

进行的，教育效率与教育公平的背离就带有明显的经济学思维的特征。我们应该在一个更广泛的意义上追求教育效率，把教育效率作为重新配置教育资源的一个重要突破口。①

在对两者关系的审视中，有研究也得出了新的结论，认为："教育公平与教育效率是两个并行不悖、不可偏废的教育政策目标。政府应该在促进教育公平和提高教育效率两个方面都承担主要责任。这是给予教育公平和教育效率研究的理论概括，也是对一些发达国家当代教育公共政策实践的经验总结，更是我国教育发展的客观要求。"② 有学者认为，从功能的层面来看，教育效率主要应该通过促进阶层流动和促进学生个性发展两大基本功能的实现程度来反映。研究同时认为教育资源配置不公，教育促进社会各阶层垂直流动功能减弱是当前中国教育最大的非效率。我们现在不应该呼吁教育公平而扼杀教育效率，而应该在一个更广泛的意义上追求教育效率，要建立一个全面反映教育效率的指标体系，真正把教育效率作为重新调配教育资源的一个重要标准。③ 在当前的社会条件与教育形势下，有研究认为，平等和效率的和谐统一的社会公平是促进社会和个人发展的重要手段。教育公平既有公平的普遍性，又有自身的特点，应根据教育公平的本质特点实现教育公平的目标。实现教育公平必须追求和实现教育平等与教育效率的和谐统一，具体主要包括：（1）坚持普及与提高、大众化教育与精英教育相结合的原则；（2）坚持区域教育均衡发展的原则；（3）坚持义务教育免费和强制性原则；（4）消除分数面前人人平等的公平性和局限性；（5）改变"应试教育"及其评价模式，积极实施素质教育及其评价模式；（6）坚持教学民主和因材施教的原则。公平的教育应该是社会需要和个人兴趣相结合的教育，是充分发挥每个人积极性、主动

---

① 褚宏启：《关于教育公平的几个基本理论问题》，《中国教育学刊》2006年第12期。
② 褚宏启：《教育公平与教育效率：教育改革与发展的双重目标》，《教育研究》2008年第6期。
③ 许丽英：《教育效率——一个需要重新审视的概念》，《教育理论与实践》2007年第1期。

性和创造性的个性化教育,而不抑制个人的积极性、主动性和创造性的统一化教育。①

3. 教育平等与教育公平关系研究

有研究对教育平等和教育公平的关系问题及教育机会均等问题进行了探讨。有学者认为:"教育公平不同于教育平等,教育平等是指公民受教育权利和受教育机会的相同性、一致性,更多的是关涉事实、形式上的判断;而公平是对利益关系调整和资源配置合理性的判断,公平的本质就是合理性。"② 有学者撰文对教育机会均等进行了论述,认为现代社会为教育机会平等提供了贴切的理念依据和坚实的现实依据。在现代社会,教育机会平等的含义至少包括机会起点的平等、教育机会实现过程的平等、承认并尊重社会成员在发展潜力方面的"自然"差异及由此带来的教育机会拥有方面的某些"不平等"。维护教育机会平等的理念与准则保证公正体系中各项内容的实施,直接创造一些有助于教育平等实施所需的"平等"条件是造就一个公正和充满活力(高效率)的社会所应该负担的责任。③ 在教育权利和教育资源的分配上,教育公平倡导的是得所应得。也就是说公平是非实体性的,既不是人的行为本身,也不是某种社会制度本身,它是人的行为和社会制度背后隐含的"使每个人获得其应得的东西"④。有研究对教育公平问题进行了本质上的确认,认为"教育公平首先是一种价值判断和情感体验,它以人类的社会意识为前提,以人类社会的现实状态为对象,在一定的世界观的指导下,对现实社会提供的教育机会以及教育权利和教育资源的分配情况作出主观评判"⑤;教育公平也是一种现实状态,反映的是一定社会教育机会、教育权利和教育资源的分配情况;教育公平更是人类社会的一种理想追求,平等的受教育权、合理的教育权利和

---

① 郝文武:《平等与效率相互促进的教育公平论》,《教育研究》2007年第11期。
② 褚宏启:《关于教育公平的几个基本理论问题》,《中国教育学刊》2006年第12期。
③ 李江源、王蜜:《论教育机会平等》,《中国教育学刊》2006年第12期。
④ [英]约翰·穆勒:《功利主义》,唐钺译,商务印书馆1957年版,第48页。
⑤ 王玲:《教育公平视野下课程政策研究》,《辽宁教育研究》2008年第5期。

教育资源分配状况，是人类社会美好的愿望和憧憬，也是教育不断发展的理想追求。

在检索到的研究当中，还有研究对公正教育的问题进行了分析，为我们今天探讨教育公平问题提供了新的视角。有研究认为："公正教育是教育的一种内在规定性，它提供了个体教化的条件，是早就具有公正德性和正义感的公民的需要。公正教育是面向全体的教育，是保障所有人终身发展权利的教育；公正教育是给人以自由、权利和尊严及民主的教育；公正教育是适合自己的教育，是促进每个人的最大、最优发展的教育。"[①] 也有研究认为："在目前的现实条件下，我们对教育公平的探索是在追求教育正义。认为教育正义是教育制度和教育行动的底线伦理，国家、政府和教育本身的教育行动必须首先追求教育正义，必须实现和保证教育制度的正义性。"[②] 这些研究深化了传统教育公平研究的内涵，将目前教育公平问题的研究推向了一个更高的理论水平。

4. 影响教育公平因素的分析与探讨

在当前对教育公平问题探讨的研究文献中，几乎都不约而同地分析和探讨了影响教育公平的因素。尤其在当前构建社会主义和谐社会的新形势下，影响教育公平的诸因素成了部分研究关注的焦点。有研究认为，造成我国教育不公平的原因，主要表现在以下几个方面：教育公共职能的缺失及教育政策价值失衡；教育资源配置不合理导致教育发展不均衡，教育资源配置的不公平，集中表现在教育投入极不均衡；教育腐败加剧了教育不公正。[③] 还有研究结论认为，社会经济发展不平衡造成地区差别和城乡差别；贫富差距和家庭、社会文化背景不同所形成的阶层差别；历史和文化传统造成男女性别之间在教育上的差别。也有学者认为，我国目前的教育不公平主要有以下因素：资源配置失衡的局面仍未改变；教育政策中的"城市取向"；阶层差距拉大引起教育不公；教育腐败加剧了教

---

① 冯建军：《制度化教育中的公正：难为与能为》，《教育科学研究》2007年第2期。
② 金生鈜：《教育正义与教育改革的转向》，《当代教育科学》2005年第20期。
③ 杨芳：《和谐社会视野下的教育公平》，《文教资料》2006年第26期。

育不公正。① 这些研究结论对我们认识教育公平的现状和成因提供了分析的框架。

上述这些关于教育公平问题多角度的探讨，无疑为我们探索教育公平问题提供了新的思路。笔者认为，在目前情势下探讨教育公平绝对不再是简单地停留在量化的描述上，关注教育的"客观资源配置"，尤其在有关教育平等、教育公平研究的启示下，有必要从"公平感"的角度对教育公平问题重新审视。换句话讲，要对教育公平的人文取向问题进行探讨和分析。

（四）课程与民族文化传承的相关研究

事实上，民族地区课程政策的实质便是如何处理民族文化与主流文化之间的关系问题，课程政策实施就是在民族地区的教育教学实践中传承民族文化。在这方面，一些相关的研究成果对此进行了探讨。

1. 关于课程文化价值的相关研究

在探讨课程的文化价值之前，首先要对课程与文化的关系问题有一个明晰的认识。事实上，大部分研究文献都涉及对这一根本问题的探讨。

课程与文化是息息相关的，课程是文化选择的结果和具体表现，文化是学校课程赖以生存的"生命之根"。有学者指出："课程变革本质上是一种文化创造，而文化反过来又构成课程变革之基础。"② 有研究对这种文化创造进行了解读，认为课程变革中的文化创造是整体性的文化超越与创生，包含了实质的课程文化创造、本体的课程文化创造和形式的课程文化创造。也有研究认为，课程是一个高度象征性的概念。它是老一代人选择性地告诉年青一代的内容，它也是一代人努力界定自我与世界相互关系的场所和成果。所以，课程过程的本质体现为一种文化代码，一种价值赋予，体现为一种文化主体的自觉。③ 这就从根本上改变了长期以来人们对课程

---

① 杨东平：《对我国教育公平问题的认识与思考》，《教育发展研究》2000年第9期。
② 张华、刘宇：《试论课程变革的文化问题》，《教育发展研究》2007年第1A期。
③ 丁钢：《价值取向：课程文化的观点》，《北京大学教育评论》2003年第1期。

"客位文化"的误解，要把课程当"主位文化"去理解而不是将其看成是文化传承的工具。一直以来的"课程传承文化"命题下的工具化课程让我们徘徊在凝固而僵化的过去，远离了学生的生活世界和精神世界，这种缺失了自主性与文化性的课程，虽然传承文化，然而却不是文化。而作为文化的课程使人不断地开拓充满生机与活力的未来，关注每一个学生个体的健康发展。[1] 有研究认为，要根据课程主体和课程目标，将民族文化整合到学校文化中，同时要在这一过程中做好民族文化的选择。研究表明，民族文化丰富多彩，蕴含着丰富的教育性因素，将这些隐含的教育要素整合进学校课程中，有赖于主题内容的确立，即按照课程目标选择和组织有价值的民族文化内容，形成课程的基本单元。当然，丰富多彩的民族文化资源要转化成为课程是有条件的，最基本的考量就是必须符合心理学和教育学原则，因此它们是需要被选择的。"课程内容的选择必须反映少数民族在语言、地域、经济以及表现在共同文化上的共同心理素质等方面的某些特征，必须采取适合于少数民族发展和进步的民族内容和形式。"[2] 在这些研究中，当套用教育公平的视角再审视民族文化本身时，民族地区学校的课程无疑成了所有研究不约而同聚焦的中心。

也有学者认为课程是一种文化资本形式的教育中介，蕴含着特定的教育机会。从课程内容看，课程知识的选择、分配、传递，具有教育公平的意义。"从课程实施的角度看，课程价值实现的程度，在一定意义上体现了学生教育机会的满足程度。学生对隐性课程的经验感受反映了权利分配和社会控制的现象，在很大程度上决定了所有参与者的价值感和自尊感。"[3]

也有研究通过宏观和微观层次分别对课程中文化问题进行分析。从宏观看，现代社会多元文化的存在，要求我们不能用一种文化统整多种文化来设置课程的内容与形式，所有儿童都应该有同等

---

[1] 朱依萍：《课程的文化解读及其现实启示》，《教学与管理》2008年第2期。
[2] 赵德肃、刘茜：《论民族文化在学校课程中的统整》，《贵州民族研究》2007年第3期。
[3] 郭元祥：《对教育公平的理论思考》，《教育研究》2000年第3期。

机会获得关于"自己的文化"的全面而适当的知识。从微观看,学生学习不同的课程,他们的潜能就会得到不同程度的发展,学校课程设计应保证学生的潜能得到最大限度的发展。① 这种研究视角对多元文化课程的价值和作用进行了积极的分析。也有学者从学校课程开发的角度,认为通过对本校学生的需求进行科学评估,充分利用当地社区和学校的课程资源而开发的具有多样性、可供学生选择的课程,体现了公平的精神。② 有学者从我国现实存在的制度课程展开研究,认为存在着不公平问题。③

2. 民族教育过程中文化冲突的相关研究

民族地区面临多元文化的现实是民族教育开展的社会背景,多元文化冲突是民族地区多元文化并存的一种常态。一些研究集中在对此问题的关注和探讨上。有研究也对民族教育过程中少数民族面临的文化境遇进行了分析,对当前民族文化多元并存的现实进行了分析,认为:"当今世界,我国各少数民族面对的是两种文化的撞击——中外文化撞击与少数民族文化与汉族文化的撞击。也就是说,我国的少数民族生活在双重文化撞击的夹缝中,既享受着双重文化的成果,同时也承受着双重文化的冲击。他们既要在汉文化的撞击下选择,又要在外来文化的冲击下进行选择,既要传承和弘扬传统,继承本民族传统文化,又要以开放的文化心态,学习和汲取汉文化及外来文化的优秀成分。同时还要以批判的精神,在舍弃本民族文化的不适应社会发展的成分和排斥外来文化中不适合本民族文化发展的成分中作出选择。"④ 关于民族文化和主流文化之间的关系,埃德加·莫兰(Edgar Morin)的理解给了我们一些有益的启示。他认为:"在每个文化中有一些占统治地位的思想成分是种族或社会中心主义的,亦即或多或少对其他的文化是关闭的。但是在

---

① 李庆丰:《浅谈我国教育机会均等的目标选择》,《教育探索》2001 年第 10 期。
② 鲁艳:《校本课程开发:教育公平的体现》,《江西教育科研》2001 年第 4 期。
③ 陈云奔:《近 10 年来我国"教育公平"研究进展》,《上海教育科研》2004 年第 4 期。
④ 金志远:《主流文化和非主流文化相整合的民族教育课程知识观》,《贵州民族研究》2007 年第 2 期。

每个文化内部也存在着开放的、好奇的、非正统的、偏离正规的思想成分,也存在着一些杂合物,它们构成了不同文化之间的自然的桥梁。"①

3. 多元文化课程的研究

在对民族文化的传承上,学者们在研究中都不约而同地提及要设置多元文化课程传承民族文化。有学者指出:"学校必须设置多元文化课程以实施民族地区的多元文化教育。"同时认为:"多元文化课程的实施,并不是要另设一门学科,也不是将所有少数民族文化的资产纳入到现有的课程中,这样会造成学校课程的壅塞,导致学生的学业负担过重,而且也未必能真正使文化间有充分的交流和互动。多元文化教育的课程主要是将各少数民族的文化精华和特色融入学校现有的课程中,以反映文化多元的观点,并以全体学生(包括汉族和少数民族学生)为对象,通过融入学校整体课程发展学生认知、技能、情意等方面的能力和态度。"②

还有研究对当前设置多元文化课程的本质进行了分析,认为多元文化课程是指在课程建设中将各民族文化精华有机地融于其中,以揭示文化多元性,实现多元化价值选择的一种课程形态。它包括对其课程目标、特点、内容、方法和评价等基本要素的确定。认为:"多元文化课程目标上多元与整合的价值追求、课程特点上领悟与解读的民族意识、课程方法上对话与交流的教学设计、课程内容上感受与生活的知识构建、课程评价上独特与多维的文化检视等是我们审视多元文化课程时的基本要领。"③也有研究认为,民族多元文化课程是为不同民族文化背景学生创造平等的学习和发展机会、实现文化多元之间的对话、沟通和整合的一种课程形态,旨在消除歧视和偏见,促进社会正义的一种课程形态。

多元文化课程其实奉行的是一种"文化补偿"的思维,因此没有必要过多地从理论上对多元文化课程存在的合理性与合法性进行

---

① [法]埃德加·莫兰:《复杂性理论与教育问题》,陈一壮译,北京大学出版社2004年版,第83页。
② 王鉴、万明钢:《多元文化教育比较研究》,民族出版社2006年版,第5页。
③ 沈小碚:《对多元文化课程建构的理性思考》,《民族教育研究》2008年第2期。

辩护，而是要把讨论的焦点放在如何认识多元文化课程，如何在教育实践中执行多元文化课程等方面，这才是各民族文化并存的关键，也是当前情势下审视多元文化课程的重点。

4."多元一体"与民族文化认同研究

费孝通先生很早就提出了"中华民族多元一体"的文化格局，从某种意义上讲，这是对我国多民族文化存在形态的高度概括。有研究从文化的视角对这一论断进行了解读，认为："费孝通先生所讲的'多元一体格局'中的'多元'指的是各民族的文化知识都要进入国家的课程之中，尤其是在各民族地区的地方课程中集中地、综合地反映出来。这里的'一体'就是中华民族几千年所形成的融合了各少数民族文化的中国传统文化知识，是以汉文化尤其是汉文化中的儒家文化为主体，但不是唯一，它是中华各民族共同认同的文化知识。"① 在对多民族文化进行审视的过程中，难免要直面民族文化认同的问题。多数研究都得出一个同样的结论，即"多元一体"格局形成的过程，就是民族文化相互认同的过程。②

事实上，民族地区普通民众民族文化认同的程度是维系"多元一体"格局的心理底线。当前，"多元一体"既是现实，也是各民族文化存在的基本形态。从某种程度上讲，教育、课程、课程政策等发挥了一种"平衡器"作用。课程政策是多元文化并存背景下重要的文化策略，因此在执行过程中我们不得不对人们的文化认同问题进行理论关照和现实审视。

综上所述，在对民族文化和民族教育审视的过程中，不容回避的问题便是处理民族文化和主流文化的关系。在学校教育中，这种关系问题必然反映在学校的课程当中，不同的研究在对课程内容反思的同时，又不约而同地探讨课程政策合理性的问题。事实上，教育政策合理性的问题，即教育公正问题就是教育公平研究的核心和

---

① 秦玉友：《课程政策的文化抵制研究》，《教育发展研究》2007年第3A期。
② 参见王鉴《试论中华民族多元文化与一体教育观的形成和发展》，《广西民族研究》2002年第4期；陈道山《浅析费孝通先生的"中华民族多元一体"论》，《中南民族大学学报》（人文社会科学版）2004年第4期；孙秋云《费孝通"中华民族多元一体格局"理论之我见》，《中南民族大学学报》（人文社会科学版）2006年第3期。

焦点问题。

通过对民族地区教育政策、课程及其课程政策的文献回顾可以看出，目前人们对课程的理解绝对不是仅仅将其看成一种被动的"客位"文化，而是能满足并实现人发展需要的"主位"文化，课程在教育过程中所扮演的角色要实现文化传承和促进学生的发展。人对课程的认同和接受是在满足人们的一种文化需求，是人们进行文化认同的过程。从这个意义上讲，课程政策从本质上讲是教育过程中的一种文化策略，它本身要关注人的需求和主观感受；在对公平观念演进历史脉络的分析中，我们能够看出，目前提出的"有质量的教育公平"的命题，它的实质是在保证教育机会公平的同时，更要满足人的不同的教育需求这样一个现实问题，也是对人主观需求的重视。笔者认为，目前教育公平的研究已经被推进到研究人在教育活动中的主观感受这样一个实质性的问题。换句话讲，"教育公平的主观感受与客观事实的结合正成为人们评价教育公平的重要基础"[①]。很大程度上讲，对教育公平的审视，成了一种建立在事实判断基础上的价值判断，因此需要对教育公平的人文取向进一步探讨。在对民族文化传承审视的过程中，我们发现在学校教育中，民族文化传承就是通过课程与教学来实现和完成的。实践表明，民族地区课程与教学在对待主流文化和民族文化的问题上，人们是充满矛盾和冲突的，表现为学校课程既要传承少数民族文化，又要回归到主流文化的境遇中。在某种情形下，两者的关系处理得并不是很理想。这种矛盾和冲突进而演绎到人们对民族地区课程本身的认识及对教育公平问题的主观理解上，这是本书从三个维度对文献梳理的学理依据，也是本书审视民族地区教育公平问题的逻辑起点。

三 已有研究反思与本书问题界定

综观以往的研究成果，无论从教育政策史实还是（教育）公平

---

① 谢维和等：《中国的教育公平与教育发展（1995—2005）——关于教育公平的一种新的理论假设及其初步证明》，教育科学出版社 2008 年版，第 110—111 页。

观念的历史演进以及民族文化传承的路径与格局来看,在某一个研究维度上,大量的研究都做了细致深入的探讨,但以往的研究中也存在缺陷和不足。

第一,教育政策:重国家取向建构,轻民族立场反省。在以往的研究成果当中,尤其在对民族教育研究的成果和文献当中,国家、政府和决策者以国家取向的政策出台居多,以某类政策的实施审视民族地区教育公平发展问题的研究相对较少,研究少有以少数民族立场考虑民族地区某些民族教育政策实施的实际效果,探讨人们的内心感受,反省政策本身。尤其是对涉及少数民族文化传承的教育政策缺乏必要的反省。课程政策看似民族教育中一项普通的教育政策,但从某种意义上讲,民族地区的课程政策与少数民族文化的传承和发展息息相关,需要挖掘其中的文化价值并从少数民族师生的立场反思民族地区课程与教学中出现的各类文化冲突和问题,这也是提高课程政策实效性必需的工作。

第二,教育公平:多客观配置达标,少主观价值认同。通过文献梳理发现,大多数对教育公平的问题研究还是"资源配置"的视角,以"标准"的形式及定量描述的手段对教育教学活动的审视,多数研究重视教育发展过程中客观条件的"达标"。研究文献中少有研究对人们主观公平感受问题的探讨,也鲜有研究从人们主观价值认同方面考虑教育公平问题。实际上,公平感受是衡量公平程度的重要指标,也是体现教育质量的主要指标。因此,在教育活动过程中客观条件基本满足的基础上,对人们主观公平感受的探讨也是教育公平研究的重大理论问题,更是教育公平研究推进到更深层次和更广领域的重要标志。大量研究表明,在目前国家奉行"补偿思维"的教育公平理念下,民族地区民众的教育公平感受和他们在具体的教育场域当中,内心是十分复杂的。一方面,他们要遵从国家的教育政策;另一方面,在日常生活实践中,他们又不得不以自己特有的方式"自然"地延续本民族的文化和传统,可以说现行的教育体制在"改变"或"修正"着他们的某种"教育理想"。

第三,民族文化传承:重国家课程主导,轻课程多元建构。正像有研究所指出的那样,学校教育课程的设置与知识的关系,经历了如下的变化过程:"由地方性知识主宰下的学校课程到主流文化主宰下的学校课程,再到以主流文化为学校课程、以地方性知识为地方课程和学校课程的多元文化教育。"[①] 同时,在处理主流文化和民族文化的关系问题上,将研究的问题表面化、简单化。在学校教育中简单地认为,设置多元文化课程就能传承民族文化,但在多元文化课程实施中,由于课时和师资的原因出现了一系列问题致使一部分课程被"搁浅",没有完全落实。民族教育在学校层面的实践中还是以国家课程为主导。民族文化是民族生存和发展之"根",只有通过民族教育将少数民族的发展和民族文化有机联系起来,探讨民族地区的教育公平发展问题才有实际意义。

基于以上文献梳理和对民族教育的现实考虑和分析,本书将主要关注以下问题。

(1) 在教育公平的视野下,西北少数民族地区课程及其课程政策应该确立什么样的价值取向?课程及其政策应该如何建构?

(2) 在研究的实证部分,西北民族地区学校需要什么样的课程政策?不同教育主体面临的文化冲突和内在矛盾是什么?并对西北民族地区现行课程问题进行必要反省。它与政策制定者的关联度如何?

(3) 针对课程政策实施的现状,如何进一步提升西北少数民族地区课程政策实施的实效性,提出相应的政策建议。

针对以上研究问题,本书以五章内容来呈现。

第一章,"绪论"部分,主要交代研究选题的缘由、研究的视角、研究的意义,理论基础与文献综述、研究方法与实施。为"西北少数民族地区课程政策实施的实效性研究"理清研究脉络,搭建分析框架。

第二章,"教育公平理念下西北少数民族地区课程及其政策理论建构",本章主要是在实证分析前,以相关理论做指导,形成本书的民族地区学校课程及其政策观,对适切的民族地区学校课程进

[①] 王鉴:《地方性知识与多元文化教育之价值》,《当代教育与文化》2009 年第 4 期。

行理论上的探讨,这是课程政策研究中必须直面的理论问题,也是进一步提升课程政策实效性的前提。本章论证的目的在于为后续的实证分析将理论的课程及其政策和现实的课程政策进行比较,以发现课程政策实施后存在的问题以及在人们心理上产生的落差,并解析民族地区学校课程在实施过程中存在的问题。

第三章,"教育公平理念下西北少数民族地区课程政策实施问题考察",主要是通过实地调研和问卷调查对相应开放性问题进行分析,目的在于确定下一章实证分析的重点。

第四章,"教育公平理念下西北民族地区学校课程政策实施实证分析",本章主要通过质性研究和量化分析相结合的方式,对民族地区学校课程实施过程中的主要问题进行归因分析。同时,通过第三章确定的"问题域"、有针对性的问卷调查,对相关的问题进行分析,主要揭示政策主体的做法,以形成对质性研究资料的补充,对民族地区学校课程实施中存在的问题进行合理的、实事求是的"归因"。

第五章,"教育公平理念下提升西北民族地区课程政策实效性的建议",本章主要针对课程政策实证研究问题分析,对进一步促进西北民族地区教育公平发展、提升课程政策实效性提出相应的政策建议。

四 本书基本概念界定

在本书中,涉及这样三个核心概念:民族地区、课程政策和民族地区学校,现将其界定如下。

民族地区,按照其字面意思,就是少数民族居住的地区,当然这种理解比较宽泛。鉴于此,本书所提到的民族地区,是指少数民族聚居区,而非指对有少数民族居住地区的统称。从行政区划的角度来讲,本书所提及的民族地区具体是指少数民族自治州、少数民族自治县。

课程政策,这个名词是课程与教学论学科的专有名词,当然,通过文献资料来看,在对其概念的界定和描述上,有的称之为"课程政策",有的称之为"课程与教学政策",有的则表述为"教学政策"等。本书将这一概念统称为"课程政策"。钟启泉先生将其定义为,即"课程政策是指国家教育行政部门为调整课程与教学权力的不同需要,并调控课程与教学运行的目标的方式而制定的行动纲领和准则"①。据此,本书将其界定为:"在课程权力的视角下,民族地区或民族地区学校执行有关课程或教学方面的相关管理措施、制度和规定。"

民族地区学校,本书拟对"民族学校"的课程政策实施的效果进行考察,但"民族学校"这一概念显然有歧义,有时会误解为民族地区的所有学校。因此本书将这一概念直接表述为"民族地区学校",就是本书特定"民族地区"以某一少数民族学生为主体的学校,具体指民族地区的中学。

在对以上三个核心概念界定的基础上,本书的具体内容可以解读为:在教育公平发展的视域中,对少数民族聚居的自治州、少数民族自治县的民族中学现行"课程政策"实施的实效性进行研究。

第三节 研究方法选择与实施

一 研究方法选择

(一) 方法介绍

1. 质性研究

问题决定方法的运用,基于问题的特点,研究首先采用质性研究探讨本问题。"质的研究是将研究者本人作为研究工具,在自然情境下采用多种资料收集方法对社会现象进行整体性探究,使用归纳法分析资料和形成理论,通过与研究对象互动,对其行为和意义建构获得解释性理解的一种活动。"② 采用质性研究思路和范式,主要考虑质性研究方法更能体现教育的人文色彩。教育研究对人的探讨是永无止境的研究课题。实践表明,对人的问题进行冷冰冰的数

---

① 钟启泉:《课程与教学论》,华东师范大学出版社 2008 年版,第 21 页。
② 陈向明:《质的研究方法与社会科学研究》,教育科学出版社 2000 年版,第 13 页。

量化表征绝对不是教育研究者的看家本领，只有以质性的思维方式和操作方法才能更好地走进"当事者"的内心世界，才能挖掘和进一步揭示他们的内心矛盾和文化冲突。本书拟通过对民族地区课程政策的审视，阐发民族地区教育发展中人们所产生的文化冲突和教育矛盾。如何将教育参与者在这种过程中所面临的文化冲突和矛盾表现出来，一直是民族教育研究的难点。本书选取民族教育政策之一的课程政策，通过其实施过程解读各政策利益相关者面临的心理矛盾和文化冲突。

2. 量化方法

为弥补研究中质性研究方法的不足，研究编制了相应的调查问卷进行调查。根据对民族地区学校师生的问卷调查结果，采取数理统计的方法，主要采用 SPSS 统计软件对问卷调查的结果进行处理和分析。量化结果的应用主要根据问题的特点和需要，运用描述统计和推断统计相结合的方法进行。

（二）方法运用

方法的具体应用直接决定研究的质量。本书做了课程政策实施效果的实证研究，主要采用文献分析法、问卷调查法、质性研究中的访谈法以及相邻学科的方法和范式进行。

1. 文献法

主要是对民族地区的课程及政策问题、教育公平观念的演进及民族文化传承等问题的研究文献的全面梳理，以发现以往研究中需要进一步深入研究的问题并探索本书的切入点。

2. 问卷调查法

本书采用问卷调查的方式，以获取民族地区最主要的课程政策对象——民族中学师生对现行课程政策的真实评价，以及他们的政策期待。

文献梳理发现，对这样的实证调查，没有现成的标准量表和调查工具可以直接采用。本书调查问卷的编制经历了这样一个过程：通过查阅文献，研究初步形成了有关课程政策实施实效性调查的指标，尤其是在政策公平性的主观指标方面进行了大量的文献梳理，并借鉴了公共政策绩效评价的相关理论和方法。本书形成了课程政策评价的 5 个一级指标、17 个二级指标和 41 个三级指标。其中 5 个一级指标所依托的理论分别是公共政策分析理论、课程理论、教育学理论、教育公平理论和公共政策评估理论；二级指标则根据一级相关理论的要求设计；三级指标则是有针对性地对二级指标进行细化的结果（见表 1—3）。

在此基础上，本书在确立的 41 个三级指标下形成了对应的调查问题，拟定了教师和学生调查问卷的初稿。为了解本问卷的真实性和有效性，笔者于 2011 年 4 月、9 月、12 月先后两次赴民族地区 T 县和 L 州的民族中学，对问卷进行了预调查，其间又向中央民族大学、西南大学、西北师范大学的相关专家征询了意见，并参考了相应的文献资料对问卷进行了修订，在确定了问卷的有效性后，于 2011 年 12 月正式定稿（见附录一、附录二）。

3. 访谈法

本书的研究对象涉及广泛的教育参与者。具体包括教育行政官员、校长、家长、教师和学生。研究的意图是通过对这些与民族地区课程政策实施中各利益相关者的调研，系统探讨民族教育中各参与主体在课程政策实施后的主观感受和内心真实想法，尤其是对目前民族地区学校教育现状的公平感受、他们对教育公平的期待以及他们对目前的课程政策的主观价值判断，探讨他们对教育公平的政策期待，并凭此将对西北少数民族教育公平的研究引向深入，实现前文述及的研究视角的真正转向。之所以在研究中要对各政策利益相关者进行深度访谈，是因为国家对少数民族教育实施的大量政策（包括现行的课程政策）的确在民族地区取得了显著的效果，使民族地区发生了实实在在的变化。但调研发现，民族地区人们的内心感受与现实的政策效果上还存在某些不协调和不一致，他们在政策执行后产生的主观感受和政策效果是不完全一致的。民族地区民众对政策认同的程度需要做进一步的实证研究。本书根据拟定的政策实施实效性的分析框架并借鉴人类学口述史的研究方法对人们的主观感受和课程政策实施的效果进行探讨和分析。

表1—3　　　　　　　　课程政策实施实效性分析框架

一级指标	二级指标	三级指标
A. 利益相关者对课程政策的认同程度	A1 利益相关者对政策的知晓程度	A11 知晓政策的途径
		A12 对政策执行程序的了解程度
	A2 利益相关者对政策的支持程度	A21 执行政策的态度
		A22 对政策的信任度
B. 课程政策对民族教育的适切性	B1 课程目标	B11 课程目标对民族教育适切性
		B12 现行课程目标在民族地区的达成度
	B2 课程内容	B21 课程内容对民族地区教育的适切性
		B22 课程对民族地区文化特色的反映和体现
	B3 课程结构	B31 课程的开设是否符合相应要求和有关规定
		B32 课程的实施是否能为当地的生产和生活提供服务
	B4 课程实施	B41 课程实施对民族地区地方特色的关照
		B42 课程与教学过程中是否存在与民族地区实际不符问题
	B5 课程评价	B51 课程设置的合理性
		B52 课程内容的科学性
		B53 教学的有效性
	B6 课程管理	B61 现行课程管理对三级课程的落实程度
		B62 地方课程实施的现状
		B63 学校课程实施的现状
C. 政策实施的效果	C1 对学生的发展	C11 对学生受教育权利的保障程度
		C12 对学校中"弱势群体"的关照程度
		C13 政策对学生发展的贡献
	C2 对教师的发展	C21 政策对教师专业发展的保障
		C22 政策在提高教学质量方面的贡献
		C23 教师对政策的积极评价等
	C3 对民族地区教育的积极作用	C31 政策实施后的显性效果
		C32 政策对民族教育发展的支持和贡献
		C33 政策对政策制定者初衷的实现程度
		C34 政策对民族教育特色的关注和反映

续表

一级指标	二级指标	三级指标
D. 政策实施中利益相关者的主观感受	D1 课程资源的分配	D11 对课程资源占有现状的认识
		D12 对课程资源分配合理性的认知
	D2 政策受益	D21 教师对教育公平的满意度
		D22 学生对教育公平的满意度
		D23 师生对学校教育公平现状的整体判断
	D3 民众对教育政策的主观评价	D31 政策对民族地区的适切性
		D32 民众对政策的评价
E. 政策期待	E1 对政策改进的建议	E11 政策改进的可行性
		E12 政策建议
	E2 师生的政策期待	E21 教师的政策期待
		E22 学生的政策期待
	E3 民众的政策期待	E31 政策实际效果与民众的预期
		E32 民众的政策期待

基于以上考虑，根据相应的指标，编制了针对不同主体的访谈提纲（见附录三、附录四、附录五、附录六）。笔者在现场对课程政策利益相关者（教育行政官员、校长、教师、学生）进行了半结构性的访谈。访谈录音整理后都形成了相应的文本资料。访谈搜集到的相关研究资料大致应用到两个方面：一是作为问卷调查资料的有益补充，在问卷中没有涉及的问题或是通过问卷调查收集信息不足的问题，通过访谈获得相关的信息和资料，对相应问题进行佐证和补充，以达到"三角互证"的作用和目的；二是研究的一个核心是要探讨利益相关者在课程政策实施后的主观心理感受，通过现场的访谈，主要理解其态度、情感及价值观方面的倾向和表现，真正将探讨主观心理感受问题分解到整个研究过程中。

4. 人类学、社会学、民族学等学科相关研究方法

本书的重点要对政策实施后人们的主观公平感受进行分析，对人的主观方面进行探讨和研究向来是教育和心理研究的重大难题，但近年来相（邻）近学科的研究取得重大突破给我们很多有益的启

示，尤其是人类学、社会学、民族学等学科相关研究方法对研究人的主观心理感受提供了新的思路和操作方法。本书拟借鉴人类学诸如口述史、田野工作的相关研究范式探讨人们在教育公平期待中的文化冲突和心理矛盾，从而探讨教育公平发展的深层次原因，揭示普通民众的政策尤其是课程政策期待，为今后国家在民族地区倾斜性优惠政策尤其是课程政策的实施提出改进的意见和建议。研究中人类学、社会学、民族学等相关研究方法的介入，目的是对教育生活进行生动的"再现"，力求以小见大地发现问题，以点带面地深入分析，将心比心地介入生活，实事求是地改进实践。

(三) 研究抽样

研究选取西北地区最有代表性的藏族和回族等地区的民族中学作为样本，尤其是选取西北地区藏族中学和回族中学，对其课程政策的实施效果进行研究。通过质性的方法获取研究的第一手资料，通过问卷调查为本书提供必要的量化数据，对民族地区课程政策实施的效果进行评估和分析，为民族地区的课程政策的调整提供现实依据。

二 具体实施

(一) 质性研究方法基础

1. 相关理论说明

民族志是人类学研究的独特方法，是建立在田野工作基础上的科学研究实践，民族志既是一种研究方法，又是研究理解和解读文化的一种方式。本书通过一定的方式收集第一手研究资料，通过与研究对象的互动来解释和分析其言行的文化内涵。人类学家格尔茨心目中理想的民族志应该具有三个特色：它是阐释性的；它所阐释的对象是社会话语流；这种阐释在于努力从一去不复返的场合抢救对这种话语的言说，把它固定在阅读形式中，它还必须是微观的描述。[①]事实上，经典的民族志研究就是解释性的、社会性的和微观

---

① [美] 克利福德·格尔茨：《文化的解释》，纳日碧力戈译，上海人民出版社1999年版，第23页。

性的。"深描"就是人类学所推崇的重要方式。从根本意义上讲，深描就是一种对社会现象的解释，但它绝对不是撰写民族志的唯一目的。社会现象离开了发生的社会背景被"赤裸裸"地"拿"出来的时候，它是不具备任何社会意义的，充其量仅仅是一个事件而已。

格尔茨认为，"深描"的民族志以及解释人类学所要解释的是"社会性话语流"或者说是"社会性表达"。从这个意义上讲，它也不是简单的就事论事，而要为现象"补充"细节的、具体的、特定的"背景"，从而形成一个完整的有血有肉的"故事"。"故事"除了要明确交代发生的三维时空外，根本上讲还要对"故事"发生和发展过程中表现出来的现象寻求科学合理的解释，建立在事实基础上的归纳并进行合理的推论才是真正的目的，也是人类学研究的价值所在。以微观的视角对民族地区的教育公平问题进行解释性的研究，正是力求对这种社会现象进行深描，也是本书实证研究深入少数民族教育"现场"的真正目的。

政策实践表明，所有的政策在实施的过程中无疑会出现一个执行的"黑箱"，我们会看到政策规定、文本等和政策的实施，有时也能显性地观察到某些政策的实际效果。但实事求是地讲，政策在实施过程中在利益相关者中引起的内心变化和他们的一些主观感受，我们直接观察不到。探明这个"黑箱"内部的运作过程是任何政策研究的难点。现实生活中也许我们仅仅接触的是一个事件而已，研究试图通过"深描"的方法走近民族政策尤其是民族教育政策"事件"，走进各个利益主体的内心世界，将政策制定和政策执行过程中由于信息不对称而产生的内心矛盾和冲突反映出来。就其中属性而言，主观感受具有文化性，是较为复杂的文化现象。就像格尔茨强调的方法论一样，一定要深入到"文化模式"中去，不带有任何民族本位的偏见去看待、认识和研究某种文化，才能获得真实的、客观的知识。价值中立是研究者行动的底线，否则价值立场无疑会影响研究的质量。在露丝·本尼迪克特（Ruth Benedict）看来，文化模式是文化中的支配力量，是给人们的各种行为以意义，并将各种行为统合于文化整体之中的法则。人们的行为是受文化制约的,在任何一种文化中,人们的行为都只能有一小部分得到发挥和受到重视,而其他部分则受到压抑。尤其在对少数民族的研究中,少数民族生活中的风俗习惯无疑在其中发挥了非常重要的作用。个体从他最初的行为开始,便晓得他自身是被一些他自己无法以一己之力量影响的事物所决定和限制的。而对他加以约束的,就是风俗习惯的力量(Macht der Sitte)。①因此,文化研究应把重点放在探索和把握各种行动和思考方式的内在联系即文化的整体结构上,重视文化对人格形成的影响。从某种意义上讲,本尼迪克特最早采用的返璞归真的研究范式,已经演变成了今天人类学的研究逻辑。

  人类学的民族志及其所依托的田野作业作为一种组合成为学术规范,后来为多个学科所沿用,民族志既是社会科学经验研究的一种文体,也是一种方法,即一种所谓的定性研究或者"质性研究"。②本书的实证调查正是以质性研究的理论路径直面研究问题的。按照人类学研究的程式和研究范式,质性研究就是要求"关注细节并建构整体",要体现"扎根理论"的精神,尤其要关注田野中的"本土概念",关键是要运用本土概念叙述好"人类学故事",因此如何在实证研究中将简洁的理论和在田野调查中的发现有机结合起来,是本书撰写中面临的最大困难。过多的理论呈现会使研究远离调查的田野而变成了纯理论的空洞说教,过多的质性资料又会使研究表现出过强的"草根性"而缺乏相应的理论支持。如何恰如其分地把握好这其中的度,是本书遇到的难题。

  从目前大量研究成果来看,用口述史的方法做民族志研究和书写是对人类学的另一种探索。③口述史指的是有准备的访谈者,以笔录、录音等方式收集、整理口传记忆以及具有历史意义的观点的

---

① [德]恩希特·卡希尔:《人文科学的逻辑》,关子尹译,上海译文出版社2004年版,第2页。
② [美]詹姆斯·克利福德、乔治·E.马库斯:《写文化——民族志的诗学与政治学》,高丙中、吴晓黎、李霞等译,商务印书馆2008年版,第3页。
③ 张海燕、陈融:《口述民族志:人类学的另一种探索》,《文化学刊》2009年第1期。

历史研究方法。① 在人们的传统理解当中，总是一味地将口述史等同于历史研究，实际上口述史在某种程度上讲，也是对现实问题的解读和探讨。研究对象通过"口述"的形式以达成和研究者的互动，已完成对事件的解释和理解。口述史是以事件亲历者的身份对已发生或正在发生事件的讲述。从研究方法的层面看，讲述是为进一步研究提供更好的素材，研究是在讲述提供的素材基础上进行的阐释和分析。

总之，实证研究无意呈现西北民族地区课程政策实施的研究"流水账"，而是希望对大量质性资料和有限量化资料的分析以形成有理有据的政策建议。本书实证调查正是在这样的理论认识基础上对西北民族地区教育管理者、中学校长和民族中学师生在课程政策实施过程中面临教育公平难题及其政策期待进行阐释和分析的。

2. 调查样本选择

本书的调查对象是在民族地区选取的有代表性的教育当事人，他们在自己的工作和生活实践中对民族教育有着较为深刻的认识，对发展民族教育有较为成熟的想法和见解。本书中主要选取了民族自治县教育局局长、民族中学校长和民族中学的师生等几个有代表性的主体对其进行深度访谈，并对其口述的资料进行了分析和整理。

首先，教育局局长的选样。少数民族自治州、县是民族教育发生的最基本的行政单元，少数民族自治州、县的教育局局长是民族教育行政部门的"第一当事人"，对他们在课程政策实施过程中面临的公平难题和今后的政策期待进行解读，有利于从决策层面对他们面临的政策问题进行透视。本书选取了西北相关民族自治州和民族自治县的教育局局长为样本，通过对他们的访谈资料进行整理和分析，从教育管理者的视角分析现行课程政策实施的实际效果。

其次，校长的选样。学校校长是学校的管理者，对他们在课程政策实施后教育公平难题和政策期望是研究的重点。本书中选取的几位校长都是县级民族中学校长。深入"现场"前，曾经对这几位

---

① ［英］保尔·汤普逊：《过去的声音——口述史》，覃方明、渠东、张旅平译，辽宁教育出版社2000年版，第18页。

民族地区的中学校长有过多次接触和了解，发现他们对民族教育问题甚至是民族问题、教育公平问题等都有较为深刻的理解和认识，管理民族教育有自己独特的经验和方法，有必要对他们的实践进行深入细致的调查和分析，以发现促进少数民族教育公平进程中的深层次问题和矛盾。在田野调查的过程中，几位校长在访谈中向笔者"口述"了在他任职的学校课程与教学工作中面临的教育公平难题及其政策期待，本书拟以人类学口述史的方式进行解读。本书将对这些校长的访谈资料进行相应的分析。

最后，民族中学师生的选样。民族地区学校的师生是民族教育最重要的参与者。因此，对民族地区学校教师的研究是民族教育研究的重中之重。对民族地区学校师生的研究是基于对民族教育现状考察，对他们口述的研究有助于帮助我们聆听民族教育"最草根"的声音。一些先进的教育理念、观念能否真正内化为教师的实际行动，并使应该受益的群体真正受益。实践表明，这其中并不存在绝对的一一对应关系和逻辑。前文述及，政策执行中存在着典型的政策"黑箱"现象，一项"好"的民族教育制度和政策有时会在实践中"走样"和"变形"，相反有些被认为"不好"的民族教育政策有时会收到一些意外的政策效果，这与师生本身的政策态度和政策意向是密切相关的。在教育公平的视角下，这种理论与实践的脱节演变成了教师内心深处的教育公平难题以及对教育公平的种种政策期待。在实地的现场调查中，被调查的部分教师向笔者"倾诉"了自己的公平难题和对今后民族教育发展的政策期待。本书选取了数位有代表性的教师的访谈并对其进行了分析和整理。民族地区学校学生的抽样完全采取随机方式进行，考虑到对调查问题本身的理解和学生调查的方便，调查主要对抽样民族中学的初二和高二的一部分学生进行了随机访谈。

(二) 量化研究方法实施说明

1. 调查目的和意义

实地的田野调查和质性的访谈使笔者对民族地区学校课程实施现状有了初步的了解，也在对民族地区学校课程政策执行过程中各利益相关者所面临的教育公平难题的检视和探讨中，形成了本书基本的"问题域"。但质性的调查和研究也有其中不可避免的缺陷。众所周知,用质性的方式获取的材料是个性化的,它的突出缺点是外推效度低,不能以小见大、以点带面地去进行推论。为了更客观地了解民族地区学校课程实施中存在的普遍性问题,笔者认为进行合理抽样,获取基本的量化数据对质性材料进行补充和解释,从而使实证研究更具说服力,对西北少数民族地区现行课程政策实施效果的分析才能做到定量与定性相结合。如果说质性调查是一种对民族地区学校课程政策进行的"回应性评估"(the responsive evaluation)的话,问卷调查的量化分析将对民族地区学校课程政策实施后获得的量化调查结果进行"检测性"的考察。当然这种检测亦是相对的,也不可能通过简单的问卷调查对课程政策实施后的"纯效果"进行绝对的评估。

在课程权力的视域下,为了深入了解西北少数民族地区课程实施的现状以及现行课程政策在民族地区的适切性,了解目前课程政策实施中面临的困难和问题,寻求解决民族中学课程与教学问题的对策,研究通过事先编订的问卷进行了较大范围的调查。研究以甘肃、宁夏、青海三省(区)八个县(区)的11所民族中学为样本,问卷调查主要是民族地区学校的全体教师[①]和在校的初二和高二年级的部分学生。因考虑到调查的可行性和便利性,问卷调查不涉及抽样民族中学的毕业班(初三、高三)学生。

2. 调查问卷说明

问卷主体题型采取了五维量表的形式,都采用正向问题对调查的得分情况(最低得分为1分,最高得分为5分,得分越高,表明被调查对象对调查问题的认同度越高,越持有肯定的态度;反之越持否定态度)进行统计,从而对调查对象对现行课程政策的认识(回应性的评价)、实施后的实际效果进行调查。

笔者于2012年3—5月向抽样中的甘肃、宁夏、青海三省(区)的11所民族中学的师生发放了调查问卷,青海省的问卷于

[①] 问卷调查过程中有些教师因上课等原因缺席,实际上调查时每一所学校的绝大多数教师真正参加了调查。

2012年7月最终回收。共发放教师调查问卷615份，实际回收有效问卷398份；发放学生调查问卷1700份，实际回收有效问卷1399份。后来在实际准备项目结项的过程，鉴于前期数据的缺陷和不足，又于2014年5—6月对样本省（区）的学校进行了跟踪和回访。各省区教师、学生及民族分布如表1—4所示。

表1—4　　　　　　　　问卷调查样本分布表

数量	教师问卷				学生问卷			
	汉族	藏族	回族	其他	汉族	藏族	回族	其他
甘肃	40	83	48	8	80	303	161	73
宁夏	27	0	77	3	133	0	341	6
青海	33	78	0	1	50	252	0	0
合计	100	161	125	12	263	555	502	79

三　资料收集

本书资料收集的方法主要是半结构的访谈、问卷调查和观察。主要在甘肃、宁夏和青海抽样的11所民族地区学校进行调查。研究前准备了相关研究主体的访谈提纲。研究中共访谈学校校长9人，教师24人，教务主任10人，学生26人，学生家长3人，教育行政官员7人。研究中的观察主要是用进入学校前编制好的课堂观察提纲，收集到民族地区学校课堂教学中的有关细节和过程。整个研究过程在民族中学随机听课81节，整理有关课堂观察记录50余篇，访谈录音整理后都形成了相应的文本资料。每到学校调查完，整理相关的访谈资料，都是一件非常艰辛的工作，10分钟的访谈整理好就是一个小时。考虑到访谈资料整理的有效性问题，访谈笔录基本都是在调查完的当天完成的。但有时还会遇到诸多的困难和问题。正像列维·斯特劳斯所说："一个情境的真相并不能在日常的观察中看到，而是要在一种有耐心的、一步一步慢慢来的蒸馏过程中去寻找……探险应该不是单纯地走过很多表面上的距离，而应该是一种深入的研究：一件一闪即逝的小插曲，一片风景的片面，或是一句偶然旁听到的话，可能即是了解及解释整个区域的唯一关键所在，如果缺少那个关键，整个区域可能就一直不具任何意义。"①在对访谈笔录分析的基础上，笔者对相应的研究资料进行了归并、整理和分类。针对访谈深入的程度，研究只选取了有代表性的教育局局长、民族地区学校校长、民族中学教师、学生以及教育行政官员的访谈资料作为本书的基本素材。

---

① [法] 列维·斯特劳斯：《忧郁的热带》，王志明译，生活·读书·新知三联书店2000年版，第44页。

第二章

教育公平理念下西北少数民族地区课程及其政策理论

课程政策是基于课程的制度设计，如果仅有完善的课程政策而没有相应的课程将其落到实处，课程政策也是形同虚设。在对课程政策实施效果进行实证调查和分析之前，我们需要首先对课程及其政策问题从理论上进行建构。本书无意进行西北民族地区课程政策的"破旧立新"。因为调研表明，不是西北少数民族地区现行课程及其政策在根本上不能适应民族教育的新发展而直接导致现行的课程政策终止。因此，本章所讲的课程及其政策建构，很大程度上是在审视现行课程及其政策改革所面临的大背景并预期今后发展的价值取向。这些理论的探讨在某些方面已经突破了民族地区课程及其政策的范畴，是对整个课程及其政策甚至是教育政策进行理论建构和界说的。当然这样的课程及其政策理论对于民族地区学校的课程及其政策而言也是适用的。

在审视课程政策理论前，笔者发现首先必须对西北民族地区学校课程进行"再认识"，从理论上进行"再建构"势在必行。在学校教育中，课程是学校教与学发生的中介，民族地区学校教育中也是如此。如何建构民族地区的学校课程，即本书中民族地区学校课程的基点，使课程实实在在地成为民族地区学校师生教与学的中介，也是本书在对民族地区课程政策实施实效性研究中不容回避的理论问题。调查表明，如何建构民族地区学校的课程，并不像在民族地区学校里开设什么样的课程那样简单，有必要对民族地区学校的课程从理论上进行建构。

第一节　民族地区学校课程的职能

考察民族地区课程政策的实效性有一个理论前提需要做出明确界定，即必须回答"什么是课程"和"什么是民族地区适切性的课程"这样两个命题。其实归根结底是要对"什么是课程"这一命题进行完整回答，这是探讨后续问题诸如民族学校课程、民族地区学校课程政策实施效果等问题的前提，也是研究民族地区课程政策实施效果中最为核心和关键的问题。当然这种对课程的回答，不能停留在教科书层面的"一问一答"，更不是教科书上简单的理论界定，即"为了促进学生的发展而设置的教学科目的总称"这样极其概括化的描述，而是要对课程的本质进行反思。多年来，学者对课程的探讨可谓见仁见智，都是在不同的时代背景下对课程做的解读。社会发展到今天，毋庸置疑，课程的内涵也发生了相应的变化。仅仅那种简单的二元对立的判断思维显然不能囊括课程的所有内涵；另外，当把人的发展和课程发展一起进行通盘考虑的时候，课程显然不仅突破了它原有的"定义域"，而且在实践中逐步深化与拓展着它的"值域"，由此把人们对课程的理论认识推向深入。

民族地区学校的课程到底在民族教育中充当了哪些角色？发挥了什么作用？笔者认为，民族地区学校课程除了具有一般课程的特性之外，还在民族学生发展中充当了"先行组织者"（advance organizer）和"多元文化整合教育理论"中不同民族成员相互交流的中介的角色和职能，这是研究民族地区学校课程的基点。

一　基于少数民族学生发展的视角

笔者认为，对少数民族学生的发展而言，民族学校课程发挥了"先行组织者"的职能和作用。"先行组织者"的概念最早是心理学家奥苏伯尔（David Ausubel）于1960年提出的心理学术语。在心理学上，"先行组织者"是指为了方便学生的学习而在学生学习之前呈现的帮助学习、提高学习效果的先导性材料。沿用这个思维的逻辑，套用这个理论做进一步的延伸，课程就是为了学生今后发展和更好地适应社会生活的"先行组织者"。换句话讲，在学校教育的场域中，学校课程是为了促进学生发展得更好而呈现的一种"先导性材料"，课程的价值在于帮助个体有效地发展和生活。正像有研究指出的："课程最直接的意义就是拓展知识，而拓展知识就是对生活的一种拓展。"① 显然这种"先导"必须与学生的现实生活接轨，否则，课程的意义和价值就是值得怀疑的。长期以来，"忠实执行"的课程实施取向使师生在教学过程中养成了根深蒂固的"照着做"的习气，课程实践远远脱离了师生的生活实际，使教学中的生机与活力大打折扣。有研究对这种取向进行了批判。"假如教师认为课程是一件产生于既定的逻辑前提、指向于既定的逻辑结论发展的既定商品，而教学就是将他付诸实施的行为的话，那么，作为以真理为归宿的教学的生机便遭到阻滞。在这个过程中，教学本身沦为某种形式的程序操纵，教师的存在无须与学生的存在、与作为某种开放的、可解释的、能够引向可能的未来的东西的课程之间进行真正的际遇。"② 显然，在民族地区学校中这种"忠实执行"的价值取向，使课程的适切性的问题又一次被人们质疑，并且显得更为突出。

  笔者认为，民族地区学校的课程是帮助少数民族学生发展和今后在社会中更好地生活而提供的"先行组织者"。按照"先行组织者"的理论和解释，对民族地区学校课程内容的根本要求就是要贴近学生的生活实际。研究表明，现行课程内容远离学生的生活实际，或者说直接脱离学生生活现实的问题是导致现行课程在民族地区实施效果不佳的根本原因。"生活方式是文化的表征，一个民族的生活及其方式就体现一个民族的文化。脱离一个民族的生活就等

---

  ① 张楚廷:《课程要"回归生活"吗？——论课程与生活的关系》，《课程·教材·教法》2010 年第 5 期。
  ② [加]大卫·杰弗里·史密斯:《全球化与后现代教育学》，郭洋生译，教育科学出版社 2000 年版，第 25 页。

于脱离了一个民族的文化。"① 脱离了一个民族的文化、脱离了学生现有的生活经验，这样的教育教学生活无异于要改变学生现有的生活方式，其难度之大、效果之不理想可想而知。当然课程内容贴近学生生活实践也有很多审视的视角，在当前三级课程管理的体制下，我们不能在课程实践中仅仅理解要执行好校本课程，这只是其中的一个方面。有研究提出了"国家课程校本化"的理论与实践，对我们今天民族地区学校有效利用国家课程这个载体，凸显民族地区学校的办学特色指明了方向。从新一轮基础教育课程改革的取向来看，也明显地反映出了这种趋势。新课程改革倡导课程的多元化，允许在国家课程的框架内，进一步充实、内化、优化课程结构，也允许在国家课程的框架外，补充地方课程和校本课程，学校重点做的工作是国家课程的校本化。

在民族地区学校调研实践中，能听到学校师生抱怨最多的就是课程中"一统"的特色很明显，这样的课程体制客观上很难凸显民族地区学校的特色和优势。事实上，这种抱怨部分地反映了人们在课程实施取向上的一种误解。如果真能做到国家课程的校本化实施，这些问题便会迎刃而解。当然国家课程的校本化实施需要一定条件，只是有些民族地区学校目前还没有创造好国家课程校本实施的条件而使课程实施不能贴近学生的生活实际而已。校本化实施到底需要哪些条件？有研究指出，这些条件主要包括："在国家层面上，国家课程要给课程的校本化实施留下空间和余地；地方政府需要为学校的校本化课程实施提供政策、资源和科研等的支持、扶持和协助；学校需要具备校本化课程实施的能力和文化氛围。"② 这些研究看似要求国家课程校本化努力，实质要使课程的实施凸显学校的办学特色，紧密联系师生的生活实际。这样课程实施后不仅能取得一种显性的效果，更要达到"隐性的效果"。即课程的实施效果不完全是简单地看学生在课堂上学到了什么，更重要的是要培养学

---

① 金志远：《新一轮课程改革背景下少数民族文化传承与民族基础教育课程改革》，《民族教育研究》2009年第5期。

② 徐玉珍：《论国家课程的校本化实施》，《教育研究》2008年第2期。

生一种可持续发展的能力。

　　从本义上讲,"先行组织者"的目的是要帮助学生在新、旧知识之间建立起"有意义"的联系,从而促进学生对新知识的有意义学习。笔者认为,民族地区学校课程就作为民族地区学校学生发展和未来适应社会生活的"先行组织者",就是要在学生学习的过程中,通过课程这个中介,建立起已有的生活经验和未来社会生活之间的有机联系,建立起知识与学生的社会生活之间的"有意义"联系,目的是帮助学生更好地适应未来的生活。离开这个出发点和宗旨,再宏大的课程理论、再完美的课程设计等都是偏离学生的发展这个主题的,也注定是徒劳的。总之,将民族地区学校课程看作民族学生发展和适应未来社会的"先行组织者"的功能定位,有利于更深入地审视民族地区学校课程与民族地区社会生活之间的关系,有利于更深刻地认识民族地区社会生活对于民族地区学校课程的重要作用。

二　基于"多元文化整合教育理论"的思考

　　"多元文化整合教育理论"(Multicultural Integration Education Theory),也称为"多元一体化教育理论",是我国学者滕星教授提出来的。"多元文化整合教育理论"认为一个多民族国家的教育在担负人类共同文化成果传递功能的同时,不仅要担负起传承本国主体民族优秀传统文化的功能,同时也要担负起传递本国各民族优秀传统文化的功能。"多元文化整合教育理论"构想形成的依据是,在一个多民族国家中,无论是主体民族还是少数民族,都有其独特的传统文化。"在人类漫长的历史发展过程中,由于各民族自我文化传递和各民族间文化的相互交往,各民族在文化上形成了'你中有我'、'我中有你'的特点。不仅主流民族文化吸收了各少数民族文化,而且各少数民族文化中也打上了主流民族文化的烙印,形成了在一个多民族国家大家庭中,多种民族文化并存并共同组成代表某一多民族国家的共同文化群体,即形成如费孝通先生所总结的政治与文化上的'多元一体格局'。"① "多元文化整合教育"的内容,除了主体民族文化外,还要含有少数民族文化的内容。② "多元文化整合教育"的目的是继承各民族的优秀文化遗产;加强各民族间的文化交流,促进民族大家庭在经济上的共同发展,在文化上共同繁荣,在政治上各民族相互尊重、平等、友好、和睦相处,最终实现各民族大团结。③ 不难看出民族地区学校的课程,除了具有课程的通性之外,还有其特别的意义和价值。

笔者认为,民族地区学校的课程就是实施"多元文化整合教育"时不同民族成员相互交流的中介。从我国民族教育的实践来看,所谓民族地区学校也不完全是清一色的少数民族师生所在的学校,只是某一少数民族学生占有一定比例的学校。换句话讲,现实中最重要的民族教育场域——民族地区学校只是以某一少数民族为主体,其他少数民族或汉族共同生活和学习的场所。在这样的空间中,面临着"多元文化整合教育"的机会和条件,不同民族的学生如何共同学习和生活,只能依赖于学校的课程,也只有学校的课程才是他们的"共同学习和生活"依托和载体。除了日常的生活之外,学校的课程为不同民族学生提供了交流的中介,在民族地区学校主体民族课程实施的过程中,不仅帮助主体民族学习了他们的文化,同时也增进了其他民族学生对民族地区学校主体民族的语言文化、风俗习惯等的了解,同时少数民族学生又通过学校课程了解主流文化。由此,课程充分担当了不同民族学生之间相互了解各自文化的桥梁和中介。

长期以来,现代学校课程对"什么知识最有价值"的回答就是"科学",也就是具有"客观性"、"普遍性"与"中立性"的知识。在课程的编制过程中,现代教育以"客观性"、"普遍性"和"中立性"的标准排斥"本土知识"、"地方性知识"以及其他一切不

---

① 徐杰舜、滕星:《在田野中追寻教育的文化性格——人类学学者访谈系列》,《广西民族学院学报》(哲学社会科学版)2004年第2期。
② 哈经雄、滕星:《民族教育学通论》,教育科学出版社2001年版,第580页。
③ 国家教委:《100所高校社科青年》,湖南师范大学出版社1993年版,第1625页。

能采用经验主义、理性主义或实证主义方法进行分析的知识,将其斥为"不完善的知识"、"地方性经验"、"没有多少价值的知识"或"非科学知识",等等。[①] 在这种认识的影响和误导之下,涉及民族文化的课程内容在学校教育中经常处于理论上重视但实践上重视不够的尴尬处境中。这样导致的结果是主体民族的民族文化在民族地区学校中得到了很好的传播,但相对忽视了其他民族文化的传承。从民族教育的实践来看,在多元文化并存的大背景下,只有不同文化的相互交流与碰撞、相互借鉴与合理扬弃,才能促进各民族文化的相互了解与不断创新、发展和持续传承,也才能使民族教育真正践行传承民族文化的神圣使命。此时民族地区学校课程显然具有一般课程的共性和职能之外,在民族地区学校又发挥着特殊的作用,这也是民族地区学校课程的特殊性所在。

第二节 合理"放权"的课程及政策改革

课程政策的实施直接关系到课程改革的效果及成败。我国是多民族国家,民族地区课程政策的实施尤其是课程权力在课程实践中的运用亦受到了关注。"从课程政策的核心——课程权力作用的范围看,课程权力主要包括对课程计划、课程标准和教科书的建议权、编审权和审查权;从权力作用的过程看,课程权力主要包括对课程计划、课程标准和教科书的决策权、实施权和评价权。"[②] 纵观新中国成立以来民族地区课程政策的历史演进,课程权力的调整和分配是其主旋律。从"集权"到"放权",是课程权力演进与变革的基本趋势,民族地区课程政策也正是在这样的大背景下不断建构的。

进入21世纪,尤其是新一轮基础教育课程改革以来,三级课程管理中的权力运作模式已经清晰地反映了"课程放权"的趋势和特

[①] 石中英:《教育哲学导论》,北京师范大学出版社2004年版,第155页。
[②] 蒋建华:《课程权力的内容、类别与配置》,《课程教材教法》2013年第4期。

点。现行课程政策的显著特点就是充分调动和发挥各方面的积极性，建立起教育行政部门、高等院校、科研机构、出版部门、专家、学者、师生和学生家长以及社会各界广泛参与课程开发的有效机制，以保障不同人、不同集团、不同社会力量的利益，最大限度地反映各种利益团体的合理要求。① 这种课程体制使不同的主体都有权诉诸和表达自己的课程意志，民主地体现和反映自己所享有的课程权利。课程主体的多元化是与课程权力民主化相辅相成的一个表现，从新中国成立以后课程发展经历的课程模式的变化不难看出，这种变化催生了多元化的课程主体。多元化课程主体和课程开发格局的形成，是课程决策实现"放权"的前提和必要条件。

课程政策变革的历史表明，课程政策演进中体现出了两个显著的特征：一是课程政策不断改革，课程权力在适度"下放"，使课程开发主体由原来国家主导的"一元"向"多元"过渡；二是课程体制的弹性正在逐步增强，课程权力由集中开始走向分散，这也是世界课程政策演进和变化的趋势。"无论采用何种形式课程政策的国家，各国课程政策都注意在'集权—分权、政府—市场、标准化—多元化、学术发展—个人发展'之间寻求动态平衡，努力谋求'国家课程开发'与'学校课程开发'的协调与统一。"② 有必要在此对课程政策"放权"的目的、实质以及"放权"的阈限等问题从理论上进行解读。

一 "放权"的目的是促进课程决策民主化

课程实践表明：高度集权的课程政策，促进了教育发展，提高了教学质量。但也应该看到，政策的实施也压制了课程实践者参与课程开发的热情，窒息着教材发展的多元化趋势，忽视了我国现实的教育国情。课程改革呼唤课程决策的民主化和课程权力的开放化。在这种场域和背景下进行的新一轮基础教育课程改革，国家实

---

① 黄忠敬：《我国基础教育课程政策：历史、特点与趋势》，《中小学课程教材研究》2003 年第 1 期。

② 徐辉：《当代世界基础教育课程改革的发展趋势》，《西南大学学报》（社会科学版）2009 年第 3 期。

行了三级课程管理的制度，有效地分解和均衡了课程权力，促进了课程决策的民主化，这主要表现在以下三个方面。

（一）"放权"是相对于"集权"型的课程权力的改进和调适

新中国成立初期，苏联的教育学尤其是凯洛夫的教育理论和思想在我国教育领域取得了"准法律"的地位，苏联的课程和教材体系被盲目全盘"套用"，为适应当时教材"国定制"的要求，人民教育出版社正式成立，开始承担全国教材的编写和出版工作。从课程政策来看，在这个时期基本确定了我国长期没有变化的高度集中统一的课程管理制度。[①] 国家一统的课程政策，造就了学校教育中"千校一面，万生一书"的局面，这是我国课程权力高度集中的生动写照。在后来的课程实践中，这种课程权力体制表现出了诸多弊端和局限，不能很好地适应教育实践发展的需要，课程政策"放权"的思路也正形成于此，使课程政策在后来实施的过程中表现出了这种明显的转向。当然这里我们不可能对集权和放权的课程权力运作模式进行时间上的划分，因为这是一个逐步下放和不断调适的过程。也是遵循政策改进中的"帕累托效应"原则的基础上寻求权力运作的最佳结合点，而不是针对原来的集权，进行完全的"放权"。因此，绝对不能将此简单地理解成从完全的集权过渡到完全的"放权"，而是一种权力制衡的过程，更是课程权力在各个课程政策主体之间进一步协作或有效协调的运行模式。

（二）"放权"调动了课程主体的积极性

"放权"是对课程主体有效地进行了"赋权"，使所有的课程主体都有了相应的课程权力，调动了他们参与课程实践的积极性。"放权"的最终目的是要改变以往课程主体层级越高课程权力越大、层级越低课程权力越小甚至没有课程权力的权力运作现状。但实事求是地讲，这种"赋权"并没有完全消除以往政策惯性所带来的不利影响。因为长期以来，国家处于课程决策的中心位置，国家的利益处于主导地位。虽然在新一轮基础教育课程改革后，这种情势有

[①] 《我国义务教育课程及课程政策的历史变化》（http://www.edu.cn/zong_he_271/20060323/t20060323_64494_6.shtml）。

所变化，但总体上讲，由于权力分配的"倒金字塔"结构的惯性和影响，目前我国课程政策决策过程中国家仍占据优势地位，行政力量发挥绝对的权威作用，国家的行政决策权力居于主导，这样的背景下，学校自主权很难得到有效的发挥。[①] 当然，"赋权"后权力正常运作的过程，不仅是各个权力主体之间利益博弈的过程，更是体制磨合和不断改进的过程。

（三）"放权"，是国家政治民主化在教育领域中的体现

就像有研究指出的，集权制还是分权制本身并不成为政策实施的决定因素。但当它们与其他因素结合起来时，就可能成为促进或阻碍政策实施的具有全局意义的因素。[②] 同其他任何教育改革一样，受时代和社会发展条件影响和制约，课程权力的演进和变革也是如此。众所周知，虽然集权型的课程权力运作模式在20世纪80年代以来暴露出了它的种种缺陷和弊端，但在新中国成立初期的一段时期内，它又有存在的必要性和合法性，这与当时我国高度集中的计划经济形态是高度弥合的。可以说，不同权力格局下的课程政策反映了不同政策主体的政策预期、主政理念及其治理的策略。"放权"的课程权力运作机制也是如此，这虽然是教育领域中的改革和权力运作的理念，但也是在当前的政治、经济和文化的背景下出台的。不难预见，今后课程权力运作将延续这样的特点，并且在课程改革甚至在教育改革中更加凸显这一特性。从社会方面来讲，这是国家政治民主化在教育领域中的具体体现，更是教育决策民主化的必然。当然民族地区课程政策的改革也会遵循这样的特点和规律。

二 "放权"的实质是课程权力的分配更合理

课程政策变革的历史表明，课程政策的制定本身就是一种权力分配的过程。[③] 权力分配的结果就是确定了权力的最终归属。课程

---

① 王玲：《博弈视野下的课程政策研究》，博士学位论文，山东师范大学，2008年，第30页。
② 胡东芳：《课程政策：问题与思路》，《教育理论与实践》2002年第6期。
③ 张茂聪、杜芳芳：《县域课程政策保障：一种分析的视角》，《课程·教材·教法》2008年第6期。

政策的变革实际上就是要给各个课程主体"赋权"。换句话讲，就是要决定谁在未来的课程决策中拥有"发言权"。正所谓课程实践中"对由谁来作出课程决策的关心常常超过了对教什么的关心"①。事实上，这一问题的实质正是课程权力的分配问题。胡东芳认为："对中国的课程改革而言，能否制定出既符合中国国情又符合国际课程政策发展潮流的课程政策，其关键在于解决好课程权力合理分配，这牵涉课程政策的认识论——课程权力分配方式问题，也牵涉课程政策的价值论——课程政策的价值观问题。"② 课程实践中表现出的"放权"，就是在各个课程主体之间做课程权力分配更合理的努力。

众所周知，新中国成立初期，我国实行的课程政策是集权制的政治体制在教育领域中的集中体现。研究表明，"这种模式主要有两个特点：一是地方教育当局及学校的课程政策并非真正意义上的课程，而仅仅是一个执行单位，是行政链条上的一个环节。二是地方教育当局及学校的课程计划皆由政府主管部门作出，政府作为单一的政策制定主体，几乎独揽了一切决策大权"③。这种高度集权的课程政策，促进了教育发展，提高了教育质量。但课程权力分配的现实是层级较高的课程主体掌握了相对较多的课程决策权力，层级较低的组织机构和学校几乎毫无课程权力可言。课程改革呼唤课程决策的民主化和课程权力的开放化。在后来课程形态的改革与调整上，虽然进行过多次改革，但都收效甚微。真正出现放权形势下的课程形态是新一轮基础教育课程改革，校本课程以基本的课程形态进入学校，为特色课程真正付诸实施创造了条件并赋予了相应的载体，也使学校拥有一定的课程自主权的想法变成了现实。在课程开发和实施的过程中，学校以教师为主体，形成一个由校长、课程与教学理论专家、学生及学生家长和社区人员共同开发课程的"合作共同体"，这个"共同体"加深了大家对课程的理解，同时提升了

---

① 江山野：《简明国际教育百科全书·课程》，教育科学出版社1991年版，第80—81页。
② 胡东芳：《课程政策：问题与思路》，《教育理论与实践》2002年第6期。
③ 同上。

课程实施的灵活性、有效性和知识管理的效率。① 课程管理权限的逐步下放，不仅使各级教育部门和学校的主动性、积极性和创造性得到了发挥，而且使新课程真正适应了不同地区、学校和学生的发展需要。新的课程政策也使课程主体参与意识提高，课程决策人员多元化。当课程管理赋予地方、学校、教师以开发、设计、创生课程的权力，大量底层的力量才被激发，教育的活力彰显，课程的民主化才真正实现。②

实行三级课程政策是为了进一步地简政放权，加强宏观的调控与指导，转变政府的职能，适当扩大地方尤其是学校的课程权力，改变课程实践中"等、靠、要"的被动局面，让不同的权力主体积极主动地参与到课程决策、课程开发与课程实施的过程中去。其实质是课程权力的再分配，意味着基础教育的课程要采取"自上而下"和"自下而上"相结合的双向政策机制。③ 显然，新的课程管理机制不仅仅是在规范课程管理，更是课程权力的制衡机制。三级课程管理的实行，也集中反映了课程权力由"集权"到"放权"的运作特点。

三　"放权"的阈限是寻求课程权力的制衡点

任何权力都是在一定的张力下运作的，课程权力也是一样。最通俗的表述是，对于"课程谁来决定"不是哪一个主体说了算，而是涉及几个不同层级的课程主体在课程权力上的合理分配。就目前课程实践来看，课程政策的利益相关者主要包括以下几个方面：一是各级各类教育行政部门；二是教育行政官员；三是学校中的教师和学生。由于层级和职能大小的不同，各个利益相关者在现行课程决策体制中的课程权力的大小是有显著区别的。教育行政部门作为

---

① 刘旭东：《运用知识管理策略，与小学合作建设学校课程》，《当代教育与文化》2010年第6期。

② 纪程：《课程民主：新中国基础教育课程改革的不断追求》，《中小学管理》2009年第10期。

③ 黄忠敬：《我国基础教育课程政策：历史、特点与趋势》，《中小学课程教材研究》2003年第1期。

教育事业的官方机构,拥有毋庸置疑的课程权力,因此在整个权力运行的层级中权力最大;教育行政官员的课程权力是教育行政部门课程权力的集中体现。而教师和学生的课程权力是师生参与课程实践的保障,也是师生行使课程权利的反映。正是在这样的机制和权力运作模式中,权力主体之间拥有的各种课程权利起到了一种制衡的作用。胡东芳提出的课程权力的"共有机制",实际上就是一种权力制衡机制,"就是要使地方、学校或教师、家长以及学生意识到自己的利益所在,并在利益冲突中有反映意见和要求手段,即必须实现其由课程体系的顺从者向参与者的角色转换,并促进政府构建平衡组织、团体和个体利益的协调机制"①。课程权力在课程实践中进一步下放的同时,也出现了一些在课程理论尤其是课程权力分配理论上探索的文章和著作,一方面为课程权力下放寻找合理、合法的前提,另一方面,也有力地推动了课程权力在各级主体间合理分配的实践,调动了课程主体参与课程实践尤其是课程开发的积极性。

当然对于课程权力在一定的张力下运作,不能误读为越是"放权"的课程政策效果就越好,而应是在集权和放权之间寻求权力运作的"度",正是在这样的张力和阈限中,课程政策才得以顺利运作并推动课程实践的发展。否则,简单的"集权"难免在课程决策和实践中形成专断;一味地追求"放权"只能使课程实践表现出过多的"草根性"而脱离相应的课程理论,甚至使课程实践缺乏必要的理论指导,民族地区的课程政策的变革趋势无不体现出了这样的特点。从政策科学发展的取向来看,未来的政策就是要体现一种分权的思想和观念,推进政策的民主化进程,课程政策的这种发展趋向已经在我们的课程改革中初露端倪,愿我们在今后课程政策的运作中用好权力,推进改革。只有把握了西北民族地区课程政策面临的大背景,研究所进行的必要的政策修正才能迎合这种趋势,使课程政策在民族地区的实施更加具有适切性并提高课程政策实施的效果。

---

① 胡东芳:《论加强课程权力表达能力的必要性》,《教育理论与实践》2002年第4期。

第三节 公平理念下课程政策的人文价值诉求

虽然近年来经过政府和教育行政部门的不懈努力，教育发展的体制性障碍在不断破除，教育不公平现象有所缓解，但仍存在诸多令人忧虑的问题，尤其西北民族地区教育公平的问题依然突出。在对西北少数民族地区各教育利益相关者公平问题的审视中，笔者认为，有必要对民族地区课程政策公平的人文取向问题进行探讨。在目前以质量为根本取向的教育公平视域中，幸福感成为体现教育公平人文取向的重要维度。本节内容拟从政策理想、政策追求以及政策目标等方面探讨公平视野下的西北民族地区课程政策的人文价值追求。如果不从这样的理论层面上深入理解课程政策、教育公平与民族地区的教育现状，在教育公平视域对民族地区课程政策的考察也注定是肤浅的。

一 教育公平与教育幸福复合的政策理想

（一）追求高质量：教育公平的根本目标

当教育成为维系制度化社会必需的体制性要素时，使之公平发展便成为具有人文情怀的学者的情愫。特别是当整个社会的价值取向转向对公平正义的期待时，与人的发展息息相关的教育公平的价值以及能保障基本公平的政策价值就日益彰显出来。研究者的研究视野才能由对维系公平的体制性、政策性因素的关注转向对其间蕴含的人文气息进行考察和解读。然而，在教育发展的不同阶段，人们对公平的理解是不一样的。在教育资源不能完全满足教育需求时，对教育公平的关注主要表现在资源配置等的客观条件上；而当教育资源相对能较好地满足人们的教育需求时，对教育公平的理解则是教育过程的公平。当然，在一定的时代条件下对教育公平做这样的论说是有其合理性的。当社会发生转型、社会生活的价值取向由数量、效率优先转向质量优先的背景下，衡量教育公平的尺度也随之发生变化。正如有学者指出，"追求有质量的教育公平"是当前教育公平理论与实践的重点。[①] 研究认为,追求教育公平与保证教育质量是统一的,都反映了人们对教育高质量的期望和追求。有研究对某些国家特别是英国的教育政策进行了分析,认为教育政策的更替是领导人在教育公平与教育质量取向上的博弈。[②] 在教育公平和教育效率关系研究方面,有研究认为,教育公平与教育效率的关系是相互依赖的。公平会促进效率,效率能反哺公平。[③] 在对优质教育与教育公平问题的探讨中,有研究通过对学生家长的调查提出,学生对义务教育公平发展的理解侧重于对优质教育资源的理解,对优质教育资源的占有就是教育公平的体现。[④] 有研究还明确地指出了我国教育公平方面存在的现实矛盾,认为当前义务教育公平的矛盾主要是精英需求与大众利益之间的矛盾,矛盾的焦点已由入学机会保障转向优质教育资源的享用。[⑤] 也有研究从受教育者的差异性出发,认为由于受教育者之间以及同一个受教育者的不同发展方面存在着很大的差异,因此在教育过程中实施差异教学,是提高教育质量、达到教育公平的必然选择。[⑥] 提高教育质量是教育发展的一贯目标,任何教育改革都是围绕提高教育质量而进行的,政府对教育公平的推进也是如此,像有学者指出的"建立'有质量的公平增长'为导向的义务教育资源配置机制,发挥义务教育质量监测对教育公平发展的作用"[⑦]。绝大多数探讨教育公平的文献都是以对教育质量的关注为基础的,这些探讨体现了学者对教育的一种期望和要求,也成了其不懈追求的理想。

综上所述,学者主要从三个层面审视了教育质量和教育公平之间的关系问题。第一个层面是从入学机会均等的角度来考察的;第

---

① 盛连喜:《提高农村教育质量,凸显内涵式发展主题(笔谈)》,《教育研究》2008年第3期。
② 翁文艳:《教育公平论》,天津教育出版社2005年版,第139—149页。
③ 李慧:《教育公平与教育效率关系再探》,《教育与经济》2000年第3期。
④ 翁文艳:《我国城市小学家长教育公平观的实证研究》,《中国教育学刊》2007年第5期。
⑤ 储朝晖:《义务教育公平矛盾分析(上)》,《江苏教育》2007年第3期。
⑥ 史亚娟、华国栋:《论差异教学与教育公平》,《教育研究》2007年第1期。
⑦ 中央教育科学研究所教育政策分析中心:《义务教育均衡发展是实现教育公平的基石》,《教育研究》2007年第2期。

二个层面是从优质教育资源配置的角度来探讨的；第三个层面则是从差异教学的角度来研究的。可以看出，这三个层面的研究表明了人们对教育公平的认识在不断深化，已由对教育公平外在尺度的把握逐步转向对教育质量的关注，这点与任何教育改革都是以提高教育质量为根本目标是一致的。

(二) 幸福：教育公平的质量指标

当把教育质量视为关涉一个人的生活质量的核心要素与条件时，教育幸福和教育公平亦应成为教育事业更好、更快发展时具有内在关联的重要课题。有人认为，教育改革中的幸福指标就是教育公平，人们的幸福感源自相互之间的比较。还有些研究是对师生教育幸福生活本身的探讨。也有研究认为，教师的幸福就是教师在自己的教育工作中自由实现自己的职业理想的一种教育主体生存状态。教师幸福具有精神性、关系性、无限性。另有研究对教师工作的性质得出了新的认识，认为教师应该有"另一种境界"，教师要把教育劳动看成是一种"幸福体验"。[1] 在对学生幸福的研究中，这些研究都不约而同地认为教育要培养学生的幸福能力，形成学生正确的幸福观。

在这些研究当中，无论是对教育幸福和教育公平关系的审视，还是对师生幸福的探讨，抑或对教育过程中幸福的追寻，都是以教育质量为前提，教育幸福无疑被当成了评判教育质量的指标，被赋予了新的内涵。

(三) 幸福感：教育公平的人文取向

将幸福感作为教育公平的人文取向，是对新形势下教育与提升生活质量的相关关系审视的结果。有研究独到地探讨了公正和幸福的关系，认为公正是作为幸福的保障性手段出现的。公正就是保证每个人获得创造幸福生活所需要的物质条件和社会条件的普遍必要的生活制度。[2] 也有研究对教育公平的幸福取向问题进行

---

[1] 杨启亮：《体验智慧：教师专业成长的一种境界》，《江西教育科研》2003年第10期。

[2] 赵汀阳：《论可能生活——一种关于幸福和公正的理论》，中国人民大学出版社2004年版，第168页。

了探讨，认为公平的教育应该是为每个国民创造幸福生活的教育，也只有公平的教育才能使教育成为每个国民创造幸福生活的基础。① 这些探讨和研究为我们从人文视角审视教育公平问题提供了借鉴。

事实上，从教育的本质而言，它无疑在现实的社会生活中扮演着双重的身份。一方面是生活的职能，即教育要帮助个体生活得更美好；另一方面，教育又肩负着使个体得以在体制化社会中安身立命的职能，即教育要维护现有的社会体制和秩序。他明确地指出："教育之外无目的，教育过程本身就是目的。"② 教育由此成为一种彰显人性的活动。此时，教育的公平与幸福是兼备的。这无疑在教育公平与教育幸福之间建立起了一定的学理联系，使教育幸福和教育公平的相关理论在学理上走向融合，肯定了此问题研究的学理价值。在当前的情势下，教育公平幸福取向的研究成为学术界关注的热点，幸福感成了教育公平最基本的人文取向。

二 "有幸福感的教育公平"的政策追求

（一）一种向度：幸福感

马克思曾经指出："富有的人同时就是需要有完整的人的生命表现的人，在这样的人的身上，他自己的实现表现为内在的必然性、表现为需要。"③ 全面发展的个人，就是"他自己的实现"，就是有众多的人类需要的人、有完整的人的生命表现的人，而各种人类需要不断满足和发展的个人，才是一个真正幸福的人。因此，全面发展的人就一定是幸福的人。换句话讲，个人发展的多种需要得到全面、充分的满足，他就已经获得了最大限度的幸福。因此马克思关于人的全面发展的学说是我们探讨教育幸福的理论基础。不难看出，人的全面发展是人的最高水平的幸福，全面发展的教育必然

---

① 郝文武：《教育与幸福合理性关系解读》，载《教育与幸福》，中国教育学会教育学分会教育基本理论专业委员会第十一届学术年会论文集，陕西师范大学2007年版。

② [美] 约翰·杜威：《民主主义与教育》，王承绪译，人民教育出版社1990年版，第114页。

③ 《马克思恩格斯全集》第42卷，人民出版社1979年版，第129页。

能提升人的幸福感。①

"幸福"是一个多学科、多视域的概念。经济学上探讨的"幸福指数"、统计学上的"幸福拐点"、社会学上的"幸福生活"、伦理学上的幸福追求（维特根斯坦认为伦理学的问题其实应该是"生活的意义"或者说"什么使生活值得生活"）、医学和卫生学上的幸福度、心理学的"主观幸福感"等都与大众话语中的"幸福感"异曲同工，都是从某个角度和某个层面对"幸福"的概念做了学科意义上的界定。总括起来，一种共同的话语表达便是"幸福是人的个体需要和欲望满足后的心理体验"。本书认为，个体需要和欲望的满足是要靠相应的政策和制度来保障的。因此，幸福感也是在相应政策的前提下个体对生活的主观体验，是度量个体生活水平和生活品质的重要向量，个体有创意的生活是获取幸福感的主要源泉。更有学者将这一问题提升到哲学高度，认为幸福是个哲学问题，"幸福只是在哲学的意义上才形成问题，进而认为幸福是个哲学问题而不是个心理学问题。关于幸福的问题实际上是关于生活方式的问题，即需要研究的是，什么样的生活方式是有意义的。显然，有意义的生活必定引起幸福感"②。对幸福的这些探讨表明它对于生活的意义和价值。

在教育领域中，教育公平是教育基本的价值追求，也是幸福生活的保障性前提。但达致教育公平需要相应的政策做保障，显然教育公平维护着教育生活中的幸福，教育幸福的实现又需要相对公平的教育环境和条件。从某种意义上讲，教育幸福是教育世界的一种可能生活。③ 教育生活中的幸福感就是要使人的创造性在教育生活中得到最大限度的展现，有创造性的教育生活就是可能的生活，因为每个个体展现创造性的过程就是一种可能生活，也是一种创意生活。质量视域中的教育公平，就是要在教育活动中培养受教育者的

---

① 孙振东：《教育何以促进人的幸福》，《湖南师范大学教育科学学报》2008年第1期。

② 赵汀阳：《论可能生活——一种关于幸福和公正的理论》，中国人民大学出版社2004年版，第21页。

③ 同上书，第289页。

创造性，展现其创造性，同时要扫除制约人创造性发展的制度性障碍。换句话讲，有创意的教育生活就是在追求一种"有幸福感的教育公平"。

课程政策作为这种体制化教育所必需的教育要素，在提高教育质量、保证教育公平发展方面应该做出自己应有的贡献。教育满足个体需要的最高形式便是教育在相应的政策保障下能够为个体各方面的发展提供"菜单式"服务，作为身处其中的个体而言，本身就是幸福的。社会生活中，自由的实质就是"可以选择"，"不可选择"的生活必然是受限制的生活。从某种意义上说，自由是获得幸福的前提。古希腊伟大的政治家伯里科利（Pericles）也认为"人要获得幸福，必须首先获得自由"。从这个角度来讲，民族地区的课程政策要能在教育实践中使不同民族的师生各尽所需，有选择的权利和机会。课程政策表现出的选择性就是课程可以选择，建立有弹性的课程体制是满足师生课程需求的必然选择。

（二）"有幸福感的教育公平"的形态与特点

教育公平是在追求一定价值观下的制度设计的公平。无论什么样的制度设计，都会对个体产生影响。从某种意义上说，个体的心理感受是评判制度合理与否的重要指标之一，这是得出"有幸福感的教育公平"论断的基本依据。以往以数量化和外在指标为导向的教育公平，尽管有自己的努力方向，但从总体上来说，它仍然是以使人达到制度化的外在尺度为旨归，因此它忽略了人在教育过程中的主观感受，随着教育公平内涵的转型，制度设计要照顾到人的主观感受和人的内在需要。"有幸福感的教育公平"正是在此基础上的理论诉求，但它绝不仅仅是一种教育理想，它就是教育生活的现实和过程。换句话讲，"有幸福感的教育公平"有其存在的形态并体现出相应的特点，具体表现在以下两个方面。

第一，"有幸福感的教育公平"是参与教育活动的主体在教育活动中享有最基本的公平，即"形式的公平"，体现了平等原则。传统意义上探讨的起点公平、过程公平和结果公平就是"形式公平"的应有之义，这也是"有幸福感的教育公平"的前提和基础。只有在此基础上，我们才能探讨人的主观感受。没有"形式公平"

这样的基础和条件，就无法对人的主观精神层面的公平感进行关照。换句话讲，只有物质层面的公平条件达成之后，教育公平中的"公平"原则才能得以体现，探讨精神层面的问题才有可能，也才会有意义。

第二，"有幸福感的教育公平"是指教育活动中内在的公平，即"实质的公平"，教育过程体现出对差异的尊重和对个性的张扬。有学者认为，因材施教是教育公平的最高理想，正是从这个意义上所言的。对个体差异的重视和关照是教育公平问题中最具实质性的问题。众所周知，幸福感人人殊异。因此，公平也须是有差异的。有差异的公平的基本内容是，人人在各自的教育生活中都能得到相应的、适当的发展。这是对差异公平观的基本解读。换句话讲，所谓差异公平，并不是"把大家拉平，让大家一样"，而是"给每一个人平等的机会，并不是指名义上的平等，即对每一个人一视同仁，如目前许多人所认为的那样。机会平等是要肯定每一个人都能受到适当的教育，而且这种教育的进度和方法是适合个人特点的"[①]。就我们目前特殊的教育国情而言，义务教育的完全普及就是我们探讨教育幸福的底线和前提，这也是我们在制度化的教育公平相对完成之际，探讨教育公平问题的又一个基点。如果没有这样相对公平的底线，探讨教育幸福可能会显得毫无意义。

生活是丰富多彩的，这是幸福的源泉。从某种意义上说，生活的丰富多彩来自个体的多样性。因此，我们不能刻意要求每个人要过完全一样的教育生活，获得同等程度的幸福感。我们强调教育过程中的幸福感，就是期望当前的教育能提供多样化、丰富多彩的教育形式，使每个人接受适合其个人特点的教育，这是教育幸福生成的关键。事实上，生活本身向多种"可能生活"敞开着，就像思想向多种"可能世界"敞开一样。生活的意义就在它的各种可能生活中展开和呈现，其意义就在于生活自身，而不可能在别处，人没有

[①] 联合国教科文组织国际教育发展委员会：《学会生存——教育世界的今天和明天》，教育科学出版社1996年版，第105页。

必要生活在别处，必须多此一举地去以纯属幻想的某种高于别人的目的为目的，但这并不意味着生活的意义会成为无解的困惑，因为生活本身就先验地包含生活意义的答案。①

教育生活是教育工作者必须面对的基本的社会生活和生存形态。在追求自身完美生活的基础上，体验和品味教育生活中的幸福，是教育者追求高质量教育生活的体现，因此感知幸福能力上的差异也是导致人们生活迥异的现实依据。正如有学者所指出的那样："能否获得幸福很大程度上取决于能够敏感到幸福之所在，在这种意义上，幸福是一种能力。这一点是残酷的，如果不能知道如何获得幸福，那么无论怎么好的条件也是废的。"② 由此可见，师生感知幸福的能力是教育生活所必需的。幸福感本身就蕴含了两个基本要求：一是在幸福中；二是要能感知幸福。教师有时候的怨气冲天、感觉苦海无边，关键是失去了"感觉"，而不是本身没有幸福。从这种意义上讲，政策对个体享有的公平保障的程度，可以解释为公平感产生个体差异的原因。

毋庸置疑，教育以增进个人的幸福而不是相反为目的，但教育的本义性目的乃是育人，也就是启迪、培育完整的个体人格，所以真正的教育乃是开启个体人生幸福的可能性，教育本身并不赐予个体以幸福。从这个意义上讲，我们强调追求教育中的幸福，就是要"让受教育者都有机会获得适合个人特点的教育"③。只有适合个人特点的教育，才能将培养学生的个性、创造性的教育思想付诸教育实践。也只有适合学生特点的有差异的教育生活，师生才能在教育生活中获得幸福，才有幸福感可言。

追求有幸福感的教育公平，是对教育生活质量的主动探究。否则教育就可能是教师谋生的方式而长年累月机械地重复"匠人"的工作。殊不知，幸福生活只能是一个由人所创造的具有永恒意义的

---

① 赵汀阳：《论可能生活——一种关于幸福和公正的理论》，中国人民大学出版社2004年版，第13—14页。
② 同上书，第23页。
③ 陈如平：《走向有质量的教育公平》，《中国教育报》2007年8月18日第3版。

生活。所有幸福都来自于创造性生活，重复性活动只是生存。① 这样，某些教师在日积月累地"完成任务"的同时，很可能在不知不觉中放弃了对教育生活本身高境界的精神追求，这是值得我们警觉的。

当然，追求有幸福感的教育公平是有前提假设的。就是"形式"教育公平的条件达成之后，人们对教育公平的一种主观的和精神层面的更高追求，这点对于教育工作者而言，更有特别的意义与价值。因为教育生活本身就是一种高层次的精神生活。"教书匠"和研究型、学者型教师的根本区别就在于此，"教书匠"是在日积月累地重复自己程式化的工作，而研究型的教师是在不断钻研中体验职业乐趣，两者的生活质量有着根本性的区别，"幸福是教师生命质量和职业生活质量的象征"②。

事实上，追求有幸福感的教育公平对教育参与者本身也是有要求的。某些情况下，教育公平是一种教育外力作用的结果，如制度保证（障）、行政干预和努力等都能促成某种意义上的公平，达致教育公平的目的。在现实的教育生活中，过有幸福感的教育生活几乎成了教育参与者的一种奢望。因为表面看来，弥散在教育生活中的"痛苦"（甚至是不幸）几乎"屏蔽"了来自教育生活中各个方面的幸福。每当看到中小学生日益沉重的课外作业负担；教师超负荷的工作压力和工作强度，学校领导不堪重负的升学压力；教育行政部门对学校教育日益苛刻的制度约束，使教育幸福的问题很难在学理层面上探讨。如果师生真正要有理想和精神追求的话，过有幸福感的教育生活应该是最基本的价值追求，因为本真意义上的教育，就是要培养学生的生活能力、幸福能力。同时，它本身就是幸福的。换言之，教育生活应该是师生感知和体验幸福的过程。

如果说"幸福感"是给教育生活一个主观标准的话，那教育公

---

① 赵汀阳：《论可能生活——一种关于幸福和公正的理论》，中国人民大学出版社2004年版，第23页。
② 茅卫东：《德育：提升生命质量的事业——檀传宝访谈》，《中国教师报》2005年3月4日第3版。

平则是必需的客观标准。从这个意义上讲,追求"有幸福感的教育公平"是对教育生活的主客观要求。长期以来,学校被认为是社会生活中的一方净土,但目前的学校教育生活也被无情地"社会化"了。学校教育教学领域中充斥的非公平的因素无疑成了教育生活中的不和谐的音符。所谓"好"学校的择校费、城乡教育资源和教育质量的差异、教育领域中对弱势群体的关注不够等严峻的教育现实,都使教育者在谈及教育公平问题时"底气不足"。不难看出,这些非公平的因素当中,有些是长期的历史积淀和文化传统所致,所以追求公平的教育生活是一个长期不懈的过程。鉴于此,教育公平成了教育者的期望和不懈追求,从某种意义上讲,也是一种理想。如果教育公平有目标的话,则可表述为"没有最公平,只有更公平"。

三 探寻教育幸福之路的政策目标

人如何才能达到幸福?亚里士多德告诉人们,必须有一个终极的善作为目标,再通过自己本身一步步去奋斗而实现这个终极的善。他说幸福就是"某种终极、自足的东西,是各种实践的目的"①。从某种程度上讲,教育生活中就蕴含着"终极的善",因此教育生活中的幸福是内生的。但教育工作者在教育生活中还是不能完全获得幸福感,对教育幸福之路的探寻就是一个现实的问题。本书始终认为,从政策的角度探讨教育幸福的问题是具有现实性的。换句话讲,任何政策目标本身就是在探寻教育幸福之路。

(一)关注生活,体验幸福

科学研究表明,实践既为科学提供丰富的感性材料,也为科学提供多维的目的意志。这种意志不是来自于别处,它就来自于人的实践理性。②所谓实践理性,是指人类对自身与世界的关系"应如何"及"应当怎么做"等问题的观念掌握和解答。③教育生活实践

---

① 苗力田:《古希腊哲学》,中国人民大学出版社1989年版,第569页。
② 廖清胜:《实践理性范式下科学精神的人文复归》,《科学技术与辩证法》2008年第2期。
③ 王炳书:《实践理性问题研究》,《哲学研究》1999年第5期。

是教育工作者的存在形式，也是需要实践理性进行科学指导的智慧活动。教育实践是个体幸福感的源泉，离开教育实践谈教育幸福，犹如创建空中楼阁般荒唐。对于教育实践的理性价值，前人已有深刻的论述。乌申斯基认为"教育的主要目的在于使学生获得幸福，不能为人和不相干的利益而牺牲这种幸福，这一点是毋庸置疑的"①。卢梭强调要让学生学习"有益于我们幸福的知识"。因此，教育实践是一种寻求和体验教育幸福的实践，我们必须关注教育实践，才能体验教育幸福。

在"科学世界"与"生活世界"的分野与影响下，教育生活也似乎陷入了过分关注科学世界的误区，忽略和淡化对教育实践的关注。这就使培养人的教育实践陷入了"见物不见人"的尴尬窘境。长期以来，教育实践中重训导的操作取向和重理论建构的研究取向，使个体主观意志的表达被局限在一定的范围内、规范在相应的"制度"中。教育生活远离了个体的生活世界，久而久之，主观感受常常被迫屈服于客观需要，人们便放弃了对生活意义的建构和追求。当代教育要回归生活世界，回归实践理性，意味着教育的当事人同时为构建自身的幸福生活而做出必需的努力。

（二）破除体制障碍，建立政策保障，为有创意的生活创造条件

"创新是生活的本性。因为生活的延续只有通过经久的更新才能达到，生活是一个自我更新的过程。"②传统学校教育体制下，个人是在一种被限制和被组织的空间中，个体的自由发展空间和生活的多种样态被无情地限制了，个体无法体验教育生活生成的意义和价值，教育活动中的幸福也就无从谈起。而个体幸福感需在相对自由的状态下获得和形成，只有在一种相对自由的状态中，生活才可能呈现出开放性和多种可能性，个人的选择及发展才有可能走向多样和多元。因此，我们必须破除体制障碍，建立起真正意义上体现包容性的政策体制，尽可能地在教育生活中展现个体的创造性，为

---

① 郑文樾主编：《乌申斯基教育文选》，人民教育出版社1991年版，第213页。
② [美] 约翰·杜威：《民主主义与教育》，王承绪译，人民教育出版社1990年版，第10页。

有创意的生活创设条件。只有个体能在平凡的教育生活中享受"生成"的快乐（Joy），他才能体验到教育中的幸福（Happiness）。

学校生活是师生获得幸福感的最主要的时空现场。自然地，师生大多时候的幸福感和幸福体验来自于学校生活。因此改革学校时空场域，丰富师生生活则是教育通向幸福之路的一个根本切入点，课程政策在此过程中发挥着积极作用。如在当前基础教育课程改革中，通过变革学校课程、教学方法，给学生相对自由的发展空间提供了可能；再如学校课程以其浓厚的乡土气息和乡土特色，以一种"正规"的方式真正介入了教学生活，进一步丰富了师生的课堂教学生活。这样使学生在体制化的课堂教学中获得了相对的自由，使学生在丰富多彩的教育生活中体味其中的乐趣，生成幸福感。当然给学生以自由与教学过程中"放纵"和"放任"学生又是两回事，不能简单地等同。这种自由就是在教师的指导和帮助下，在教育教学过程中要尽可能地将合作交流、自主探究等理念真正落到实处。又如以往的教育过程中，将"因材施教"狭隘地等同于"一对一"的教学方式、无条件地满足和关注个体。殊不知"因材施教"是对个体个性和创造性的尊重。教师以其独到的教学方式对个体合理需要的满足，均可视为广义的因材施教。实践证明，优秀教师的因材施教并不是对所谓"好学生"的特殊关照，而是着眼于所有学生的全面发展，着眼于个体个性的发展，使所谓的"差学生"也得到尽可能全面的发展。换言之，个体的欲望和需要得到了一定程度的满足，这个过程就是个体兴趣和幸福感的实现过程。

（三）在教育过程中凸显人文关怀，使个体体验教育过程中的幸福

数千年来，教育尤其是学校教育活动成了儿童深感痛苦的活动。夸美纽斯说"学校是儿童心灵的屠宰场"[①]，乃是极为逼真的描绘。教育过程中人文关怀的缺失是个体难以体验教育幸福的根本原因。其实个体在教育生活中一步步向前迈进，便一步步获得进步，

---

① [美]约翰·杜威：《民主主义与教育》，王承绪译，人民教育出版社1990年版，第32页。

做到"教育随时都是自己的报酬",在这种教育目的下,儿童便成了教育过程中全心全意的参加者,而不是漠不关心的旁观者,更不是迫于威力而敷衍搪塞者。① 儿童是其自身幸福生活的创造者。

在对个体幸福的探究中,笔者发现,有相当一部分个体缺乏幸福感的根本原因在学校。如重结果的评价方式只使一部分所谓的"好学生"得到了激励,而绝大多数学生很难从现有的评价方式中得到激励、获得自信、享有幸福。在这个过程中,教育评价俨然成了"助纣为虐"的工具,成了个体痛苦的根源。另外,要尽最大可能让人生在平凡的教育生活中有成功的体验。反观日常生活,大多数时候的幸福感来自于我们成功的体验。事实上幸福是生活的成就,或者按照亚里士多德的看法则是德性(Virtue)的实现。② 教育生活亦是如此。如果师生在长期的课堂生活中不能获得成功的体验,就很难想象他能在这样的生活中产生幸福感。教育的成功,我们没有必要一定要理解为一个人取得了多么辉煌的成就,而是从日常的生活小事着眼,从个体的发展着眼,着眼于师生的个性发展、自由发展、全面发展,着眼于个体对自己有创意生活的构建。

在公平的教育生活中追求教育高质量,在对教育质量的追求中享受由此带来的幸福,是本书对幸福感——教育公平的人文取向的基本阐释。在民族教育的政策视域当中,程序的公正是保证活动本身及活动结果公平的制度保障。但正如人们对幸福的追求是永恒的一样,教育工作者对教育幸福之路的探寻也是一个永恒的主题。将"教育公平"和"政策的终极价值诉求"两个标准复合在教育生活中,探寻教育的幸福之路,教育政策的人文价值便彰显出来了。当然,对教育公平的人文取向在理解的过程中,又有特定的场域和具体的解读,对西北少数民族地区各个教育利益相关者主观公平下的教育幸福之路的探寻也是一个不懈努力的过程,更是政策修正和改革要达到的最终目标,不能做狭隘的理解并进行瞬时性的"对号入

---

① [美]约翰·杜威:《民主主义与教育》,王承绪译,人民教育出版社1990年版,第22页。

② 赵汀阳:《论可能生活——一种关于幸福和公正的理论》,中国人民大学出版社2004年版,第16页。

座"。只有彻底清除这些观念性的障碍,对教育公平的人文取向,即幸福感和政策公正的探讨才有学理意义,西北少数民族课程政策各个利益相关者才能真正在其民族教育实践中理解民族教育工作的真谛,不仅能充分感受教育生活中切切实实的公平,更能体验其中的幸福。

第四节 确立"关注学生全面发展"的课程政策理念

在理解目前整个课程政策变革的宏观背景、课程政策"放权"的决策模式以及人文取向的教育公平追求之后,对西北少数民族地区课程及其政策的建构需要回到教育政策本身。本节内容所阐述的课程及其政策建构将从"关注学生全面发展"出发,考虑对西北民族地区学校课程政策进行理论建构,这也是任何教育政策的出发点和落脚点。传统理解当中,一味讲求民族教育政策是民族文化传承的保证,其实这种认识还是没有涉及政策的终极目的,传承民族文化的终极目的又是什么?笔者认为:就是帮助少数民族学生全面发展,即教育理论中所讲的,教育政策是人为制定的同时也是为人的发展服务的。

教育是促进人发展的公共事业,因此教育领域中所制定的任何政策,都要以促进人的发展为根本旨归。如果撇开对人的发展的关注,出台所谓的教育政策,难免有本末倒置之嫌。实际上,教育研究从本质上讲对"培养什么样的人的关注"应该远远多于对"设置什么样的课程的关注"。但教育研究实践中,某些情况下我们关注更多的却是要在学校设置什么样的课程,并且一直将此作为课程的核心问题去探讨。沿着这条逻辑线路,我们发现进一步需要关注的理论问题便是"什么样的知识最有价值"这样一个"老问题"。对于出台什么样的保障课程实施的政策,则似乎谈论得很少。本书拟在民族地区课程政策问题方面做尽可能的分析,改变人们将学校课程仅仅浓缩为民族文化本身去看待的观念。"从课程的运作实践来看,我国目前的课程决策与课程编制都注重课程的知识掌握价值与心理发展价值，对课程的政策价值设定游离、偏移，没有根据政策学原理正确地赋予课程以合理的政策性，结果导致课程本身出现诸多政策学问题。"[①] 在这种惯性思维的影响下，在对教育政策的研究和探讨中，将更多的精力放置到对人以外的因素的关照和分析上，却不是最终导向对人的关照的这种政策终极价值取向。

事实上，就目前政策背景而言，各行各业都在探讨和追求"以人为本"，但各行各业对"以人为本"的理解还是有本质区别的。经济领域讲的"以人为本"将其解读为劳动成果由全体劳动人民创造，也必然由全体劳动人民共享。教育领域讲的"以人为本"，无非是要重视人的价值、关注人的发展和以人的成人、成才为根本旨归，以学生的全面发展为根本目的。如果脱离开这样的初衷和目标，在教育领域中进行所谓"以人为本"的努力都是徒劳的。西北少数民族地区由于客观条件与发达地区形成较大差距，造成其在发展中的难题更为突出和紧迫。民族地区的各级各类学校作为民族地区人力资源开发的主阵地，在促进民族地区劳动者素质提高和经济社会发展方面发挥着不可替代的作用。理论上而言，我们不能仅仅停留于对民族教育重要性的认识，更要落实到民族地区学校的教育教学活动中。笔者认为，在将这种认识变为实践的过程中，政策的保障是至关重要的，首先要确立"以人为本"的课程政策氛围，主要应该从以下几个方面考虑。

一　关照少数民族学生生活经验的政策立足点

张楚廷在研究中用"人—课程—人"这个简洁的表达式反映了课程与人之间的关系。他认为："这个表达虽然简单，但却包含着值得人们凝神静思的内涵。课程原来是离开人而又靠近人，是离开人而又走进人的，走进一个更壮实的人，一个大写的人。换句话说，课程通过让人获得新生活、创造新生活而成为新人，成为新生

[①] 胡东芳：《课程政策研究——对"课程共有"的理论探索》，博士学位论文，华东师范大学，2001年，第31页。

活的创造者。"① 笔者认为，作为对学校课程和教学进行规约的课程政策，几乎完全可以套用这样的通式，将其表达为"人—课程政策—人"，因此课程政策注定要从学生的现实生活需要出发，同时又要为学生的全面发展服务，如果不能对课程政策的理解做这样的拓展，就政策本身讨论政策显然扭曲和违背了教育的本意。

　　在传统的理解中，政策就是人们的行为准则。再具体地讲，就是一些对人的规制和相应的规定，有时很难将政策置于人的全面发展这样一个大背景中加以考量。而今天，教育政策在学理上被人们理所当然地理解成了促进人，尤其是促进学生全面发展重要的"助推器"。教育政策作为推动教育事业顺利发展的制度保障，同时也在某种程度上反映了国家的教育意志，会直接体现于教育实践的方方面面，课程政策也是如此。本书关注如何从课程政策的角度，即我们到底需要什么样的"比赛规则"来使少数民族学生在民族教育实践中公平"参赛"，而且使他们能够更愉快地在学校设计好的"跑道"（课程的本义）上奔跑，如果仅仅比谁跑得快，到后来发现这个比赛规则本身不公平或对学生的发展造成某种伤害，要在比赛中确定"谁跑得快"的问题就显得毫无意义了。这种关注重点发生变化的深层意义，实质上就是对政策本身与人的全面发展关系的重新审视。

　　作为课程实施保障的课程政策，表面上看是在保障学校课程与教学的顺利开展，更为重要的是，它本身是对人的成长和发展的保障。从这个意义上讲，课程政策的设计就一定要认识到，在课程实施中须保障对人的价值的开发和重视。只有以此作为政策制定的立足点，教育政策才有可能在执行过程中发挥有力导向和强势支撑作用。如果政策仅仅只是行政部门颁布和实施的一项制度规定，在执行过程中充其量只能给人的活动和行为增加太多的约束和规范，更不能重视和发现人的价值，甚至极有可能阻碍人在现实活动中的良好发展的倾向和趋势。

---

　　① 张楚廷：《课程要"回归生活"吗？——论课程与生活的关系》，《课程·教材·教法》2010 年第 5 期。

当前现行民族地区学校的课程实践存在的最大问题是部分课程内容远离学生已有的生活经验,课程政策没有有效地保障学生的发展需要。当学生走进自己近乎完全陌生的课程实践时,一部分少数民族学生的天然反应是"无所适从"。学校生活中找不到学生现实生活中的一点"痕迹"和"影子",学生的学习兴趣就很难调动起来,学习及政策执行的效果就可想而知了。

二 促进民族地区人口素质提高的政策价值

民族地区人口素质的现状直接关系到民族地区经济社会的发展,同时民族地区广大民众素质的提高更依赖于民族教育事业的发展。民族地区学校的课程则是民族地区学校教育发展的依托,是教学发生的中介;课程政策又是现实中课程实施的重要保障。在这样的逻辑关系中,我们似乎能推导出民族地区民众素质与课程政策之间的横向联系,即课程政策不仅规范着课程实施,而且具有提高民族地区人口素质的人文价值。如果课程政策的实施不能有效地提高民族地区广大民众的素质,就应该好好检视并反省,因为这样的政策效果有悖于提高民族地区人口素质的政策职能。研究表明,虽然现行的课程政策保障了民族地区青少年受教育的基本权利,但现行的民族地区学校的课程政策在促进学生多元化发展、促进青少年的社会适应能力方面的作用极其有限,需要做进一步的改进。

(一) 进一步凸显课程政策的特性

从我国民族教育发展的历程来看,民族教育在自己的发展过程中不仅重视对本民族的历史、文化的传承,而且本民族的优秀的文化传统在民族教育实践中也的确得到了创新性的继承和发展。让我们忧虑的是,从本书的实证调查结果来看,在这个过程中也存在着一些困难和问题。"民族地区大多数使用的是全国的统编教材,在以汉族文化为主导文化的地区有很好的适应性,但是否在所有的少数民族地区对不同文化心理背景的民族学生都同样适用还值得商榷。"[①] 从某种意义上讲,当前民族地区学校教育中的民族特色在淡

---

① 哈经雄、滕星:《民族教育学通论》,教育科学出版社 2001 年版,第 171 页。

化，表现出了更强的"统一性"。学校层面少数民族文化传承面临着新的挑战，少数民族学生的发展还存在一定的现实困难。在民族地区学校课程层面应该反映民族文化特色的内容，但由于学校课时不足和师资匮乏等客观原因导致这些课程有的停开，有的被迫减少课时，操作层面的无奈暴露出民族教育在弘扬民族文化特色方面的困惑。政策被变相执行在一定程度上完全扭曲了决策者的初衷，没有达致政策预期的效果。这样的政策实施显然不利于对少数民族教育传统和民族文化的继承。笔者认为，要确保课程政策能提高民族地区的人口素质，政策执行过程中必须强化其特性。

首先是课程政策的公平性。前文述及，从教育的本质而言，它无疑在现实的社会生活中扮演着双重的身份。以往人们对教育的审视多是从体制职能的角度进行，而忽视了教育的社会生活和个体发展的职能。正如杜威批判"教育生活准备说"时所指出的那样，教育的价值被消解，教育成为一个异己的过程。杜威的社会理想是建设一个民主社会，这个民主社会的基本特征就是公平。因此，他把教育观视为实现这一社会理想的重要途径。教育由此成为一种彰显人性的活动。因此它必须在这一过程中凸显公平性。那么公平性靠什么来维持和保障呢？就是教育政策。课程政策是最重要的教育政策之一，当然也应该最能维持并体现教育公平。

其次是课程政策的可行性。调研表明，现行的课程政策之所以在民族地区学校的课程实践中被变相执行，关键是政策虽然制定了出来，但缺乏可行性。民族地区学校现有的软、硬件条件不能满足课程政策的执行。比如说有些课程文件规定某些课程要开设足够的课时，甚至在学校课程开设过程中要占多大的比例，都有明确的量化要求。但在课程实践中不难发现，等安排完教育行政部门规定的国家课程的课时，课时已经所剩无几了。另外，有些课程本身在学校环境下，缺乏实施的充分条件，有些甚至完全不可行，而且有的课程本身就远离了学生的生活等。总之这些课程缺乏可行性，而课程政策又要求被执行，在实践中就没有办法落实了。因此，这里讲课程政策的可行性，就是在课程实践中，要通过课程这个实践载体尽可能地把政策的要求和规定落到实处。教育行政部门出台某些政策，学校层面能立竿见影地去做，这就是可行性。不要在政策文本上讲，要开什么样的课程，实践中没有课时、没有师资、没有相应的教学设备，这明显就不可行。这样的课程政策越多，可能在教学与课程实践中表现出来的问题就越多，政策执行的实效性也就越差。

再次是课程政策的权威性。政策在政策对象心目中的权威性，不仅是政策对象对政策认同的重要维度，而且也是政策能否顺利落实的前提和保证。政策之所以会在执行的过程中"扭曲"决策者的初衷，一个根本原因是其权威性大打折扣。政策被"扭曲"和"变相执行"实质上是人们忽略政策权威的具体表现。当然这种对政策权威性的忽略不是在短期内形成的，它亦经历了一个漫长的过程。这种消解政策权威性的典型表现就是部分政策对象逐渐出现了一些不合政策的思想和行为，这些不合政策的思想和行为逐渐被一部分人默认和接受，造成了政策执行的后果完全不是政策设计者的预期。其实在某些情况下，政策的执行是在一个"黑箱"中完成的，课程政策也不例外。我们能观察到的不合政策的思想和行为，从某种意义上讲，也是政策执行的效果。各个政策利益相关者要在政策实施的过程中自觉维护政策的权威，这既是对现行政策的忠实执行，更是对政策利益相关者自身合法权益的维护。

（二）课程政策制定要以民族地区人力资源开发的现实为依据

虽然国家在民族地区实施了特殊的支持人力资源开发的政策和措施，但就现状而言，民族地区整体人力资源开发相对滞后是不争的事实。如何提高民族地区民众的素质，民族教育在其中发挥的作用首当其冲。在教育内部也有好多解决问题的维度，本书以课程政策作为落脚点，就是在课程实践中对这种"规则"（政策）的审视。如何使这种"规则"更加适合西北少数民族地区人力资源开发和民众素质的现状，则是笔者要具体分析的关键问题。

在制定民族地区课程政策的过程中，除少数民族的语言和文化、传统习俗和习惯等因素外，还必须思考一个原点性质的问题，那就是"到底什么样的教育才是适合他们的教育"。沿着这个思路追问，我们便会进一步思考"到底什么样的课程才是适合他们的、更好的课程"。只有这两个前提性的问题解决后,我们才能面对另一个问题,就是"什么样的课程政策才是适合他们实际而且对他们发展有用的课程政策?"笔者认为,对这一问题的回答就是要把民族地区人力资源开发的现实情况作为课程政策制定的基本依据。

从某种程度上讲,对民族地区人力资源开发现状的审视就是对民族教育政策的整体反思。毋庸置疑,课程政策是关涉民族地区人力资源开发的重要公共政策之一。但前期的调研也表明,现行课程政策在解决民族地区课程与教学特殊性问题上存在一些难题,普通的课程政策显然不能很好地规范民族地区的课程实施并顺利推进民族教育事业的健康发展。这种"一统"的做法忽略了民族地区富有特色的现实。调查表明,用"一统"的课程内容和课程目标对民族地区学校和少数民族学生进行规范和要求,存在着诸多的现实困惑。使用"适切的"课程,出台相应的课程政策或对现行的课程政策进行微调是符合民族地区教育发展的现实选择,否则,政策的实际执行和决策者的初衷难免会背道而驰,也在某种程度上忽略了民族地区人力资源开发的现实。

三 完善少数民族特色教育资源整合机制

在民族地区,如何将主流文化与少数民族文化整合起来,长期以来成了学校课程建设的难题。民族地区的学校能否表现出特色,关键在于这些富于少数民族特色的教育资源是否被利用起来了,进一步讲是是否被有效地整合到了学校的课程当中。说到底,课程政策是将这些有特色的教育资源整合起来的制度保障。事实上,当前基础教育三级课程体制为整合这种特色的课程资源提供了机会和空间,但从实施的效果来看,政策的保证是一个必不可少的条件,但还需要一个长期的过程,必须建立并完善少数民族特色教育资源的整合机制。

由于少数民族特殊的发展和文化变迁的过程,使民族地区和学校的文化资源异常丰富。但哪些文化资源应该进入学校课程、能够进入学校课程、以什么方式进入学校课程等始终是民族地区课程开发过程中面临的理论难题。哪些文化资源能进入学校课程的实质是选择，需要相应的标准；能否进入课程则是机制或制度的问题；以什么方式进入学校课程的实质是途径和方式的问题。这三个问题在实践中都是需要课程政策进行规范的。

首先，要确立民族地区的课程资源有效选择的标准。最为重要的是如何确立一定的标准将民族地区的文化资源进行选择，进入学校课程。实践证明，这一标准需要以一定的制度和政策加以保障和规范，需要在现行的课程政策中加以体现。虽然目前三级课程管理规范和要求在国家的课程实施方案中有了较为明确的规定，但民族地区教育行政部门和学校要结合实际情况将这种规范和要求进行"本土化"的改造，否则简单地套用并在政策指导下亦步亦趋，只会在实践中忽略民族教育的特殊性，抹杀民族教育的特色。从调查的结果来看，由于缺乏具体细化的"准入"标准和评价机制，使民族地区学校的课程实践几乎具备普通学校的所有特征，这种现状亟须改变，突破口在课程政策，实践载体是课程，途径是教学。

其次，政策要能保证少数民族文化在学校的传承。众所周知，少数民族文化存在着多种样态，包括诸如饮食文化、服饰文化、宗教文化等多种文化形式。虽然民族教育是民族文化传承的主要形式，但民族教育传承民族文化的能力却是有限的，即不是所有的民族文化都是可以拿到学校层面来传承的。因此，对民族教育寄予传承民族文化的期望是正确的，但过高的期望又是不现实的。为了在实践中更好地传承少数民族文化，应该不仅仅局限于民族教育这样一种形式，将传承民族文化的重任仅仅局限在学校之内显然是不可行的。在课程政策方面要开拓有利于少数民族优秀文化的传承方式，主要有以下几个方面的考虑。

一是课程政策要保证民族地区学校课程的多元化。就民族文化存在的形态而言，民族地区学校的课程应该表现出多元化的发展趋势。但调研表明，现在面临的困境使这种"多元"在现实中是极其有限的，甚至有被"一元"取代的尴尬。为什么会出现这样的境遇，这与现行的课程政策不无关系。换句话讲，根本原因是我们现行课程政策缺乏包容多元文化的能力。这里谈的"包容"是较为专业的表达，如果表述通俗一点就是我们的政策到底允许不允许传承多元的民族文化？如果允许，那么在什么程度上传承民族文化，以什么形式传承民族文化是合理的？当前三级课程管理的体制在一定程度上拓宽了民族文化传承形式，但到底在这种体制下能传承到什么程度？从调查来看，实践中"重国家课程，轻地方课程和学校课程"的取向显然不利于民族文化传承。另外，对相关制度和政策理解上的偏差是造成课程实施现状的原因。把民族地区三级课程尤其是把当前学校课程简单地理解成"N+1"的课程实践，将其与国家课程、地方课程完全根本对立，在实践上严重割裂了三级课程体系的完整性，这样在学校课程实践中堂而皇之地以缺少课时、师资的客观原因使民族地区学校课程搁浅。从某种意义上讲，现在讨论民族地区学校课程政策包容性的问题不是有没有包容多元文化能力的问题，而是能将这种多元文化包容到何种程度。进一步讲，多元化形式的政策"合法性"问题我们没有必要在此进行长篇累牍的论证，关键是要对其存在的政策"合理性"进行令人信服的诠释。这是我们倡导课程政策要保证民族地区学校课程多元化的实质所在。

二是学校要积极开拓民族文化传承的形式。与以上提及的多元化学校课程形式相对应的便是民族地区学校文化传承的途径和方式。基于民族文化样态的多样性和民族地区学校课程的多元化，学校要尽可能积极开拓民族文化传承的形式，不能因为学校传承文化形式的限制而放弃对民族文化的传承。民族学校课程实践表明，民族文化没有在学校得到较好传承的一个根本原因是没有开拓出有效合理的传承形式。如有些民族学校在课堂上仅仅讲解民族挂毯的加工技艺，而学生没有付诸实践的条件和机会；学生仅仅通过老师买来的藏药而听老师讲解藏医药的神奇功效；藏族传统体育仅仅作为文本形态的学校课程被开发，而大多数情况下没有在体育课堂当中付诸实施；等等。缺乏合理的传承形式势必使民族文化的传承在实践中流于形式。传承的形式也在一定程度上进一步影响了民族文化课程的开发和开设，形式在一定程度上限制了民族文化的传承，制约了当前课程政策在民族地区学校实施的效果，以上是本书发现的主要问题。

从人们对政策的认识过程看，几乎都要经历"认知—接受—执行"的由思想转化为行动的过程,课程政策也是如此。"课程政策要想发挥出正面作用,还需要经历人们的内化过程,为人们心理所悦纳,并成为一种内在的约束机制,才可能有效发挥约束作用。政府的任务不单纯在于制定、实施政策以形成对人的行为的外在约束机制,还要同时转变人们的心理,建构与之相适应的行为模式,只有这样才能真正有效地提高课程政策的效能。"[1] 对于民族地区学校而言,这种提高政策效能的实质就是提升现行课程政策对民族地区学校民族文化的包容和管理能力。

长期以来,当提及课程政策时,人们总是有意无意地将其理所当然地理解为关于学校课程管理的相关规定。这从课程政策的本义上讲没有任何错误或不妥,但在民族教育的场域中,尤其民族地区学校当中,课程政策除了其所发挥的一般职能外,还在实践中发挥了对民族文化管理的职能。从这个意义上讲,民族地区学校课程政策运作得好,就是对民族文化管理得好,否则就谈不上对民族文化的管理了,充其量从文本意义上讲就是在执行政策。就民族文化存在的现状而言,其多样性决定了民族地区学校课程政策执行的难度,也决定了民族文化管理的难度,这点我们必须有清醒的认识。主流文化与民族文化的碰撞和交流是民族地区文化存在的基本样态,也是民族学校课程存在的大背景。课程政策如何有效地处理好主流文化和民族文化的关系,切实保障民族文化课程的顺利实施是其面临的主要任务。多文化的背景下,文化之间的融合与冲突是文化具有的根本属性。文化既要维护自身相对封闭的体系,又要吸纳不同文化的营养来促进自身的不断成长,这就是通常所说的文化的张力,于各种不同的文化而言,这种张力是必要的。但政策又是人为的某种规范和要求,从某种程度上讲又要对这种张力进行协调、维持和管理。可以说政策的"刚性"难免会遭遇到文化的"弹性",如何恰如其分地协调好二者的关系,即如何用政策来约束文化是实践中遇到的难题,也是理论上的"盲区"。说到底,民族地

---

[1] 胡东芳:《课程政策研究——对"课程共有"的理论探索》,博士学位论文,华东师范大学,2001年。

区学校的发展、学生的发展就是这两者关系中的"度"和标准。政策能与文化形成相互协调的机制就是课程政策运作最好的效果,就能达到课程政策对文化管理的真正目的。

第五节　多元文化教育背景下西北民族地区学校课程理论的建构

长期以来,我国各民族形成的"大杂居,小聚居"的现实使民族地区少数民族和汉族共同居住和生活,主流文化和民族文化相互碰撞和交流,多元文化并存是不争的客观事实。如何使多元文化在民族地区和谐相处,减少不必要的摩擦和冲突,多元文化教育、多元文化课程设置在其中发挥了不可替代的积极作用。"在多元文化社会当中,课程面临着多元文化选择的问题。由于至今文化积累已比任何一个时代都丰富、复杂得多,对课程的文化选择要求更为严格。既要维持社会成员思想行为的一致性,又要增进各群体间的相互尊重和了解,这成了课程面临的'两难选择'。"[①] 在这方面,多元文化教育的理论给了我们很多有益的启示。在进行多元文化教育的问题上,其实前辈们有过很多精辟的见解和论述。不管是我国学者论述的多元文化的教育策略,还是国外学者所论述的多元文化教育的目标,这些研究都是从多元文化地区学校教育培养人才多样性的角度对课程体制弹性和张力进行的多维审视,学者们的探讨有"异曲同工"之处,在民族地区学校的课程实践中一定要取其所长,为我所用。民族地区学校课程实施是多元文化教育理论的重要实践,一定要贯彻并落实多元文化的教育理念。

一　落实多元文化教育的课程理念

虽然我们面临着多元文化的现实,但在民族教育中却存在着典

[①] [美]泰勒:《课程与教学的基本原理》,施良方译,人民教育出版社1994年版,第300页。

第二章　教育公平理念下西北少数民族地区课程及其政策理论　　105

型的"文化偏向"问题，总是以汉族的思维方式和文化传统束缚民族教育的发展，归根结底是教育上缺乏多元文化的理念。① 在此境遇下，在学校教育中建立一种尊重差异、和谐共生的多元文化课程，应该成为少数民族地区基础教育改革的重要思路。② 从理论上讲，多元文化教育就是要为民族地区学校中的少数民族学生设置相应的课程，即在课程中要有较为适切的教育内容。事实上，作为民族地区学校中的汉族学生，不可否认，他们是这个群体中的少数，他们的合理的教育诉求也应当得到应有的尊重。滕星教授提出的"多元文化整合教育"的理论构想，就是在价值中立的立场上看待少数民族文化传承的问题，是践行多元文化教育理念的最好体现，也符合当前不同民族之间交往、交流、交融的理念。

　　在多民族、多元文化并存的条件下，熟知本民族文化的基础、学习其他民族的知识和文化也是一种需要。詹姆斯·班克斯（James A. Banks）认为："多元文化教育是一场精心设计的社会改革运动，其目的是改变教育的环境，以便于让那些来自不同的种族、民族、性别与阶层的学生在学校获得平等受教育的权利。多元文化教育理论假设，与其让那些来自不同种族、民族、性别与阶层群体的学生保持本群体的文化和性别特征，莫不如让他们在教育领域获得更多的选择权，从而在社会化过程中获得成功。"③ 只有在观念上相互接纳和包容，我们才能在课程实践中相互理解和支持。换句话讲，在民族地区的学校教育中，一方面要有适合少数民族学生的课程体系建构，另一方面又要能关照和满足民族地区学校不同民族学生的需求，这才是名副其实的"多元"，也才能真正将多元文化教育的理念落到实处。否则，多元文化的教育理念不能通过课程渗透在民族地区学校的教学过程中，多元文化教育似乎就真变成了遥不可及的教育理想。

---

　　① 王鉴：《民族教育学》，甘肃教育出版社2002年版，第204—205页。
　　② 滕星、海路：《文化差异与民族地区校本课程开发》，《中南民族大学学报》（人文社会科学版）2009年第2期。
　　③ 哈经雄、滕星：《民族教育学通论》，教育科学出版社2001年版，第40页。

二　构建充满张力和弹性的课程体制

"课程表"是学校或班级课程实施的刚性规范，是课程政策在教育实践中的具体表征形式。调查中发现，民族地区学校教育中，这种刚性的要求对学校而言，调整的余地十分有限，即使在当前三级课程的管理体制下，地方和学校层面能开发出相应的"适切性"的课程，但要真的直面这种课程规范的时候，却显得无能为力，即不可能在"课程表"上随意增删课程、调整课程，这是在学校调研中深切感受到的体制性障碍。如果这种课程体制不能进一步改革，课程实践中学校没有一定的课程自主权，民族学校课程必然缺乏相应的张力和弹性，一切关于课程改革的努力将不能付诸实施。笔者认为，民族地区学校构建充满张力和弹性的课程体制，主要体现在以下几个方面。

一是在课程课时安排上，除了法定的"课程表"之外，学校应有一定的自主权，校地课程至少要能保证相应的课时安排，同时确保在执行过程中不"走样"或被变相执行。调查表明，即使在有课时、师资和其他硬件保障的情况下，按照课程方案实施学校和地方课程也面临诸多困难和问题，这对弘扬民族文化特色的民族教育而言，是在课程实践中遭遇到的最大制度障碍。课程政策的刚性使课程在实践中缺乏必要的弹性，这是导致课程政策实施没有达到预期效果的根本原因。

二是在课程的开设形式方面，要不拘传统的课堂教学形式，不能将所有的课程都理解成"教师讲，学生听"这种传统的课堂生态和形式。实际上，民族传统文化表现出多种样态，有些民族传统文化在课堂这样封闭的教学生态系统中是无法进行传承的，有些民族文化课程的传承仅仅靠课堂教学这种形式也无法取得预期的效果。因此，在民族文化传承中，要打破课堂教学形式的限制，突破对传统课程和教学的认知局限，拓宽视野，创新形式与方式实施课程。有些课程可以通过实地参观、实物展览，并附之以讲解形式；有些民族知识类的课程的学习形式则可以通过观看视频、声像资料等方式进行，让学生切身体验民族文化，培养民族情感，提升民族认同。总之，丰富多彩的文化内容要求在实践中要采用多样化的方式进行传承。

三是在课程实施的过程中，针对民族教育中课程与教学的特殊性，允许师生对课程的实施进行适当的变通。师生在遵循课程目标情况下所作的各种变通，现行的课程体制应该允许和包容。只有这样，师生才能放开手脚进行课程和教学的变革，才能将传承少数民族文化的重任落到实处，少数民族学生才能从民族教育中受益，真正在学校学习好，发展好，走向社会生活好，最终构建民族文化传承和民族学生发展相适应的、和谐的民族教育生态。

三 关照学校课程特殊性的实施设想

（一）普适类知识与民族类知识并重

在民族学校的课程实践中，一定不能用普适类知识的"标准"取代民族类知识的特殊性。这里的"标准"不能一味地理解成在课程实施过程中要执行的标准，而是这种普适性的知识在学生学习的过程中要有一定的约束和规范，即要有明确的学习目标、要有规范的学习内容以及较为完备的评价指标体系等。因为长期以来我们在学校课程中"一统"的特色非常明显，标准单一，所以标准化的问题在此不作过多的探讨，主要关照民族地区学校课程特殊性的问题。笔者认为，一方面课程实践要尽可能让学生关注现有的社会生活实践，关键要从课程内容的选择上贴近学生的生活实际，衔接学生已有的生活经验，满足学生发展中多方面的需求；另一方面从学理上讲，民族地区学校课程要尽可能"生活化"、接地气。课程内容和实践的联系是一个逐步深入的过程。调查中发现，民族地区的学校课程存在着典型的"非民族化"的取向，学校课程中出现了过多的一统化的标准，将对普通学校的一些要求用来规范民族地区的学校、规范民族地区学校的课程与教学，使民族地区学校的课程甚至学校生活中看不到任何民族特色的内容，远离了民族学生的社会生活实践。

有一项对一位少数民族学生的学校生活和校外生活进行的比较研究，一位藏族小学生上学早晨七点起床，赶到十里外的学校。在上学的路上，就随意地解决了早餐的问题，到学校早自习之后，要连续上四节课，这是他标准的一个上午学校的生活。而在家里，这位小学生则是八点后起床，吃完了酥油糌粑、奶茶等早餐后，赶上羊群在草地上牧羊，然后自己则躺在草地上哼唱民族歌曲、晒太阳等，这便是他一个上午的校外生活。从这个例子中我们不难看出一些民族学生不喜欢学校生活甚至引发辍学现象的深层次原因。学校的某些教学制度安排成为学生不喜欢学校生活的主要原因。虽然我们不能说学校课程是造成民族教育发展现状的根本原因，但毫不夸大地讲，民族地区学校课程是其中最为主要的原因。进一步思考这一问题，就必然要对教育与生活、学校课程与生活的关系等这些理论问题进行重新审视。

历史上的名家巨典对教育和生活关系进行过深入的论述。杜威的"教育即生活"、陶行知的"做学合一"等都论述了在生活中教育的重要性。然而今天审视我们学校现行的课程时，发现这种生活的痕迹、生活的气息与以前相比减少了很多，民族地区学校课程在某种程度上割裂了教育与生活的关系。如何在民族地区学校课程中将学生已有的生活经验、目前的生活现实与其对民族文化认知、认同、传承和保护有机地联系起来，这是民族地区课程实践中面临的最大难题，也是民族地区学校课程选择的问题。因此，对民族教育而言，学校课程应该生活化，即要将民族文化中与学生实际社会生活密切相关的、具有可操作性且有教育意义的知识充分地反映到学校的课程当中。

长期以来，民族教育课程内容很少反映少数民族的文化传统和生产生活方式。在目前的少数民族教育中，各科汉语教材基本上都使用全国统编教材；少数民族母语教材也都是由汉语教材翻译过来的。[①] 有学者认为，我国长期坚持六大主题（知识与兴趣、政治与经济、社会与文化），三项原则（兴趣原则、政策原则、文化原则）。但对兴趣的关注不够，而且教材过多强调政治性而忽略民族

---

① 祁进玉、孙百才：《少数民族教育课程政策与评价制度研究》，《青海民族学院学报》（社会科学版）2002年第2期，第4页。

性，强调统一性而轻视差异性。① 在课程执行过程中，由于目标不具体导致课程实施中取向不大明确，有些课程在实施过程中即使制定了明确的目标，但在实践中又缺乏可操作性。比如说有的国家课程的教材上出现的例子，在一些边远的少数民族地区学校课程的实践中，学生只能靠想象了。很多学生在学校教育中接触的事件、学校里的生活和其在社会中遇到的完全是两回事。学校教育中出现的一些内容，在他们的生活中没有原型，几乎全是"神话"。生活中遇到的知识、事件、典故在学校的课堂上是没有的；他们有兴趣的东西，学校不能通过有效的途径呈现并作为课程开设。换句话讲，学校的课程反映的是被异化的生活，与真实生活的差距导致了少数民族学生在学校教育中的迷茫和无所适从。

教师是学校课程最主要的实施者，也是教学的实践者。"从某种意义上讲，教师也就是在指导学生生活，指导学生学会生活、拓展生活，通过课程与教学有效地指导学生的生活。"② 在课程内容既定的前提下，课程与学生的生活能否"接轨"，某种意义上还要看老师的具体"加工"了。老师在举有关食物例子的时候就要尽量生活化一些，比如说藏族地区可以举一些诸如酥油、酸奶、糌粑等食品的例子，回族地区的教师在教学中多举一些清真食品的例子，学生就能和他在民族地区社会生活中的实践紧密联系起来。虽然有些学校用的是国家统编教材，但在实际操作的过程中，要因时、因地、因族制宜，教师只有将所教的课程真正"嵌入"学生的日常生活当中，学生在学习时才能和现实生活联系起来，才有可能对所教的内容感兴趣。否则内容远离了学生的生活实际，割裂了学生原有的社会生活经验，不能满足学生的发展需要，学生的思想和行为必然远离学校的课堂和教学，提升学校的教学质量也就无从谈起。

学校课程走进学生生活的方式很多，到底以什么方式和途径来进行，是教育理论界长期思考的问题。课程走进学生生活的核心就

---

① 赵昌木：《我国课程改革研究 20 年：回顾与前瞻》，《课程·教材·教法》2002 年第 1 期。

② 张楚廷：《课程要"回归生活"吗？——论课程与生活的关系》，《课程·教材·教法》2010 年第 5 期。

是要将学校课程与学生生活方式紧密联系起来,使课程生活化。推进课程生活化不仅要帮助学生顺利走进文本,更要注重促使学生转变学习方式,能自主走进文本,还要观察学生要能带着什么收获走出文本。推进"课程生活化",让课程回归生活,不仅要注意贴近学生、贴近时代,还要注意贴近现实社会的真实生活。

(二) 课程实施增加可操作性的实践指标

从现行的民族地区学校课程可以看出,对少数民族地区基础教育的课程评价存在着由于文化差异造成的文化偏向问题,最为突出的就是采用全国统一的课程标准、统一的教科书和适合于内地发达地区横向比较的合格率、升学率等指标来衡量文化差异较大的少数民族地区学校教育和课程发展水平。[1] 这种评价显然忽略了少数民族语言、心理、宗教、风俗等方面,使少数民族学生在这种评价体制中处于不利的处境。况且教育领域中存在许多不能量化或不能科学化的现象和问题,单凭客观指标往往不能反映教育发展的真实面貌,也不能直接反映现象背后的深层原因以及人们的主观感受。[2]

课程评价关系到课程的改进。民族地区的学校课程之所以难以改进或少有改进,关键是在实施的过程中缺乏可操作性的实践指标。应当讲实践性指标在课程实施中的切入为课程融入生活创造了理论前提。否则就理论而理论的课程评价很难使课程真正和现实生活建立起有机联系。在民族地区学校课程评价的实践中,在某些情况下,我们会有意无意地落入"一刀切"标准和约束之下,极有可能用普适的价值观和标准去"套"民族地区的特色实践,而且这种对标准的套用还是理论上的,在实践中显然缺乏一定的可操作性。实践表明,有些对普通学校适用的东西不一定对民族地区学校适用,我们在实践中一定不能盲目硬"套",这样做的后果就是少数民族学生从现有的评价体制中很难有成功的体验,甚至对提升民族教育质量、帮助少数民族学生发展会产生负面影响。

---

[1] 赵安君:《民族教育与民族经济》,辽宁大学出版社1994年版,第157页。
[2] 安晓敏:《教育公平指标体系研究——基于义务教育校际差距的实证分析》,博士学位论文,东北师范大学,2008年,第43页。

(三) 增强民族教育系统的开放性和包容度

长期以来，尤其是新中国成立以来，由于国家和各级政府的重视，我国建立并形成了较为完备的民族教育体制，为民族教育的发展提供了良好的体制、机制保障。但随着时代的发展，在某一特定历史时期制定的政策会发生这样或那样的新情况、新问题，需要适时做出相应的调整。此外，民族地区学校开设的诸多课程却是按照普通学校的课程和修读要求来规范民族地区学校的，这样无形中增加了民族地区学校学生适应学校教育的难度，导致民族学生在接受教育过程中出现心理矛盾和文化冲突。从某种意义上讲，民族地区学校办学特色最根本的，也是学校内部的体现形式，应该是学校开设的课程，但结合本书调查来看，民族地区学校课程和教学领域统一要求使民族地区学校课程还不足以体现其办学特色。教育行政部门在对民族地区学校管理的过程中难免把民族地区学校当成"准普通学校"来对待。从以往的政策实践来看，尤其是在以统编教材规范下的民族地区学校的课程和教学，主要采取降低政策执行难度的做法和要求以实现政策的顺利执行，因此在传承少数民族文化方面的作用极其有限，使民族地区学校传承民族文化的职能大打折扣，对于少数民族学生的发展而言，学生在接受主流文化和民族文化方面存在着一定的困惑，教育体系的相对独立设置并没有从根本上保证民族文化传承的特殊性和独立性。就算是较有特色的民族地区学校课程和教学（较好地在学校里开设了民族的语言和文化课程），完全不接受主流文化当中普适性知识的教育也不能很好地使学生今后很好地融入主流社会，给学生未来的发展带来了诸多不便。因此，这里讲民族教育系统的开放性和包容性就是除了政策、体制、制度要允许外，还要在民族地区学校的课程上进行不断改革和调整，使不同民族的学生在这种体制中受益。

四 落实三级课程管理的规定

探讨民族地区现行的课程政策，三级课程管理体制无疑是其中最为重要的课程政策之一，也是最能体现民族地区学校办学特色的制度保障。因国家课程和地方课程本身存在过多"统一"的痕迹，本书在此重点探讨校本课程在民族地区学校的实施问题。

校本课程是新一轮基础教育课程改革中应运而生的课程形态，是当前三级课程的重要组成部分。从学校课程设置的初衷看，校本课程是基于学校发展的课程；就其在实践中的作用而言，它更是基于学生发展的课程。实践表明，对于民族地区学校而言，学校的校本课程对于传承少数民族文化具有特别的意义。从课程内容上来讲，它是我国长期以来学校单一国家课程形态的有益补充；从在三级课程管理中的地位而言，其更加具有基础性和"草根性"；对少数民族文化传承的重要性而言，它是学校教育中合理且可行的途径之一。但就本书较为系统的实证调研看，校本课程中存在的问题不容忽视。

（一）消除对校本课程的误解，正确认识校本课程的意义

调查发现，有些教师对校本课程存在误解。在他们看来，学校课程几乎就是一个"筐"，只要是民族特色的东西都可以囊括在校本课程的概念和形态当中，在民族地区学校作为课程来开设。如在调查中，一所民族学校将民族挂毯作为学校课程在学校开设。暂且不论其对学生的发展有多大的意义，如何把这门课程在学校落实就是问题，显然对校本课程本身是存在误解的。

校本课程作为国家课程有益的补充形态，能对国家课程发挥很好的完善作用。就课程内容来讲，国家课程是对公民基本素养的基本和普遍的要求。但我国国情复杂，民族众多，地区差异大，国家课程不能兼顾到诸多的差异性。为此，要克服这种弊端，落实新一轮基础教育课程改革的管理体制，实行三级管理模式，就要使除国家课程和地方课程反映的内容之外，使学校的校本课程尽可能地反映民族的、地方的特色，真正为传承少数民族特色文化发挥应有的作用。

虽然新一轮基础教育课程改革对课程形态中国家课程、地方课程和校本课程在学校的实施上做了相应的明确规定。但本书认为，对于不同的地区和不同的学校要有适度的变通，课程管理的体制在实际的执行中要有一定的灵活性并做到因地制宜。民族地区学校在选择学校课程内容中应该注意三个方面：一是反映学校的特色。校

本课程是学校充分考虑当地社区和学校课程资源的基础上，以学校和教师为主体，开发旨在发展学生个性特长的、多样的、可供学生选择的课程。在校本课程开发的过程中一定凸显学校特色，在课程的实施中进一步构建和巩固民族地区学校的特色。二是校本课程内容要能满足学生发展需要，"联通"学生已有的生活经验，否则忽略了学生的需求开发所谓的校本课程，肯定达不到应有的效果。三是在校本课程开发过程中一定要引导教师从以往"编教材"的思维定式和模式中解放出来，转向"开发课程资源"的思维和路径上来。新课程赋予的课程的全新命题是"课程是资源"，是资源就需要开发，开发就必须有针对性，即针对学生的需求。必须在开发课程前对学生的需求进行了解和调查，照顾到学生的学习需求，通过学校提供相应的实施条件，课程才有可能被"顺利"实践。因此，从内容上来讲，校本课程开发绝对不是仅仅由学校教师进行的"闭门造车"，而是按照课程理论要求满足学生学习需求的系统工作。

（二）切实完善学校课程，使其发挥应有的作用

校本课程虽然以比较成熟的课程形态成了三级课程的重要组成部分。但从目前学校尤其是民族地区学校的课程实践来看，存在着校本课程如何在学校有效的实施，什么样的内容能被选择进入学校的校本课程，什么样的人能参与校本课程开发等一系列在理论和实践上较为困惑和棘手的问题。

1. 民族地区学校的校本课程一定要得到落实

长期以来，我国民族教育存在的多元文化背景决定了民族地区学校课程实施过程中的"两难"。"民族教育不但要考虑以主体民族为主的统一国家的发展和需要，同时还要体现少数民族的特色，适应少数民族的文化环境和发展需要。"[1] 作为新课程倡导的课程形态，学校课程能很好地将理论联系实际、因地制宜等理论和做法真正付诸实践。但在学校，尤其是在一些民族地区学校的调研中发现，校本课程却遭遇到了另一种尴尬。一部分学校没有开发出来完

---

[1] 金志远：《新一轮课程改革背景下少数民族文化传承与民族基础教育课程改革》，《民族教育研究》2009年第5期。

整的校本课程,当然没有办法谈校本课程的落实和执行了,也有一部分学校的确开发了自己的校本课程,如在藏族学校像"藏族传统体育"、"学跳锅庄舞"等和回族学校的"学说阿语"等学校课程。但一方面由于学校课时紧、师资短缺等各种原因而使校本课程没有付诸实践,少数民族的特色、民族文化的传承就只能是一句空话了;另一方面,由于一些课程缺乏一定的操作性和可行性,学校虽然开发了这样一些校本课程,但这些课程并没有真正进入学校的课程实践。这是目前在校本课程执行中出现的"通病"。为使校本课程能真正贯彻和执行,建议校本课程在执行过程中应建立相应的规范:一是教育行政部门对校本课程的实施要有章可循,执行不到位要追究责任。在学校要首先确保有相应的课时和必要的师资来保障校本课程的开设。二是要真正将校本课程的实施纳入学校的课程评价之中,纳入学生的学业成就评价之中,否则校本课程就改变不了其在整个课程体系中从属于国家课程的命运和地位。总之,在目前实行三级课程管理的体制下,民族地区学校的课程体系建设要"立足本民族,面向全国,放眼世界",引入多民族、多元文化共存的理念,加强适应性。要培养学生的对多民族文化的适应能力,理解不同民族的文化,接纳异文化,包容和发展异文化。还要采用公正、合理的标准,对课程内容体系等方面进行评价。

2. 校本课程内容应具有可行性

在民族地区学校调查中,我们经常能听民族地区学校的领导和老师讲,×课程是我们学校的校本课程,但细看这些所谓的校本课程,内容缺乏课程最基本的课程要素,如选择内容的标准、所要达到的目标等,使校本课程在学校充其量是个"摆设",没有发挥学校课程应有的积极作用。究其原因,是在校本课程开发的过程中,一些教师错误地认为本民族特有的东西就能作为校本课程在学校里开设,对于哪些内容能进学校的课程缺乏明确的标准,不能很好地对内容进行选择,简单地将学校甚至课程的特色等同于本民族特有的东西。这样虽然使学校课程在内容的选取上符合社会标准,但在实践中又脱离了教育标准,甚至违背了教育规律。事实上,民族地区学校课程资源的选择和利用应该满足少数民族地区文化多样性对学校教育的需求，以促进少数民族学生在学校中的文化适应，提高他们的学业成就，使主流文化与优秀民族文化在学校课程教学中相辅相成、互为补充。①

课程从其原初的意义上讲，是为学生的发展设计好的"跑道"，学生应在这条跑道上进行训练。试想想，如果这条"跑道"是我们今天一些校本课程所提供的缺乏可行性和可操作性的内容，这种所谓的课程就不但不能帮助学生发展，而且在这样的"跑道"上有可能还会摔跤，甚至对学生会造成一定的伤害。这显然不是我们设置校本课程的初衷。可操作性应是对学校课程内容的第一要求，再完善的学校课程内容如果不能付诸实践，进行落实，这样的校本课程也没有存在的必要和价值。

3. 要建立基于学校教师的开发主体，完善校本课程的开发机制

目前，校本课程传承民族文化被认为是最好的课程形态和实践载体，但调查发现，一些学校根本就没有开发出校本课程。不可否认客观上校本课程和教材的开发需要一定的投入，但在特色资源极其丰富的少数民族地区的学校教育中，竟然没有校本课程，让笔者实在为之惋惜。在感叹无奈之余，研究也对形成现状的原因进行了初步分析。投入不足是一个客观存在的原因，但不是主要的原因。关键是学校没有合适的校本课程开发的主体，校本课程设计的初衷就是要调动广大教师参与课程开发的积极性，但从目前实践的现状来看，对于大多数民族地区的学校而言，部分教师的能力远远难以胜任学校课程开发的重任，开发课程绝对不是仅仅依靠对工作的热情和积极性。面对这样的制约因素，一些学校的课程开发就流于形式。对于民族地区的学校课程开发主体而言，要做好民族地区的学校课程开发，必须从以下几个方面入手。

首先，在学校层面的课程开发上，可以打破学校之间的界限。要使同一民族文化在同一民族地区的传承有相对一致性，不能在学校课程开发问题上产生误解，误将校本课程开发仅仅局限于一所学

---

① 滕星、海路：《文化差异与民族地区校本课程开发》，《中南民族大学学报》（人文社会科学版）2009年第2期。

校之内，这样不仅限制了学校课程开发的质量，更使同一地区不同学校在学校课程开发中陷入了"重复建设"的尴尬处境，浪费了大量的人力、物力和财力。要在同一民族地区特别是自然环境条件相近、民族风俗习惯相同的学校的同一门校本课程开发上探索走共同开发、共同使用的路子，形成学校课程的"校际合作开发"模式。如在调研中某些藏区学校的学校课程《藏族传统体育》，在其开发过程中，完全可以将邻近几所藏族学校的教师联合起来，集群体智慧，取长补短。课程开发成型后，由这几所学校的师生共同使用。当然校本课程开发上的校际合作可以体现在很多方面，不能简单地理解成开发主体的校际合作。事实上，开发主体的校际合作已经为课程实践的合作奠定了良好的基础，也为课程资源的共享创造了前提和条件。

其次，校本课程开发主体上，一定要打破由学校教师单一主体构成的格局，形成开发主体相对合理的课程开发团体参与校本课程开发。正像有研究中所指出的那样："校本课程对民族地区地方性知识和传统文化的挖掘、吸纳和利用，让学生真正学有所用，仅仅依靠学校和教师的力量是不够的，还必须积极整合各种社区资源。"[1] 事实上，开发主体单一导致校本课程开发中的问题有目共睹。学校负责人、教师、学生、家长、科研机构的专家、学者都是校本课程开发的应然主体。只有在能力为本的视野下，队伍结构合理化，才能保证课程开发的质量。一方面，多元化的校本课程开发队伍不仅可以弥补各个开发主体之间的"知识盲区"，有利于提高课程开发的质量；另一方面，不同层面开发主体之间的相互沟通和协调，能够使校本课程更好地贴近学生的实际，满足学生的学习需求。进而在合作过程中，不同主体参与课程开发的热情和积极性才能被有效调动。

再次，校本课程开发主体要建立完善的认证和资格考评程序。在校本课程开发主体的问题上，首先要纠正一个错误或人们的认识

---

[1] 赵北扬：《社区背景下的校本课程开发：肃南二中和勐罕镇中学的个案研究》，《民族教育研究》2008年第5期。

误区，我们倡导教师参与校本课程开发，但现实中真正参与校本课程开发的是一部分人，或者说是一少部分人。教师参与绝对不能简单地等同于所有教师都能开发校本课程，这也是现实。人人参与校本课程开发仅仅是我们课程开发的理想。这其中实质性的问题就是到底什么样的人能参与校本课程开发？我们应该有怎样的标准来判定？理想的政策设计应该是学校要对校本课程开发的主体建立完善的认证和资格考评程序。另外，还要解决好校本课程开发中课程资源整合的问题，即课程资源整合到什么程度适宜做学校课程开发，也必须有明确而具体的标准。这些问题不明确，校本课程开发难逃其在实践操作中浑浑噩噩以及在学校整个课程体系中可有可无的从属地位和命运。

第三章

教育公平理念下西北少数民族地区课程政策实施问题考察

在我国,"民族地区也是集'少'(少数民族)、'边'(边疆地区)、'穷'(欠发达地区)、'弱'(生态环境脆弱)、'富'(自然资源富集)、'多'(民族文化多样)于一体,具有典型的'少、边、穷、弱、富、多'特征"[①]。西北地区乃是我国少数民族分布较为集中的区域之一。西北地区地域广大,幅员辽阔、人少地多是西部自然状况的基本特征。在西北民族地区的教育中某些问题在一定范围内还将长期存在。从这个意义上讲,西北地区的发展很大程度上取决于西北少数民族地区教育的发展,而民族教育是民族地区经济社会发展的主要推动力。在有的地方"不公平"问题还较为突出,是一个名副其实的"老问题"。西北少数民族地区课程及其政策的理论建构能否经得起民族教育实践的考验,理想的课程及其政策与现实的课程及其政策之间到底存在着多大的差距,需要通过实证研究来检验。

第一节 进入现场与问题界定

本书在甘肃、宁夏和青海三省(区)的相关民族自治州、县选取了部分民族地区学校作为研究的样本,同时对学校所在的地方教育行政部门负责人和学校负责人以及学校的师生等民族教育的重要

---

① 朱俊杰、杨昌江:《民族教育与民族文化发展研究》,湖南教育出版社2006年版,第68—69页。

参与者进行了访谈,并在抽样的民族中学对师生进行了问卷调查。本书力争将问卷获得的量化数据和访谈获得的质性资料结合起来,分析和探讨现行课程政策在民族地区实施的效果。虽然本书的问卷调查涉及甘肃、宁夏、青海等省区的11所民族中学,但实质性的"蹲点"研究还是在甘肃省代表藏文化的T县和代表伊斯兰文化的L州。由于T县的Z中学和L州的H中学是本书主要的田野工作现场,因此本书仅对这两个田野工作点给予说明。

一 "田野"工作说明

(一)第一个田野工作现场——甘肃省T县Z中学

T县地处河西走廊东端,南接永登县,东靠景泰县,北邻武威市和古浪县,西北与肃南县接壤,西与青海省的门源、互助、乐都县毗邻。据历史记载早在4000年前,T县境内就有人类活动。夏至汉初,先后为戎羌、月氏、匈奴等民族游牧之地。民国二十五年(1936)改为现名并有了现在的行政建制。在漫长的历史发展中,T县各族人民艰苦开拓,苦心经营,创造了光辉灿烂的古代文化,曾有过许多可歌可泣的事迹。自汉朝羌族人民英勇不屈的大起义之后,又多次发生反对封建剥削、民族压迫的斗争。尤其清至民国时各族人民的反抗斗争,震撼西部,名垂青史。1936年10月,中国工农红军西路军途经T县,浴血奋战,播下了革命火种,留下了光辉篇章。[①]

就整个T县民族教育的发展来看,近年来在民族教育方面,针对学校民族语言学生逐渐减少,"双语"学校规模呈萎缩趋势的现实,T县在充分调研、反复酝酿、广泛征求意见的基础上,出台了《关于进一步加强民族教育工作的意见》(以下简称《意见》)。《意见》在原来的优惠政策变为普惠政策的前提下,再出台新的优惠政策,鼓励学生学习民族语言文字。在九年义务教育阶段普及藏语文或藏语口语教学,对学习藏语文的学生实行单独设班授课;增

---

① 《甘肃省T县简介》(http://society.people.com.cn/GB/8217/86165/86168/5892313.html)。

加对民族教育经费的投入,从 2009 年起县财政在预算中每年单列 100 万元,用于"三语"示范性学校的建设、教育教学研究、识字培训、乡土教材的开发、中小学藏语文教学辅助资料的编写出版等;加大民族寄宿制学校的建设力度,规划建设城乡高标准寄宿制"三语"学校(见图 3—1),逐步实现"五有四统一"(即有宿舍、有暖气、有厨房、有浴室、有药房和医生;统一制定办学标准,统一调配教师、保育员,统一配备调整教学设施,统一划拨办公、补助经费)的目标,建成布局结构合理、具有鲜明特色和时代特点的"三语"示范性窗口学校 8 所;提高"三语"寄宿生生活补助,从 2009 年起,在落实好"两免一补"的基础上,学习"三语"的小学生、中学生每年每人再分别补助生活费 250 元、375 元,生均年补助分别达到 750 元和 1125 元,所需经费列入县财政预算,逐步对学习"三语"学生实行全免费教育。本书所调查的 Z 中学是 T 县县属唯一"双语"教学的寄宿制完全中学,创建于 1981 年,担负着全县民族教育的重要任务,现已发展成为自治县民族教育的窗口学校。

图 3—1 学校的"三语"宣传标语

《意见》为民族语言教育的发展提供了政策保障，势必会推动民族语言教育的发展。近两年来，T县在如下方面狠推措施、加强民族教育发展：一是加强教师队伍管理，提高教师整体素质；二是调整学校布局结构，全面优化教育资源；三是注重教育项目建设，不断改善办学条件；四是积极制定优惠政策，发展民族语言教育；五是增加民族教育资金，解决贫困生就学难等问题。[1]

T县Z中学现有教职工133人，专任教师93人，其中高级教师20人，中学一级教师45人。教学班24个，在校学生1304人。其中少数民族学生占99%，绝大多数学生来自边远农牧区。教学上学校采用"两个为主"的教学形式，一部分学生以藏语授课为主加授汉语文和英语；另一部分以汉语授课为主，加授藏语文和英语。[2]

（二）第二个田野工作现场——甘肃省L州H中学

L州地处黄河上游，平均海拔1800米，距省会兰州150公里，为甘肃省西南部中心城市，民族自治州的政治、经济、文化中心，史称枹罕、河州，素有"茶马互市"、西部"旱码头"和"河湟雄镇"之称，享有"花儿之乡"、"彩陶之乡"和"牡丹之乡"的美誉。区域总面积88.6平方公里，辖4个镇、41个行政村、6个街道办事处、272个社区；总人口25万，其中以回族为主的少数民族占总人口的51.4%；城镇人口占总人口的58.4%。[3]

在教育发展方面，截至2010年年底，全州现有各级各类学校1432所，其中幼儿园63所，小学1153所，九年一贯制学校15所，初级中学73所，完全中学16所，高级中学8所，电大分校1所，中专及职校8所，职业技术培训中心8所，农民技术培训学校82所，全州各级各类学校在校生375384人，其中在园幼儿12271人，小学生238066人，初中生84320人，高中生31087人，中专及职校生9106人，电大分校在册生534人。全州现有教职工18456人，

---

[1] 《兴教育人千秋业，雪域高原格桑艳》，《武威日报》2009年8月21日综合版。
[2] 引自甘肃省T县Z中学宣传资料。
[3] 《L市概况》（http://www.lx.gansu.gov.cn/E_ReadNews.asp?NewsID=588）。

其中专任教师 16799 人。[1]

甘肃省 L 州 H 中学创建于 1953 年 9 月，1980 年经甘肃省教育厅和 L 州人民政府批准，定名为"甘肃省 L 州 H 中学"，升格为县级建制。学校占地 42 亩，总建筑面积 13200 平方米。学校现有 50 个教学班（其中高中部设 45 个教学班，初中部设 5 个教学班），在校学生 2909 人，以回族为主体的少数民族学生占全校学生总数的 73.4%。学校现有教职工 249 名。[2]

二 走进现场与观察

（一）攻克"守门员"[3]与进入现场的各种困难

今天，我来到了田野工作第一个田野"现场"所在地——甘肃省 T 县。走在 T 县的大街上，广播中传来悠扬的民族歌声，似乎进入到人类学家所说的"异域"。T 县的风土人情、民族习俗都给我这个"局外人"以太多的吸引。调研中如何以"局外人"的身份进入研究现场，成为"局内人"并与研究对象"打成一片"，是研究者深入现场后面临的第一个难题。

进入现场前经常会面临各种挑战，今天早晨到学校就遭到了人家善意的"身份核查"。刚才去办公室和其他几位老师聊天，昨天在办公室认识的王老师便问我，你是张××吧？她竟然直接说出了我的名字！我说您是怎么知道的，她说她是从网上查的！说得我一头雾水。其实我已做过自我介绍，或许她是出于对"外来者"的戒备，抑或出于对调查者身份的怀疑。反正人家是在网上查过了，当然我也不是冒牌的，查就查吧，无所谓。看来，从"局外人"到真正的"局内人"真的需要一个过程，实证研究无不是这样，我遇到的可能仅仅是怀疑，比起有

---

[1] 数据引自甘肃省 L 州教育局中小学教师队伍建设情况报告，2009 年 12 月 10 日。
[2] 引自甘肃省 L 州 H 中学简介。
[3] "守门员"（gate keeper）指的是那些在被研究者群体内对被抽样的人具有权威的人，他们可以决定这些人是否参加研究。参见陈向明《质的研究方法与社会科学研究》，教育科学出版社 2000 年版，第 151 页。

些研究中遇到的被拒绝、刁难、跟踪甚至是"驱逐出境"等遭遇，当然好多了。不过就第一天田野工作遇到的优待（×校长在学校办公空间非常紧张的条件下，为我协调并落实了专门的办公室；深入课堂的具体事宜交给了教务处的L主任，我可以随时找他）而言，情况比我想象的好多了，我会继续努力，希望我能有更多的收获。

（摘自2012年4月11日田野日记）

进入L州H中学的确也经历了一个艰难的过程，当然这种艰难不仅仅是攻克"守门员"，更重要的是经历了艰难的"适应"。这次来L州H中学调研正好赶上了穆斯林传统的"斋月"，这对了解伊斯兰文化是一个绝佳的时间，但于我这样一个非穆斯林的"局外人"来讲，最大的麻烦便是饮食上的困难。白天街道上的饭馆几乎全是停止营业的，找一个吃饭的地方的确太难了。这个时期，最热闹的时候是凌晨四五点的时候，穆斯林同胞开始早早地用餐，大街上也是灯火通明，清真寺的唤醒声回荡在整个市区的夜空。学校也是如此，所有餐厅凌晨四五点全部向穆斯林学生开放，正常的作息时间全被打乱了。

"斋月"终于在我这个"局外人"的苦苦煎熬中结束了。斋月的结束，意味着"开斋节"的到来，"开斋节"是穆斯林同胞最为盛大的节日。好像在一夜之间，大街小巷都变了样，到处悬挂着庆祝节日的横幅和宣传标语，街上的人似乎突然之间多了起来，热闹了很多。学校因为"开斋节"的原因，也放了假（据说法定假期是三天），加上周末一共五天。"开斋节"的重要和影响程度与传统节日春节差不多。学校所有的教职工都放了假，只安排了汉族门卫值班，负责学校安全，学生也全部放假回家了，我的调查工作也只能告一段落了。

返回L州的路上，意外搭乘了一位穆斯林同胞的私家车，车费比班车多了几块钱。司机解释说，平日的车费是三十几块钱，今天就多了几块钱，40块。不过他说要是今天从L州到这里来的车费可就贵了，80块钱也有人坐车往回赶。当问及原因时，司机说，今天和春节的大年三十差不多，就跟过春节人们要回家团聚一样，外地的穆斯林也要赶回家里开斋。不过他又说，教派不同"开斋"的具体时间也是有差别的，一般集中在这几天。我深深地被这种浓浓的宗教和民族氛围吸引了。

（摘自2012年9月25日田野日记）

后续的调查在"开斋节"后如期开始了。今天课间访谈了一位老师，当问到目前学校课程与教学方面存在的最大困难和问题时，他认为主要表现在初中新课程实施已经几年了，但前两年高中没有实施新课程，在衔接上很成问题。学生初中上的新教材，到高中又是老教材了。不配套的改革给他们的教学工作造成了很大的困难。另外，他认为目前学校课程实践和课程运作在各个学校之间存在着较大的差异。像他们学校目前实际的运作课表是高三年级的语文、数学、英语、物理是周六课时；化学、政治、历史、地理是周五课时；生物是周四课时。这是学校按照高考当中各门课程的分数比例、教学内容的多少以及教材的难易程度确定的课时量，对此国家没有做出明确规定。以前六天工作制的时候，上面有一个文件①曾经做过相应的规定。但在改为五天工作制后，相关部门没有做过明确的规定，致使各个学校的具体操作不一样，校际差距很大。

（二）现场观察

其实这次来Z中学，对于笔者是第二次。通过观察，笔者发现Z中学与三年前相比发生了一些变化。虽然是民族中学，但学生穿统一的校服，从服饰上很难看出他们的民族特色，这是和三年前最大的不同。当问及能否穿民族服装来学校时，学生的回答是肯定的，但也表示，一般情况下不会穿民族服装来学校上课。当谈到原

---

① 甘肃省教育厅发《甘肃省普通高级中学新课程计划》，甘肃省教育厅基教处印制，2001年4月。

因时，部分学生表示穿民族服装会很不方便；另外，有学生认为其他同学都不穿，自己也不好意思穿，而且学校规定少数民族服装由各个年级的学生轮流穿，自己穿与不穿就无所谓了。其实据笔者观察，真正愿意穿的学生已经很少了，在教室里主动穿民族服装的学生也是凤毛麟角（见图3—2）。

图3—2 教室里民族服装遭遇的"尴尬"与课间学生的"随机应变"

      上午第二节课课间，我发现学生都在教室里忙着换民族服装，询问后得知，今天轮到他们班穿民族服装了，待会儿在操场上做课间操的时候学校要检查，不穿的话，值周的老师会扣掉班级的积分，给集体荣誉造成影响。课间操回来，同学们又急着脱民族服装，然后叠起来。下午课间，我又看见学生们在急急忙忙地换衣服，原来又要去"应付"课间操，这样一天就折腾了好几次，让研究者心里真不是滋味。当一个民族的文化传承要用制度或强迫的手段去维系的时候，制度到底在其中还能起到多大的作用？我不得而知。

（摘自2012年4月18日田野日记）

      当问及学生对少数民族语言和汉语的学习兴趣时，发现少数民族学生当中出现了明显的分化，部分学生在两种语言学习的选择上没有明显的兴趣倾向，不像三年前他们会异口同声地说喜欢学习民族语言。可以说学生的选择更加现实和理性了，然而这种所谓的理性是以不传承和学习民族文化和民族语言为代价的,使笔者不免产生一种担忧。这种担忧来自对少数民族文化现状抑或对学生的发展的,一时难以分辨。

  课间访谈了两位民族学生,其中一位是高三的民族学生,谈到民族学生的出路时,不难看出他对现行少数民族教育政策和制度是有意见的。作为少数民族理科学生,高中毕业升学时,他们只能走"民考民"的教育路径,也只有五所高校可以选择,分别是西藏民族学院、青海民族学院、西北民族大学、甘肃中医学院、合作师专(现已更名为甘肃民族师范学院——笔者注)。对于民族文科学生来说,则多了中央民族大学、西南民族学院两所高校可以选择。原因是民族中学高中阶段停开英语课程,而好多大学要求考生参加英语考试并具备相应英语水平的。因此,他们这一届还不能报考非民族院校,而下一届民族中学毕业生省上将实行高考并轨制改革,届时高中民族学生将有机会选择"非民族院校",而不是限定在原来确定的几所民族类院校。了解到这些情况时,我心头有一种莫名的欣慰,也许是关于少数民族学生未来发展的,也许是关于民族教育改革成效的。但同时也难免有种杞人忧天的危机感,如果少数民族学生跻身非民族院校,他们能真正享受到教育改革带来的公正吗?他们是和汉族学生在同一个起跑线上赛跑吗?如果没有一系列的配套政策和制度加以保障,这些问题就难以避免。

(摘自 2012 年 4 月 20 日田野日记)

  在问及学生对学校传承民族文化的建议时,两名学生认为应当扩大民族学生的就业和出路,这让笔者多少有些意外。他们的逻辑是,只有社会接受或认可这些少数民族学生,能顺利就业,学生才有学习民族文化和民族语言的热情和积极性,民族学生才会做这种"理性的选择"。按照学生的逻辑,这种"终端激励"的做法似乎能达到"过程激励"的目的。明知学习英语对他们今后的发展和前途具有积极作用，但学校的教育机制却割断了他们仅有的"求学渴望"，高中英语停开的现实和非民族院校对英语学科"通行证"的要求，使他们目前接受学校教育时无不陷入深深的遗憾之中。

当笔者谈起三年前来民族中学感受到的那种浓浓的民族文化氛围时，学生的大胆预测也加剧了笔者对民族文化的担忧。学生感叹，如果三年之后再来民族中学，可能一个说民族语言的学生都找不见了！

学生讲述了他从上小学到现在的学习经历和学习民族文化的深切感受。上小学时，学校不但开设民族语文课，而且统编教材也是被翻译成民族语文的，学校的教学活动中，有良好的民族语言交流的环境和氛围，师生之间、同学之间等有比较多的民族语言交流，学校有浓厚的民族文化气息。到了初中，具有民族特色的课程只有民族语文课程，学校里只有个别老师是用民族语言授课的。上了高中以后，学校用的全是统编的人教社教材，几乎在教育教学活动中见不到民族文化的特色和内容，要不是高考对民族语文的要求，民族语文几乎就被放弃了！当问及对民族文化有无兴趣时，学生的回答是肯定的，而且一再强调，本民族的东西一定得学，否则对他们少数民族学生而言则是不公平的。但他们又强调说，民族语言学习的环境和条件在不断减少，家里只有祖父辈讲民族语言的现实和学校里只有玩笑时偶尔的民族语言表达，使他们经常处于困惑当中。

稍作简单回顾，因为民族地区语言选择和使用的问题曾经发生过"事件"。2010年9月12日，青海省人民政府颁布了《青海省中长期教育改革和发展规划纲要（2010—2020年）》（以下简称《纲要》），但在后续贯彻《纲要》的过程中，一部分少数民族学生对《纲要》中加强"双语"教育和改革问题产生了一些模糊认识，并对在藏区的"双语"教育问题产生了一些误解，学生采取了聚众上访的方式表达意愿和诉求，影响了正常的教学秩序和团结、稳定的社会局面。此次事件还一度影响到青海之外藏区学生情绪上的波动。到底其中的什么规定让少数民族学生产生了如此强烈的反应和举动呢？笔者查阅了相关的文件和规定，在《纲要》的"民族教育"部分对青海藏区未来几年"双语"教学的问题是这样表述的:"大力推进'双语'教学改革和发展。坚持国家通用语言文字教学为主,同时学好民族语言文字,将国家通用语言文字作为教学语言,使少数民族学生基本熟练掌握并使用国家通用语言文字和本民族语言文字。加强'双语'教材和教师培养培训基地建设。到2015年,小学实现以国家通用语言文字为主、本民族语言文字为辅的'双语'教学,并加快对少数民族中学生实行国家通用语言文字教学、加授本民族语言文字的'双语'教育步伐。加强民族预科教育。按照规模化、规范化思路,整合青海省高校预科教育资源,提高少数民族高层次人才培养质量。制定优惠政策,鼓励支持高等院校毕业生到民族地区任教。"[1] 结合这些政策要求,的确需要反思很多民族政策本身,需从多角度尽可能做全面深入的思考,特别是要充分考虑兼顾民族地区各利益相关者的利益,顾及少数民族学生的教育意愿,实现他们文化选择的权利和自由,帮助少数民族学生更好地发展,这才是政策出台的初衷。为了解相关政策的最新进展,笔者也专门访谈了青海师范大学长期从事民族教育研究工作的 L 教授。他认为:"此次事件发生后,各级政府和教育行政部门也对产生问题的原因进行了深刻的反思。在后来的谈话和相关的表态中都一致认为要增强学生、学校选择的自由,而不是简单地以哪个为主、哪个为辅的问题,从上到下认识上还是发生了一些新的变化,认为要给学生、学校一定的选择权利。"对相关文献稍作回顾,发现这些要求和规定早在法律文件中有规定和体现。

《中华人民共和国宪法》明确规定:"各民族不分大小,一律平等,都有使用和发展自己语言文字的自由。"这种自由,也有研究做了进一步解读。所谓"自由",主要包括两个方面的内容:一是各民族不分大小,对自己的语言如何使用、如何发展,都有自己的权利,其他人不能干涉,更不能歧视;二是政府对各民族使用和发展自己语言的权利,一律予以保障,根据各民族的意愿帮助他们使用和发展自己的语言。[2] 显然"民族语言文字既是民族的重要特征,

---

[1] 《青海省中长期教育改革和发展规划纲要(2010—2020年)》,2010年9月12日。
[2] 戴庆厦:《中国民族语文政策概述》,民族出版社2007年版,第2页。

又是民族文化的载体，同时还是教育得以实现的媒介"①。但这种权利在现实中受到某种程度的政策干预，现实生活中的自由和选择与规章制度中的要求存在一定的差距。

在 H 中学看到的情况和 Z 中学的情形类似，当问及学校课程实践的特色时，接受访谈的 M 主任认为：

> 与其他学校不同的是，我们在现有课程的基础上，加开了一门阿语（阿拉伯语言）课，阿语课就是我们学校的校本课程。作为一门语言课程在高一给学生直接开，介绍一些最基本的、简单的对话和交流。但今年我们将这一门课程去掉了，根本原因是课时太少，课程太多。一个班原来有一个课时的阿语课，再没有办法挤出来了。但回族学生对这门课程倒是有着较为浓厚的兴趣。以前也是我们（学校）吸引生源的主要方式，也是我们学校重要的办学特色。而且更为重要的是，学生学习阿语课程之后，有着较好的就业和发展前景。
>
> （摘自 Z 中学 M 主任访谈笔录）

有研究表明，许多阿拉伯语学校毕业的学生在我国与东南亚及阿拉伯国家经济贸易中充当翻译角色。阿拉伯语学校的出现体现了新时期民族教育发展的多元性及适应了广大穆斯林群众对发展民族文化迫切性的要求。② H 中学阿语老师一共有三位，这三位老师都是在国外留过学的，有相当好的语言基础。现在有两位被其他学校借调，一位在教导处工作。但就目前民族学生阿语学习的现状而言，显然不能满足广大穆斯林群众对发展民族文化的这种迫切需求。

上午早操的间隙，笔者对学校民族文化有研究的 L 老师进行了访谈。L 老师是回族，跟他请教了有关穆斯林"开斋节"的有关问题。

---

① 陈立鹏：《改革开放三十年来我国民族教育中政策的回顾与评析》，《民族研究》2008 年第 5 期。

② 丁明俊、马俊华：《伊斯兰教对民族教育的影响———以临夏回族自治州为例》，《西北第二民族学院学报》（哲学社会科学版）2008 年第 5 期。

L老师讲，开斋节是穆斯林的传统节日，封斋是穆斯林传承民族文化的重要方式。伊斯兰文化传统中有些最基本的信条要求全体穆斯林必须无条件遵守和服从，如孝敬父母、讲求诚信、与人为善等优良传统。因此到清真寺做礼拜和平日的工作、学习以及生活等是不冲突的。当问及穆斯林的封斋算不算一种苦难教育的时候，L老师表示肯定，他说封斋就是要磨炼人的意志，净化人的心灵。他强调说，以前有人总是把这些问题和宗教联系起来，这是毫无根据的。清真寺的阿訇是经过民主推荐、具有较高声望、由宗教局颁发证书的宗教人士"持证上岗"的，他说其实这些节日和礼仪从根本上讲，就是帮助人们爱国爱教的。宣传中的某些口号，就是在号召民族团结的，比如他们所宣传的"天下穆斯林皆兄弟、天下穆斯林是一家"等思想和观点，其实也就是我们今天谈到的民族团结教育。

（摘自H中学L教师访谈笔录）

为了进一步理解H学校课程与教学工作的整体情况，笔者向主管教学的H校长请教了有关问题。H校长属少数民族，在这所学校工作了20多年，对民族地区的经济社会和民族教育实践中存在的问题有着较为清晰的认识和了解。从H的谈话中，给笔者印象最深的是他感觉近年来民族教育领域发生了很大的变化。同时最费解的是，H将民族教育和普通教育完全等同。当然这种等同是有现实表现的，民族地区学校民族特色的"淡化"、民族教育在某些方面和普通教育表现出的惊人的"一样"都使这种等同有了较为牢固的现实基础。本打算了解和探讨民族教育的一些特殊问题，但H的表述当中，似乎这种共性的问题还是相对比较多。他就目前校本课程实施中的突出问题谈了自己的观点。

我理解的校本课程就是结合当地和本校实际开发的针对国家课程的补充课程，说到底就是帮助学生爱自己家乡的教育。国家教材（课程）中没有这一块。比如针对我们学校以回族学生为主体的特点，完全可以把伊斯兰文化设置成学校课程。现在好多人把这个学校课程"搞"（理解）得太神秘了，总认为教材是个书，要自己编写个书是一件"望尘莫及"的事。我认为只要开发的话，潜力很大。比如（我们这里）东乡族的起源问题、保安族的起源问题等都可以作为学校课程，因为这两个民族是（甘肃省）特有的少数民族，都可以做。总之，我们民族地区学校课程的素材还是比较多的。

（摘自 H 中学 H 校长访谈笔录）

从和 H 的访谈可以看出，一方面民族地区学校在课程设置中存在的问题，另一方面民族地区学校课程的开发存在不少问题。

在两个研究现场为期四周的研究"入门"中，事先确定的问题和现实中存在的问题相互"纠结"，使笔者多了一些理性的思考。在对调查问题进行思考和整理的过程中，进一步对本书的问题进行了聚焦，也初步形成了本书的观点和思路。

第二节　师生的课程与教学观现状分析

为了更好地从整体上把握西北少数民族地区课程实施的现状，在调查问卷的设计上，除了严格按照相关理论要求之外，本书根据前期的调研经验和研究需要并采纳了 H、T 中学校长和教师的建议，在调查问卷中又特别设置了教师与学生对诸如课程、教学、民族教育等基本概念如何理解的开放性问题，旨在了解师生基本的课程与教学观，这也是调查西北少数民族地区课程政策实施效果的前提。

一　课程与教学观调查

（一）学生对"民族教育"概念的理解

欲知各个利益相关者对课程政策的认同程度，首先必知民族地区学校师生对"民族教育"这个基本概念的理解和认识。学生问卷中采用"关键词、句"及语意分析的方式对学生的理解进行了次级编码，并做了相应的频数统计，结果如表3—1所示。

表3—1　　学生对"民族教育"理解的编码结果

次级编码	初级编码 关键词、句	频数	总数
民族团结	民族教育要加强民族团结	42	156
	可以使各民族相互团结，和平共处	23	
	团结、繁荣、昌盛、和平	23	
	加大对民族教育的力量，加强各民族融合	14	
	民族团结、民族生活习俗、民族精神	21	
	无论是哪个民族都应该团结进去	12	
	民族团结，不同民族的习俗	12	
	民族平等、团结、互助，尊重民族信仰与习俗	9	
民族特色	应该突出民族特色，培养民族特长	11	30
	各民族的文化、风俗习惯、饮食习俗、节日、服装、语言、民族特色	8	
	想到了少数民族的服饰，想起了美丽的大草原，想起了民族的知识	4	
	对了解民族的风俗、风情都很重要	5	
	"花儿"很好，担心失传（回族学生）	2	
民族平等	我想到各民族都是平等的，公平、民主、平等	23	43
	平等对待、习俗要尊敬	12	
	"平等"、"因材施教"、"注重多元化"	5	
	要平等，公平地对待每一位同学	3	
民族文化	民族文化、民族习俗、民族风情	13	56
	学习民族文化、了解民族文化、了解传统习俗	10	
	有利于继承和发扬本民族一些独特的民族文化，增加我们的阅历和水平	9	
	互通有无，了解不同民族的文化	8	
	发展民族文化的前提	5	
	可以提高人们的信仰，民族文化可以保留并长期繁荣下去	4	
	一视同仁、民族文化、民族风俗	4	
	能够更好地发扬我们民族的文化精神	2	
	对少数民族地方的一种文化管理	1	

续表

次级编码	初级编码 关键词、句	频数	总数
民族类课程	我觉得学校课程在学生的发展中作用是非常明显的，老师的教育能够帮助我们走上一条正路，同学们的一言一行对我们有影响	23	54
	少数民族地区学校开设自己的本民族语言课程	15	
	根据少数民族的特点开设课程，可以更多地了解本民族的历史	7	
	我觉得非常重要，比如回族长大后要学习《古兰经》，因此学校要采取措施，开设阿语课等	5	
	面对现实的高考，即使开了民族教育课也没有深学的	4	
民族教育的含义	对本地区少数民族进行教育	6	17
	按照少数民族的规定接受教育	5	
	民族文化和关于某个民族的教育	4	
	民族教育是一种规则	2	
民族教育的作用	对本民族知识的了解有很重要的作用	27	107
	教育每一个人都要团结，教育我们怎样做一个对社会有用的人	23	
	教育青少年，提高个人身心素质	11	
	有民族教育才有很多家长有机会把自己的孩子送到学校，尤其是农牧区	10	
	民族教育是不可缺少的，只有中国共产党，才能拯救少数民族	9	
	让我们更进一步了解我们个人的民族知识和民族习俗	7	
	怎样才能使全国各民族间互相尊重，没有矛盾	5	
	民族发展繁荣的必经之路	5	
	让我懂得如何做人、如何做事	4	
	了解本民族，更深层次了解伟大的中华民族	4	
	重要，会影响我们的生活，民族精神是不可战胜的	2	
民族宗教	宗教获得有利于丰富我们的生活	9	22
	对宗教信仰有很高的帮助	7	
	我们回族应该尊重我们的宗教，信仰宗教，相信万物非主，唯有真主	5	
	抓住教门，遵守教门规定	1	

显然在学生对"民族教育"的理解中，可以按照"民族团结、民族特色、民族平等、民族文化、民族类课程、民族教育的含义、民族教育的作用以及民族宗教"等几个关键词（次级编码）来归类

和分析。按照学生作答频次的高低依次是：民族团结、民族教育的作用、民族文化、民族类课程、民族平等、民族特色、民族宗教、民族教育的含义。从学生对民族教育的不同理解当中可以看出民族地区学校中存在的课程问题：包括希望开设本民族的语言课程、对民族的历史进行了解、开设阿语课、学习《古兰经》等都是民族地区学校学生最具体的课程建议。

从表3—1统计结果不难看出，被调查学生对民族教育的作用持积极肯定的态度。有相当一部分学生（32%）直接将民族教育理解为民族团结。笔者认为，这与近几年在学校大力推行民族团结教育有密切关系。而像其他将民族教育理解为民族文化、民族课程、民族特色等都是民族教育的应有之义。在对民族教育的有关建议中，相关的访谈也证实了这些观点。像对民族语言课程和少数民族历史的"淡化"等在现场调查中也得到了证实。

（二）学生对"课程"概念的理解

问卷统计中对设置的开放性问题"学生对学校课程理解"，按照"关键词、句"和语意分析的方式形成次级编码，按照编码结果进行了频数统计，结果如表3—2所示。

表3—2　　　　学生对"课程"理解的编码结果

次级编码	初级编码 关键词、句	频数	总数
课程态度	七门课程，有的不感兴趣，有的感兴趣	26	74
	我一点兴趣都没有	21	
	所有的都喜欢，现在社会我们应该全面发展	12	
	好奇、想学习实践	11	
	我对课程感兴趣	4	
课程现状	现在的课程比较齐全，而且对我们都是有用的，还经常可以学以致用，从而感觉非常有兴趣	21	36
	我最害怕英语这门课程，我不知道怎样学习英语	14	
	没有什么，无非就是七门课嘛	1	

续表

次级编码	初级编码 关键词、句	频数	总数
课程理解	重要、是学生成长的基础	24	123
	学校里安排的必修科目	23	
	传授知识，让更多的人获得知识	17	
	上课、做练习、背诵、考试、睡觉	16	
	对学习的态度影响很大	15	
	目前的课程完全体现了学生的要求	11	
	所有同学们学习的学科	8	
	与学生的学习方式有密切的联系	8	
	学习、做题、获取知识	1	
课程问题	课程繁重、任务多、听不懂、太麻烦	40	143
	多、压力大、时间紧、死板、不结合实际、培养学生能力的课很少	32	
	烦恼、自己喜欢的课程太多	21	
	如果开些民族类课程的话，我们的兴趣很大，很愿意，但是根本没有落实到我们的学校中	16	
	难度大但是知识面广，内容丰富，但是觉得枯燥无味	14	
	没有开设民族课程，不太懂，没有做到课程的多样化，仅仅局限于一些文化课	11	
	课程繁多，学生们了解、学习不够深入	9	
课程建议	除目前的课程外，还想（希望）添加一些民族类课程，课外获得过少	26	87
	还比较满意，开设比较齐全，比较适合我们	23	
	我们要珍惜时间，好好学习更多科目	14	
	要开齐，要让同学们全面发展	12	
	学好是前提，不在于多，而在于精	7	
	应将丰富多彩的生活展现在课本上，现在所上的课都在一张纸上（课表）	5	
课程作用	丰富同学们的大脑，了解世界上的科学知识，探索奥秘	31	89
	课程对我的学习带来了很多好处，让我提高水平	20	
	对我们很重要，是我们获得知识的有效途径	10	
	与我们的实际生活相符合，也能帮助我们解开许多谜团	10	
	学习、高考、独木桥、学习改变命运	8	
	值得学习，会影响我们的所作所为	6	
	有方向性、意义大、促进学习效率	4	

从调查结果可以看出，将学生对学校课程理解的几个维度根据关键词和语意分析（次级编码）的结果，按照频次的高低依次排序为：课程问题、课程理解、课程作用、课程建议、课程态度、课程现状。就学生集中反映出来的课程问题而言，教学内容的多、繁、难等是民族地区学校课程实施的基本问题。即使学生有学习民族类文化课程的良好愿望，但从现实中看，由于种种条件的限制，却没有落实到学校的课程实践中，从学生的课程建议来看，学生也有这方面的合理诉求。学生对"课程"理解的频数统计结果如图3—3所示。

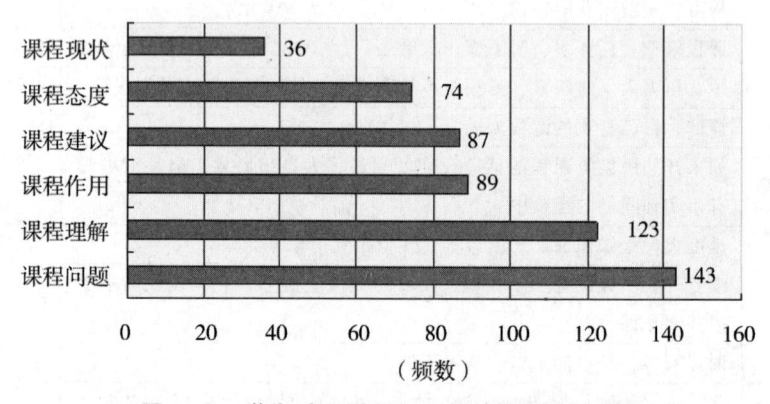

维度	频数
课程现状	36
课程态度	74
课程建议	87
课程作用	89
课程理解	123
课程问题	143

图3—3 学生对"课程"理解的频数统计结果

从图3—3来看，大部分被调查的学生都对现行课程的作用较为肯定，对课程的态度积极乐观。但从中也可以看出，现行的课程所存在的问题也显而易见，在谈到对学校"课程"的理解时，大多数被调查的学生首先想到的就是目前学校课程中存在的诸多问题。调查也发现，相当一部分民族地区学校没有开设相应的民族类课程是不争的事实，他们的课程建议就更为直接。

（三）学生对"教学"概念的理解

民族地区学校的学生到底是如何理解教学的？他们到底持有怎样的教学观？对现行民族中学的课程与教学持何种态度？调查问卷当中设置了相应的开放性问题，通过关键词、句和语意分析的方式形成了次级编码并做了相应的频数统计，结果如表3—3所示。

表3—3　　　　　学生对"教学"理解的编码结果

次级编码	初级编码 关键词、句	频数	总数
教学现状	对我来说有促进作用	30	141
	老师教学很苦，学生认真听讲	25	
	每个老师都有自己的教学方法	18	
	严厉，对我们有好多帮助	15	
	老师的教学非常好	13	
	有一种喜悦的感受，和同学们一起学习玩乐	11	
	老师教学的方面很好，连课后的练习题都给我们讲，教学方面没有问题	11	
	学校在实际的教学中给我们开齐了所有的课程	9	
	老师的（教学）效果挺不错的，他们讲得挺好的	9	
教学含义	老师教育学生，学生就要学习，知识改变命运	30	133
	教导学生，向好的方面学习	27	
	老师教，同学们学，二者不可分割，教与学相结合才能学好	25	
	合适的教学方法对每个学生都是非常重要的	24	
	可以明辨是非、分清黑白，让我们充实，不荒废人生	11	
	教学就想起老师，就想一句话"老师不是天才，但是可以教出天才的人"	9	
	总有一种喜悦的感觉、幸福的感觉	7	
教学问题	无聊、乏味、讲课速度太快，听不懂，学校政教处管得严	23	117
	教学质量差、设备不齐全	16	
	想到老师的教法有点烦闷，有些老师讲得太乱、听不懂	15	
	每个教师都有自己的教学方案，不适应，总之没有幽默感，情绪紧张、压抑，导致听不懂，枯燥无味	14	
	上课、老师严厉的目光	13	
	太死了，很难调动学生的积极性；太传统，老师讲学生听	13	
	无所谓，因为大多数人对教学没有兴趣	9	
	涉及范围狭小、内容单调，一些过关测试不好	6	
	教学不好，我们没有学到有用的东西	6	
	老师有实力、学生不上进，老师们教得很辛苦，但同学们学得不扎实	2	

续表

次级编码	初级编码 关键词、句	频数	总数
教学作用	现代化的教学方式可以让我们更好地去了解知识、去接触知识	23	91
	教学很有逻辑（顺序）性，对我的学习有很大的效果	21	
	教学相长、教学对我们的（发展）有很大的作用	13	
	传授知识的，了解更多、更成熟，有知识层次	12	
	教学对我们的心理有很大的帮助	12	
	能开发我们的智力，能让我们更多地了解社会，对我们的成长有一定的作用	10	
教学建议	要符合学生实际情况，体现民族特色	19	85
	要教会我们学以致用，方法不够了解	11	
	加强师资力量，教学质量一定要提高	10	
	让我们更多地了解社会	9	
	应该教学民族类的课程，但估计学校不会同意	9	
	老师能采用灵活多样的方法进行教学，让我们对学习产生了极大的兴趣	7	
	老师要选一些简单的方法来教我们，要容易理解	6	
	对我们不理解的进行讲解，有助于学生更好地学习	6	
	要灵活多样，要抓住学生的特点进行教学	5	
	教学质量要好，对每个同学有共同的看法，要平等，不能不管	3	
教学态度	认真听从老师的安排	9	11
	教学的质量、教学的平等等	2	

从频数统计的结果来看，学生对"教学"理解的频数由高到低依次是教学现状、教学含义、教学问题、教学作用、教学建议、教学态度六个方面，就教学概念本身的理解是积极的。但就学生目前在学习中存在问题的表述来看，可以归结出如下几个关键词：无聊、听不懂、没有兴趣等。由此可见，教学内容上存在的"适切性"问题是民族地区学校课程与教学中存在的最大问题。

对此在部分学生的访谈中也得到了证实。

笔者：你觉得目前学习上最大的困难是什么？
学生：有些课程太难了，根本听不懂，慢慢就没有兴趣了。

（另外）老师只关心学习好的学生，对我们有时就不管了。

笔者：对所学习的课程有兴趣吗？

学生：我对藏文有兴趣，其他的课程马马虎虎，有些课觉得无聊，学了根本没有用，与我们的现实生活一点关系都没有，但现在藏文课开得少了。

（摘自 Z 中学初二年级 D 学生）

学生的这些对"民族教育"、"课程"以及"教学"的理解是本书审视民族地区学校课程与教学的基础。某些结果也在客观上反映了民族地区学校课程实施的现状、存在的问题以及学生对课程与教学的意见和建议，为后续研究课程政策提供了依据。师生的理解之间到底有无差距，后续研究中从不同的角度进行了调查和实证。

二 课程与教学问题梳理

为了进一步了解民族地区学校课程实施中存在的困难和问题，在教师和学生的调查问卷中，专门对教师和学生目前在教学和学习中存在的主要问题与困难进行了分析、归类。

（一）教师对当前学生学习中存在困难的基本概括

在教师列举的诸多教学困难中，归纳起来，主要有这样几个方面：学生的学习主动性不强、高考政策对民族学生不大公平、教师工作量偏大以及学校管理不太严格。除此之外，当问及课程与教学中存在的其他现实困难时，被调查的教师几乎一致在问卷中反映出"家长对学校教育的不关心和不配合"。问卷中表述诸如"家长对学生关注不够，管理不科学"、"家长对孩子教育态度不端正"、"家长跟教师不配合"、"家长教育理念对孩子的影响"、"家长不了解教育"、"家长对孩子关注、督促不够"等所反映问题的实质就是家长的教育观念问题，这一点和教师访谈中表述的"家长不重视教育"的访谈结论不谋而合。另外，学校的硬件设施达不到要求，也是教师反映较为集中的问题，影响了学校课程的开设和教学的顺利进行。

在对家长"不支持、不配合"学校教育的原因调查中,有被访谈的教育行政官员、教师等认为一部分学生家长对学生学习预期较低是主要原因。接受访谈的 J 局长谈到民族地区家庭教育环境的问题,认为经过这么多年虽然家长的观念有所转变,但由于长期以来教育传统观念的影响,导致家长对子女的教育预期还是比较低的。

> 家长总认为只要学生学习后能认识"几个字"就行了,这从根本上影响到了学生的学业表现和学习积极性。学生学好学坏一个样,反正不用学生家长掏太多的钱,学不好回来挡(放)牛羊。普通学生家里一般都有家长辅导学生的学习,但我们这儿很少。说实在的家长也辅导不了,纯汉语家长根本就看不懂。学生上学后能认识男、女厕所,跟别人做生意能认识数字不会被别人骗就行了,脑子(海)里根本没有"学习好"这样的基本概念。就现有的经费条件,如果缺设备我们立马(马上)就可以买回来,但如果真要是这种教育观念不发生转变,恐怕谁当领导都难以搞好教育啊(无奈)!
>
> (摘自某县 J 局长访谈笔录)

在对家长教育预期低的原因分析中,有被访谈的教师认为目前还存在一些政策的因素。如对 G 教师的访谈中,他认为大中专毕业生的就业现状直接影响到学生学习的积极性和主动性,甚至引起了一些民族地区学生的辍学思想和情绪。"大学生毕业都找不到工作,还不如早些从学校出来回家帮家长干干家务。"一部分学生和家长产生了这样一些消极的想法,对子女的教育问题根本不关心。加上现行的评价标准在某些方面忽视了少数民族学生与普通学生的不同,对所有学生的学业进行划一的评判,影响了家长对子女的教育态度以及供子女上学的积极性。

(二)学生的学习困难

为了进一步了解民族地区学校学生在课程与教学方面存在的实际困难,并进一步印证教师的判断,在学生的问卷调查中,也对学生反映的学习困难通过"关键词、句"和语意分析的方式形成了次级编码，并做了相应的频数统计，结果如表3—4所示。

表3—4　　学生对"学习困难"理解的编码结果

次级编码	初级编码 关键词、句	频数	总数
作业太多	作业多，写不完	23	65
	老师布置作业太多，只求数量	14	
	作业太多，无心学习	21	
	作业太多，没有别的时间	7	
学习压力过大	课程多，压力太大	20	84
	家长的压力	19	
	考试的压力	17	
	心理压力大，有时思想不集中	15	
	压力太大，以至于厌倦学习	13	
注意力分散	上课注意力不集中，不喜欢某位老师	22	47
	被其他因素吸引注意力	21	
	上课同学说话影响我的注意力	4	
兴趣不浓	没有兴趣，无从下手	26	93
	其他娱乐兴趣影响	22	
	爸妈经常地打击让我没有兴趣	18	
	总是不会，没有兴趣	16	
	太多的生活烦恼让我失去生活的兴趣	9	
	有些人的讽刺让我对学习失去兴趣	1	
	看不见黑板上的字，对学习没兴趣	1	
基础太差	基础太差，所以学习上也有一定的困难	20	32
	英语基础差，不知道怎么学	12	
听不懂	因为数学太难，听不懂	23	51
	听不懂，不喜欢老师	13	
	听不懂老师讲的	12	
	一课听不懂，课课听不懂	3	

续表

次级编码	初级编码 关键词、句	频数	总数
自身原因	学习没有正确的方法	19	53
	没有主动积极的学习态度	8	
	学习态度消极，自己努力不够	7	
	自控能力差，不知道怎么学习	6	
	不喜欢的课程很多	5	
	自己不努力学习，忘了学的知识	3	
	考试成绩差，我放弃了	3	
	纪律不好影响学习	2	
教师原因	老师的教学方法太单调，不适应	16	34
	老师只看到第一名，连第三名都熟视无睹	9	
	老师经常上课打我们，还发生冲突，我们害怕	4	
	老师对同学不了解	3	
	老师、同学们都笑话我	2	

按照频数统计结果，由高到低依次是：兴趣不浓、学习压力过大、作业太多、自身原因、听不懂、注意力分散、教师原因、基础太差。统计结果也表明诸如学生学习兴趣、方法、心理困惑、学习压力等自身方面"内因性"的学习困难较多，占了学生所列举学习困难中的93%以上。与在实地调研过程中教师反映的"学生基础差"、"学习态度不端正"、"课堂上讲过的东西不会"等基本事实是相吻合的。访谈中也发现，除了学生列举的这些客观困难外，学校课程本身没有关照到学生的现实生活和他们的发展需要，也部分地影响了学生的学习兴趣。在这样的课程设置下，课程远离了学生的生活经验，对学生的发展需要关注不够。对S教师的访谈也印证了笔者的这种判断。他认为：

　　学生在家里和其他社会场所接触到一些本民族的习俗，如藏族学生的唐卡和绘画艺术、回族学生在清真寺里接受的教人"为善"的训育等这些有特定教育内涵的教育实践。但在目前民族地区学校的课程实践中没有，学生一下子就觉得没有兴趣学了。

（摘自某民族中学 S 教师访谈笔录）

理论上讲只有适合的教育才是最好的教育。那么适合少数民族学生的教育到底是怎样的教育？民族教育应该有怎样的价值取向？是要为民族地区的经济社会的发展培养合格的人才，还是要传承普世的价值观，抑或传承少数民族的历史和文化？还是兼而有之？这些问题都值得我们深入思考。

虽然学生在学习上面临的诸多困难是显而易见的，但也有教师在访谈中认为，对学生的民族特点采取一些有针对性的措施，还是会有积极的效果的。M 主任在访谈中提到，无论地域差别，这里的学生本身有一些本民族的特点，在某些方面的好习惯需要我们在教育中积极引导。

> 比如说回族学生他们表现出了仗义、团结这样的民族性格特征。对待这些学生，我们在教育学生的时候，就不能说为自己学习，而要说是为自己的民族、为地方发展学习，这样效果会更好，这也是我当班主任十几年的切身体验。他们"天下穆斯林是一家"的观念和意识都很强，民族的特点是不好斗，最基本的性格特征是忍耐、乐善。在教育的过程中一定不能伤害这些孩子（民族学生）的自尊心，我们的汉族老师就特别小心，关于民族这方面的要求他们有时候就避而不说了。但我们回族老师的教育就更直接了，像我们就直接告诉他今天"卓玛"（藏语中的"女孩子"）就不用做了，学好学校里的这个知识，那些知识自然也就获得了，也懂了。我们说她不会生气，但汉族老师这样说她们就生气了，他们甚至会以为老师在故意破坏他们的民族风俗习惯，有时也会产生一些抵触情绪。像每年封斋期间的管理我们都会顺其自然，因为这是尊重他们风俗习惯的体现。

（摘自 L 中学 M 主任访谈笔录）

调查发现，学校往往会因为某些民族风俗习惯与教学常规的冲突而产生困惑。如当问及穆斯林"斋月"对学校的影响时，学校的负责人都表现出了无奈。他们表示学校每年这个时候是学生最难管理的时候。具体表现在：一是学生的正常作息被打乱，学生凌晨四五点起床就餐，从精力上来讲，对学生的学习产生了一些影响，白天上课时有些学生萎靡不振，影响了学习的效果；二是有些学生以此为借口，乘机不来学校上课和学习。有些学生说要到清真寺做礼拜，不来学校。事实上，他既没有去清真寺，也没有来学校，而是去了网吧等场所。虽然会出现一些负面影响，但学校还是出于尊重学生风俗习惯的考虑，没有干涉。由于每天"开斋"的时间和上晚自习的时间是冲突的，因此也影响了学生的晚自习。一部分少数民族学生不来上自习，其他学生的情绪好像也受到了影响，反正这段时间的教学秩序不太好，学校也处于一种尴尬和无奈之中。实地调查中的体验正像有研究指出的那样，风俗习惯统辖所及的，不单是人类的行动，甚至还包括人类的感受和想象，人类的信仰和幻想。[①]

（三）学生对课程重要性的认知

学生是否有兴趣学好课程，首先取决于学生对该门课程本身的认知。因此，在本书的问卷调查中，也设置了相应的开放性问题对民族地区学校学生的课程认知及态度进行相应的调查。就学生调查的结果而言，绝大多数学生认为课程在自己的发展中是非常重要的。在对调查资料的处理中，根据相应的"关键词、句"与语意分析的方式形成次级编码并做了频数统计，结果如表3—5所示。

学生之所以认为课程在自身发展中非常重要，根据调查的结果，可以归纳为五个方面的原因，分别是：学习知识、利于自身发展、提高高考成绩、提高学习效率、其他作用。具体结果如图3—4所示。

---

① [德]恩希特·卡希尔：《人文科学的逻辑》，关子尹译，上海译文出版社2004年版，第2页。

表 3—5　　　学生对课程在自身发展中的认识的编码结果

次级编码	初级编码 关键词、句	频次	总数
学习知识	现在社会要全面发展，我们应该学习各方面的知识	41	177
	因为我们正需要给灌输一些有用的知识以后去用	33	
	学校课程是获取知识的唯一重要途径	22	
	学生到学校来是学习知识的，课程要平等对待	20	
	社会在发展、时代在进步，当今社会不掌握足够的知识必定会有碍发展	19	
	唯有知识能改变命运，只有学习好，才能在社会中有一定地位	16	
	能准确安排学习实践，而且能在课本中学到很多知识	5	
	只有认真学习课程知识，才能很好地适应将来的社会生活	9	
	教育创造未来，知识改变命运	6	
	落后地区学生获取知识大多是从课程中来的	5	
	知识是一切能力的根源	1	
提高高考成绩	高考是看文化课的总成绩，按分数录取	31	81
	没有课程我们考不上大学	30	
	因为学生必须面对高考，学校开设课程就是为高考做准备	20	
利于自身发展	学习很重要，对我们年轻人很有帮助	33	96
	学校课程是一个人为自己一生打基础的	20	
	课程对我们在学校和社会中有很大的帮助和适应能力	11	
	因为社会快速发展，我们应当去学习每一门课程	9	
	能帮助我在社会实践我们的生活梦想	8	
	没有课程就没有学生发展	8	
	因为学了课程就可以找到合适的工作、踏入社会	5	
	学校课程的安排反映了一个学校的学习情况，只有加强教育，才能提高青少年的素质教育与身心健康，有利于时代的发展	2	
提高学习效率	学校课程可以帮助我们学习很多的东西	15	41
	按照课程表学习不会浪费太多的时间	11	
	因为学校课程是按照课程文件开设的	9	
	让学生有条理地安排作息时间，让学生在每门课上都有收获	6	

续表

次级编码	初级编码 关键词、句	频次	总数
其他作用	在日后的生活中会遇到很多疑问,历史让我们了解世界上的重大事件,政治让我们懂得做人的道理,英语让我们方便地与别人交谈	16	54
	我认为学校课程在使我们懂得更多做人办事的道理,培育我们成长方面有着非常明显的影响	11	
	民族地区民众不看重子女的教育和学业,但我觉得很重要	9	
	因为从课程中我们学会了做人的道理	8	
	按照当地的民族规定接受教育	6	
	课程使学生更好地理解和把握课程内容	4	

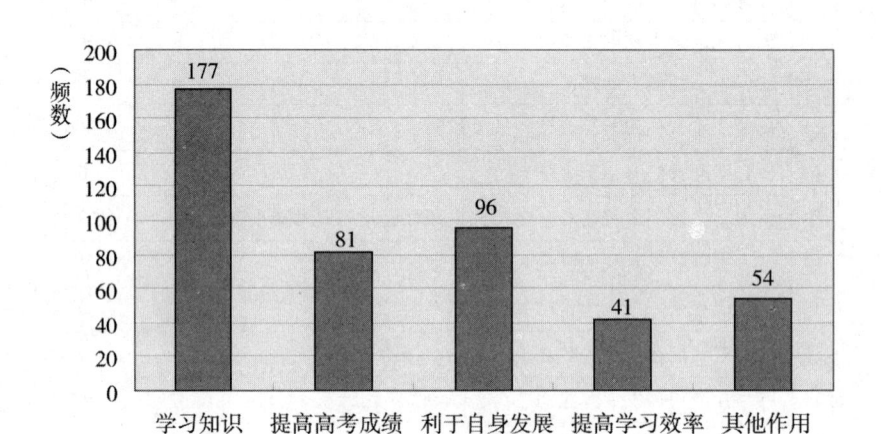

图3—4 学生对课程积极作用的频数统计结果

通过问卷调查结果,在对西北民族地区学校课程实施现状的初步判断中,不管是对师生课程与教学现状的调查,还是对师生"基本态度"的调查,师生不仅表达了自己对课程与教学积极的理解和其较为乐观的态度。更重要的是,在这些"开放性"的问题当中,他们还表达了课程与教学中面临的困难、问题以及对学校课程和教学的意见和建议。这些结论对研究的启示就是民族地区学校的课程和教学一定要关注师生,尤其是学生的生活经验、关注他们发展的需要,这样的课程设置才有现实意义。调查发现,产生问题的源头都精确地指向了这一点,即民族地区学生的现有生活方式与"一统"的学校课程设置之间产生了矛盾。开放性问题的回答中几乎都将这些问题的解决寄希望于将来的政策改进。

第四章

教育公平理念下西北民族地区学校课程政策实施实证分析

在第三章初步了解民族地区学校课程的现状和问题的基础上，本章对这些问题进行了聚焦和归因，对问卷调查的结果进行了量化分析。由于对课程政策实施效果的分析框架及问卷编订是以相关理论作为一级指标形成的，因此在问卷调查数据处理与分析的过程中，是按照设定的一级指标来进行的。用这样的理论框架一方面是规范本书的重点，另一方面，本书试图在教育公平的视域下，通过搭建的理论体系检验现行课程政策在民族地区的实施效果，以完成对当前民族地区学校课程政策实施实效性的实证研究。问卷调查和访谈主要是围绕课程政策中利益相关者对课程政策认同的程度、民族地区学校课程适切性、课程政策实施的实际效果、政策实施中利益相关者的主观公平感和民众的政策期待五个一级指标进行的，研究思路和基本结论也是按照以上几个指标进行梳理的。目的是通过质性研究资料和量化分析的数据，有理有据地对民族地区学校课程政策实施过程中存在的问题进行归因和分析。

第一节 课程政策利益相关者对政策的认知

一 师生对相关规定和要求的认知

包括课程政策在内的民族教育政策是保障少数民族学生发展的重要制度保障，是"国家政治观念及治国策略以其民族观为中介在少数民族教育领域中的具体体现"[1]。适切的民族教育政策能促进民族教育发展，尤其在保障少数民族学生入学权利、提高民族教育质量方面应该发挥应有的作用。相反与少数民族教育客观实际不相符合的民族教育政策会阻碍教育的发展，进而影响少数民族学生的全面发展。公共政策理论的研究表明，各利益相关者对政策的知晓与认同程度是政策顺利执行的保证，一项政策不能被政策对象很好地知晓，也没有得到政策对象的认同，执行就很难取得预期的效果。从这个角度而言，民族教育政策要能促进学生的发展首先必须得到政策对象的认同。有没有关照到学生的需要？在实践中政策对象的认同程度怎么样？民族地区现行的课程政策作为民族地区最重要的公共政策之一，师生对政策本身的认同亦是研究中问卷调查关注的重点，在编订好的问卷调查中涉及此项内容的调查。对于民族中学的师生而言，他们是否对现行的民族地区学校课程政策有足够的了解呢？他们对这些政策要求和相关规定持何种态度？政策能否在现实中调动他们的工作和学习的积极性？这些都是问卷调查所要关注的问题，问卷调查的结果也反映了民族地区学校课程执行中的现状。

(一) 政策知晓与熟悉程度

从统计结果来看，有近60%[2]的学生对课程与教学的相关规定是比较熟悉的。学生在了解课程和教学规定的知晓途径方面，方差分析结果表明，不同民族的学生之间存在着显著差异 [$F(3, 1352) = 24.21, p < 0.001$]。事后比较（Scheffe）表明，藏族学生与汉族学生、回族学生和其他民族的学生之间都存在着显著差异。描述统计结果也证明了这一点，汉族学生得分的平均值为2.80，藏族学生的平均值为3.22，回族学生的平均值为2.76，其他民族学生的平均值为2.59（见表4—1）。汉族学生和回族学生之间的差异并不显著。

---

[1] 张学强：《文化冲突与权力博弈中的元代少数民族教育政策》，《当代教育与文化》2011年第2期。

[2] 研究中如无特别说明，数据均来自问卷调查统计结果。

表4—1　学生对课程与教学相关规定了解途径的主观判断结果

题项	民族	M	SD	N	选项 1	2	3	4	5
我有好多途径了解课程与教学方面的相关规定	汉族	2.80	1.03	259	23	84	89	48	15
	藏族	3.22	1.10	526	28	120	154	154	70
	回族	2.76	1.07	492	47	184	137	87	37
	其他	2.59	1.04	79	8	35	23	7	6
合计		2.94	1.10	1356	106	423	403	296	128

注："选项"中的"1"代表非常符合；"2"代表比较符合；"3"代表基本符合；"4"代表不太符合；"5"代表完全不符合。选项中的其他数据表明师生在问卷调查中选择的频率。如无特别说明，之后表格数据均同。

教师问卷结果表明，有92%的教师对学校有关教学的规定是了解的。学生问卷结果显示，有86%的学生对教师的教学要求和规定是比较了解的。由此断定，课程政策在民族中学的执行是有一定的"民意基础"的。在针对这一问题的调查中，结果表明，不同民族的学生对这些要求和规定的认同程度是不一样的，汉族学生得分的平均值为3.38，藏族学生为3.83，回族学生为3.50，其他民族为3.11（见表4—2）。事后比较表明，不同民族学生之间表现出了显著差异 $[F(3, 1376) = 22.23, p < 0.001]$。

表4—2　学生对教师的要求和规定熟悉程度的描述统计结果

题项	民族	M	SD	N	选项 1	2	3	4	5
学生对老师的要求和规定很熟悉	汉族	3.38	0.96	261	5	40	103	78	35
	藏族	3.83	0.96	539	9	32	148	200	150
	回族	3.50	1.02	501	16	65	161	173	86
	其他	3.11	0.89	79	3	16	31	27	2
合计		3.58	1.00	1380	33	153	443	478	273

学生对学校课程管理相关规定了解情况如何，统计结果表明：

有 80.2% 的学生认为自己了解学校课程管理的相关规定。分析结果表明，不同民族的学生之间存在显著差异 [$F(3, 1372) = 14.31, p < 0.001$]。事后比较表明，藏族学生和其他民族学生之间表现出了显著差异（3.38>2.88，见表 4—3），而汉族和回族学生之间并无显著差异，平均得分分别为 2.90 和 2.95。有 77.4% 的教师认为，自己了解课程与教学方面的相关规定。进一步分析结果表明，不同民族的教师之间存在显著差异 [$F(3, 398) = 4.20, p < 0.005$]。事后比较表明，回族教师和藏族教师之间表现出了显著差异（3.51>3.07，见表 4—3）。

表 4—3　师生对学校课程管理相关规定了解情况的描述统计结果

题项	学生对课程相关规定的了解情况			教师对课程相关规定的了解情况		
统计项目	M	SD	N	M	SD	N
汉族	2.90	1.13	258	3.16	0.97	105
藏族	3.38	1.11	544	3.07	1.07	159
回族	2.95	1.18	493	3.51	0.94	126
其他	2.88	1.28	77	3.50	0.80	12
合计	3.11	1.17	1372	3.27	0.98	402

当然，一项政策的顺利执行并不能仅仅说政策对象了解就可以了，通过深入访谈，研究对象也提及一些关于某些政策问题的真实感受，尤其是对政策和制度的评价。在他们日常生活中，出于个人利益的考虑，较少涉及有关政策的评价，但在现状的调查中，若能在调查的过程中很好地消除他们的顾虑，他们则会尽可能地畅所欲言，将自己的内心感受表达出来，为研究提供大量真实、鲜活的第一手素材。在实地调研过程中，与教育行政官员、学校负责人以及学校的师生等利益相关者的访谈进行过很多次，他们都在生活和工作中对民族教育工作有着较为深刻的体验和感悟，对目前的少数民族教育表达了自己的内心想法与真实感受。调查归来，在整理相关人员的访谈笔录时，他们提及的某些少数民族教育公

平难题常使笔者陷入深思当中。研究在对不同层级的利益相关者的访谈和口述资料的整理中，也发现了一些颇具共性的教育公平难题。

谈到民族教育，在大多数人看来，民族教育的发展有相关的优惠政策加以保障，所有的发展难题似乎都能以国家的政策来解决。调查发现国家虽然为发展少数民族教育、促进民族地区社会发展出台了大量的优惠政策，但在相关的政策执行中也出现了一些耐人寻味和值得思考的问题。研究中不同的利益相关者均表达了各自不同的看法。一个较为一致的结论便是近年来国家在少数民族实施的优惠政策使少数民族学生的确得到了不少实惠，也为其就学提供了诸多便利。在谈及民族教育"不公平"的现象和问题时，被调查的教育行政官员、中学校长和学校的师生几乎都认为，民族地区的教育从政策上来讲是公平的，因为民族类学生和普通类的学生在升学考试中用的是统一试卷。这样即使少数民族学生考试成绩比较低，但国家在这方面有加分照顾和降分录取的惯例，这些都是和民族地区的教育教学实际相符。这些政策的实施不仅缓解了民族学生和家庭的种种压力，同时也对提高民族地区人口素质发挥了积极作用，整体评价积极乐观。笔者认为这可以解释为他们对政策了解和认同程度较高的重要原因。

（二）师生对课程政策的熟悉程度

师生对政策了解或知晓程度并不代表政策规定的熟悉程度。问卷中也对教师关于学校课程与教学相关规定熟悉程度进行了调查。统计结果表明，有近80%的教师比较熟悉（教师的平均得分为3.79）。方差分析结果显示，不同民族的教师对此问题的认识上并没有表现出显著差异 [$F(3, 398) = 1.94$, $p = 0.078 > 0.05$]，认识较为一致。描述分析的结果也证明了这一点。汉族教师的平均值为3.78，藏族教师的平均值为3.54，回族教师的平均值为3.92。

当然，研究中绝不能仅凭师生对政策的了解或熟悉程度来推断政策执行的实际效果。实际上，有些政策执行过程中的"变形"并不是政策对象对相关规定不了解或不熟悉，而是有其他方面的原因。

民族中学负责人在访谈时也指出了目前某些教育政策在执行中的一些错误取向。比如民族预科生的招生就存在一些问题，他认为民族预科教育设置的初衷是学习民族语言的学生，由于少数民族学生语言学习上的弱势，必须通过预科形式进行强化训练，打好基础。但有些学校招生存在问题，对民族预科缺乏认识，盲目认为只要少数民族学生就有预科的资格，致使在实际招生过程中"变了样"。殊不知真正的预科是对学生进行语言上的强化训练，要帮助少数学生过"民族语言关"。

二 政策利益相关者的政策态度

从前面的分析结果得知，师生能较好知晓学校课程和教学的规定，也对相关的内容较为熟悉。笔者认为，从公共政策分析的维度看，这还不足以保证政策的有效执行，作为课程政策最主要的利益相关者，当师生熟知这些相应的规定后，能否积极地贯彻和执行这些规定，即师生对现行规定和要求的态度便是需要进一步调查和了解的问题，也是透视师生对现行政策认同与否的重要维度。

（一）学生的政策态度

本书对师生的课程政策态度进行了分析，师生对其工作和学习的热情和积极性是分析这一问题的重要指标。结果显示，87.4%的学生认为自己对目前课程的学习有较高的热情和积极性，进一步方差分析表明，不同民族的学生对此问题的认识上存在显著差异 $[F(3, 1376) = 8.94, p<0.001]$。而86.1%的教师有较高的热情和积极性，方差分析表明，不同民族的教师对此问题的认识上不存在显著差异，看法较为一致。

与师生工作、学习热情和积极性相对应的就是民族地区学校师生对整个学校生活的态度问题。在对师生整体生活态度的调查中，有82.9%的学生认为自己总体上喜欢学校的生活。进一步方差分析结果表明，在不同民族的学生之间存在显著差异 $[F(3, 1376) = 24.82, p<0.001]$，汉族学生得分的平均值为3.63，藏族学生为3.93，回族学生为3.62（见表4—4）。

表4—4　　学生对学校生活的态度和积极性的描述统计结果

题项	民族	M	SD	N	选项 1	选项 2	选项 3	选项 4	选项 5
我很喜欢学校的生活	汉族	3.63	1.11	261	10	33	68	83	67
	藏族	3.93	1.10	542	17	42	118	150	215
	回族	3.62	1.20	498	20	82	119	122	155
	其他	2.97	1.24	79	12	14	28	14	11
合计		3.71	1.17	1380	59	171	333	369	448

虽然问卷调查中学生对学校生活持积极的态度，但也发现了一个与学生的热情和积极性相悖的现象，就是民族地区学校学生的"非正常"流失。实地调查发现，民族地区学校的学生流失表现出这样三种类型：一是一些"好学生"的择校，这主要表现为民族地区学校一些成绩优异的学生向普通学校流失；二是由于各种原因造成的学生"辍学"，调研发现辍学现象并没有在民族地区完全杜绝，在某些地区还存在入学率高但巩固率低的现象；三是各种社会资本助长的学生流失，这种学生流失主要是指学生借助各种资本促使其离开民族地区学校而到其他学校借读，其中绝大部分是从民族地区学校到其他普通学校学习。在当前民族地区学校表现最多的也是流失数量最多的便是民族地区学校"好学生"的择校。

民族地区中学学生流失即学生择校的现状可从对相关人员的访谈中得到印证。接受访谈的无论校长还是教师都显得很无奈，都对民族中学未来的发展充满了深深的危机感，认为民族地区学校：

　　一方面，优秀学生流失没有办法杜绝，另一方面，民族地区学校在招生的过程中，好的生源又得不到保障，给民族中学的发展造成了一种致命的生存窘境。

（摘自Z中学某校长访谈笔录）

面对这样的问题，民族地区学校几乎束手无策。因为学生和家长的选择是理性的,而且他们也有自主选择的权利。也没有人敢拿学生的前途当"儿戏"。×校长所在的民族中学某学期开学报到,就有12名学生从民族地区学校转学到其他普通学校。① 更为重要的是,这些学生都在班上学习名列前茅,这无疑使本来教育质量不高的民族地区学校雪上加霜。×校长在访谈中几乎认为,如果这个问题得不到很好的解决,民族中学将有可能演变为向普通学校输送优秀人才的"基地"而使其传承民族文化的功能大大削弱。×校长在访谈中表示:"民族中学的学生再这样流失下去,真不知道民族中学的前途在哪?如果民族中学真办成了普通学校,那民族文化的传承又怎么办?"从学校负责人深深的危机感中能体会到他们对民族文化传承的无奈和担忧。从学理层面看,对这些问题的不能圆满回答也暴露出了民族教育的深层次问题。

(二) 教师的政策态度

学生现状如此,民族地区学校教师的工作状况如何呢?教师是否热心自己的工作,是课程政策能否有力推进的保证。问卷调查结果表明,有84.3%的教师认为自己总体上喜欢学校的工作与生活。方差分析结果表明,不同民族的教师之间不存在显著差异 $[F(3,396)=1.73, p=0.171>0.05]$,教师对学校的工作和生活态度较为积极。事实上于课程政策而言,教师工作努力的程度直接体现为对学校课程政策执行的力度。统计表明,有96.2%的教师认为自己在教学中一直努力达到学校规定的目标。这一点在学生问卷调查中也得到了印证。像对问卷中"科任老师在教学中尽可能地让我理解学习的内容"这一问题的调查结果中,统计表明,绝大多数学生(92.5%)认为科任教师能帮助学生理解学习的内容。对于不同民族的学生而言,并不存在显著差异 $[F(3,1374)=0.67, p=0.57>0.05]$。学生几乎一致认为科任老师在教学中都尽力让学生理解学习的内容。调查得分均在4.00左右(见表4—5),表明教师在工作中是积极努力的。

---

① Z中学的统计,该校调查时的在校学生数为1302人。

表 4—5　　学生认为教师在教学中努力程度的调查结果

题项	民族	M	SD	N	选项 1	2	3	4	5
科任教师在教学中能尽可能地让我理解学习的内容	汉族	4.03	0.99	260	4	13	60	78	105
	藏族	4.05	0.93	540	4	29	107	194	206
	回族	3.97	1.06	499	13	33	113	138	202
	其他	3.99	1.07	79	2	5	18	21	33
合计		4.01	1.00	1378	23	80	298	431	546

教学效果是教育过程中师生共同努力的结果。就课程政策的实施而言，通过调查发现教师的工作态度和投入现状是值得肯定的，因此学生的学习态度是否积极，便成了影响课程政策实施效果的重要因素，也是笔者在进行课程与教学政策实证研究中重点关注的一个问题。统计发现，有89.4%的学生对自己的学习持比较积极的态度；91.9%的学生认同学校的相关要求对自己今后有用；81.6%的学生确信学到的知识将来肯定有用。从本组数据来看，学生对整个在学校中的学习均持较为积极乐观的态度。从进一步方差分析的结果来看，不同民族的学生在对此问题的认识上并没有表现出非常显著的差异 $[F(3, 1372) = 3.12, p = 0.023 > 0.001]$，学生的学习都是积极努力的。

虽然民族地区学校的师生在教学和学习方面表现出了较高的积极性，但实地调查发现，民族地区学校中出现的一些现象还是不免让笔者产生担忧。由于学生基础差、观念落后等方面的原因，民族学生在学业成绩方面和普通学校表现出的差距客观存在。

在谈及回族的教育观念时，教师L肯定地说，最近几年，回族学生家长对于教育及子女受教育的观念的确发生了一些可喜的变化，与前些年相比进步不小。原因在于家长在社会上吃尽了没有文化的苦头，因此在教育孩子方面还是下了很大的功夫，几乎可以说是想尽一切办法供孩子上学。

以前有些不识字的，虽然在大城市做生意赚了不少钱，但由于没有文化,却屡遭别人欺骗。有些人做生意不会记账,也不识字,是纯粹的文盲,在跟别人做生意签合同时,两眼一抹黑(不识字),最后眼睁睁地被别人骗了,这样的例子很多。以前学生小学毕业就在小铺子里帮大人经商,现在至少都被要求读到初中毕业,完全普及九年义务教育,当地的老百姓都很支持。

(摘自 H 中学 L 教师访谈笔录)

访谈中×认为:

所以现在(民族中学)的学生看起来压力比较小,是前些年的考试题造成的不良影响。像前几年那么简单的卷子(试卷)①,学生有些(高考时)考 200 多分,最后××师专就录取上走了,而且前些年(学生)的工作又是完全包分配的,因而学生学习积极性、主动性就比较差了。再加上录取时优惠政策的照顾,学生实际上没有任何压力。

(摘自 Z 中学某校长访谈笔录)

这种教育质量上存在的显著差距,由 Z 中学的统计数据看,超出了研究的预计。表 4—6、表 4—7 是调查的 Z 中学和该县普通学校教学质量比较的统计结果。

表 4—6　　　　Z 中学高考成绩与该县一中的横向比较

年份	学校	数学成绩 文科	数学成绩 理科	文综	理综
2010	县一中	59	73	171	154
2010	民族中学	32.2	33.3	119.2	87.9
2010	均分差距	-26.8	-39.7	-51.8	-66.1

---

① 民族中学前几年用的是五省(区)协作委员会编制的高考试卷,相对比较简单,最近几年用的试卷则是全国卷的翻译卷,对民族学生而言难度较大。

续表

年份	学校	数学成绩 文科	数学成绩 理科	文综	理综
2011	县一中	64	81	172.5	160.4
2011	民族中学	39.4	48.6	131.2	105.5
2011	均分差距	-24.6	-32.4	-41.3	-54.9
2012	县一中	73.37	72.95	160.82	161.89
2012	民族中学	43.5	47.6	122.15	101.51
2012	均分差距	-29.87	-25.35	-38.67	-60.38

资料来源：Z中学相关文件。

表4—7　2011年Z中学初中毕业会考成绩与全县水平的比较

科目	学校类别	平均分	及格率（%）	优良率（%）
语文	民族中学	100.99	88.46	3.3
语文	全县水平	110.9	97.5	17.8
数学	民族中学	71.92	23.08	2.2
数学	全县水平	102.6	67.9	37.2
英语	民族中学	66.46	19.78	1.65
英语	全县水平	85.5	46.4	15.8
物理	民族中学	43.85	13.74	1.65
物理	全县水平	68.8	68.7	34.6
化学	民族中学	50.69	21.98	2.2
化学	全县水平	67.7	67.4	32.8
民族语言	民族中学	47.34	20.88	0
民族语言	全县水平	—	—	—
五科	民族中学	—	8.24	—
五科	全县水平	—	36.7	—

资料来源：Z中学相关文件。

学生学习的现状如此，调查重点对导致学生学习现状的成因进行了分析。一个不容忽视的现实是在学生升学的"入口关"上，好的生源得不到保障。F 教师就在访谈中举例说：

> 今年（2012 年）我们县一中的招生分数线是 583 分，可我们学校最后录（取）上最高的入学成绩也只有 580 分，最低的成绩五科合计 260 多分，你想想一个班上的学生，就（入学）成绩上来看，就有 300 多分的差距，我们有多大的能耐（力），也难以提高整个（全体）学生的学习成绩吧（十分无奈的）。
>
> （摘自 Z 中学 F 教师访谈笔录）

显然 F 教师对学校一部分学生的表现很无奈，认为国家对民族教育的政策"太优惠"了，但学生与优惠政策不相称的学习状态使他们工作压力很大，学生的学习状态经常使他们失望。有时为了给学生讲清一个知识点，他们经常在课堂上要将一个知识点重复好多遍。有过在普通中学工作经历的老师认为这些内容在普通中学是不成问题的内容，在民族地区学校却成了学生学习的难题。他们在费解的同时，又显得很无助。教育理论上讲要在教育实践中"因材施教"，但面对这样的生源现状，教师在实践中面临的难题可想而知。

从民族地区学校的教育现实来看，也存在一些现实困难和问题。通俗地讲，就是如何提升民族教育发展质量的问题。访谈中认为招生上的照顾和优惠政策，也造成了教育教学质量难以提高。民族地区学校教育在实际操作上也面临着两难的困境。

> 民族中学的初中生，只要学生有意向，基本上能顺利进入高中学习，绝对不存在像普通中学那么大的升学压力，这无形中就拉开了普通中学和民族中学在教育教学质量上的差距。但如果不这样做（提高升学要求），由于太高的升学"门槛"民族中学的生源就严重萎缩了，学生越来越少了，这是一个方面。另一个现实的问题是民族学生初中学的民族语文，还有一些对民族语言有兴趣的学生，到其他学校也没有办法上（学），最终只能使他无学可上。学校考虑给这些孩子上学的机会，使

他们有机会学习本民族的语言；但也造成了民族中学生源质量下降，教育教学质量难以提高。

（摘自 Z 中学某校长访谈笔录）

这种现象在学生的高考中也不同程度地存在，即使民族中学的升学率能维持在 68%[①]以上，但质量问题依然存在。显然公平与质量问题是民族教育中出现的一个悖论，理论上难以澄清和说明，从而在实践中使民族教育陷入一种两难的境地。除此之外，从对教师方面的原因分析来看，师资不足是民族地区学校面临的最大困难。

（三）学校师资现状

首先，民族类师资严重短缺。调查发现，民族地区学校师资紧缺的一个典型表现就是民族类师资紧缺，这也可以部分地解释为民族地区学校之所以在开设的课程上和普通学校没有什么两样的主要原因。

目前民族地区存在的问题主要是师资紧缺的问题，如藏生物、藏物理等理科老师紧缺的现状和难以引进的现实给教育教学带来实际困难。学校不能顺利开展这些课程的教学，学生在用民族语言的考试中就出现困难，严重影响了民族地区教育教学质量和高考升学率的提高。

（摘自某县 H 局长访谈笔录）

同时，H 局长对目前教师队伍的现状表现出了担忧，认为每年在引进教师上由于种种因素干扰而工作不力，导致学校虽然引进教师了，但都不是学校急需的专业即学科对口的教师，教师结构性缺乏的问题依然存在。另外，现有教师队伍的质量难以提高，民族地区教师培训中也存在一些突出的困难和问题。

---

① 这在民族中学的相关统计数据中可以看出，高考录取率最低的 2008 年也达到了 68.6%。

民族地区的教师培训中，对教师一定要加强民族类学科的相应培训。如在咱们的××地区应考虑办一个如何教好民族语文、如何更好地将民族语文和汉语文进行接轨、如何大面积提高民族学生的民族语文水平等这样的专题培训。现在培训中遇到的问题是典型的"两多两少"，即培训多，但泛泛而谈的多；培训多，但普通类的培训多；但针对民族类的学校、民族类师资以及民族类的专业培训很少、很少！还有就是现在的培训针对义务教育阶段设计的多，而高中教师培训却比较少。

（摘自某县 H 局长访谈笔录）

实地调查中，一些教育行政部门的负责人认为造成目前民族地区师资队伍现状的根本原因是没有相应的保障措施，高质量师资的流失也是主要原因，有些工作出色的教师很快就会流失到普通学校。就整个县域教师流动的特点来看，就像 M 教师在访谈中所说的："说句实话，好老师全部在县上呢，不好的在下面（县城以下的学校）呢。"调查不难发现，就现有的教师队伍流动来看，形成了典型的"马太效应"。在城镇学校集中了优质的师资，但在乡镇以下的农村学校，不仅师资数量不足，并且从调查的结果看，质量也不高。

笔者：咱们学校的教师够用不？

L：不够用嘛（非常肯定地），我们学校严重缺编。我校按标准编制应该至少有110人，因为有1470多高中生。但目前的高中专任教师只有62人。严重缺编的现状导致我们在实际运行中的大班额，高中教学班的学生数都在70人以上，就这么大的班额，还有一个老师带3个班的英语、数学、语文等主课的，这样的老师占老师总数的1/3（很无奈的）。

笔者：从科目上来讲，哪些科目的老师比较紧缺？

L：我们的教师严重缺编，因此教师全缺。所有的学科都缺编。老师的课时压力很大，平均周课时在16节左右。目前学校在校生是3206个，专任教师只有146个。下一年度高中部要开新课程的话，我们这没办法搞。一是教师数量不够，再是70人以上的大班额，没办法做。

（L县L校长访谈笔录）

民族学校的师资紧缺表现出四个显著特点：一是城市和农村相比，农村学校教师的缺口要远远大于城镇学校。从教师流动趋向看，表现出了典型的"农村包围城市"倾向。二是从学科来看，音乐、体育、美术等副科教师的紧缺程度要远远大于语文、数学、外语等主科教师，理科教师的紧缺程度要远远大于文科。三是从民族地区的现实情况来看，民族类师资的紧缺程度高于汉语师资。四是从学校类型上来看，寄宿制学校的教师缺口远远大于其他类型的学校，寄宿制学校学生管理的生活教师没有按照相应的要求配备，被调查的学校中几乎都是专任教师在兼做学生管理工作。另外，访谈中，学校负责人也认为在民族地区教师队伍建设中，还存在好多问题。比如：

学校引进师资、补充队伍完全演变成了一种纯粹的行政行为，是由政府的人事部门一手在做，而不是一种教育事业行为，教育行政部门在这个过程中的权力是极其有限的，学校更是如此。这样在教育实践中势必发生了一些违背教育政策和教育规律的现象和问题，最终也影响学生的发展。

（摘自L县S校长访谈笔录）

在民族地区学校的调查也发现，各级各类政府、教育行政部门采取了各种各样的应对措施，使得在被调查民族地区学校中出现了各种类型的教师。

个案数据：

甘肃省L县某中学教师队伍构成基本情况

全校专任教师133人，其中正式公办教师97人，特岗教师20人，合同制教师3人，义务教育教师2人（省招"5000名"

计划），临时聘任教师 2 人，校聘代课教师 9 人。

甘肃省 H 县（少数民族自治县）某学区教师队伍构成基本情况

学区现有在岗教师 46 名，专任教师 20 名，农村选招教师 5 名，代课教师 8 名，"三支一扶"教师 1 名，县聘用教师 6 名，学校聘请教师 6 名。

青海省 D 县（少数民族自治县）师资情况

全县各级各类学校 13 所，其中民族中学 1 所，民族语文中学 1 所，乡镇寄宿制小学 11 所，全县在校生 5561 名，专任教师 172 名。统计资料中小学师生比为 1∶30，初中的师生比为 1∶33。

其次，教师队伍结构不合理。调查发现，教师队伍建设的另一个突出问题便是教师的学科结构不合理，部分专业和学科的教师非常紧缺。大部分学校虽然在近几年补充了一些高校毕业生到中小学任教，但个别科目的专业教师仍十分缺乏，致使有些学校的某些科目无相应的专业教师，这些科目中绝大多数从事教学的教师是学校从其他学科中调剂的，没有相应的学科背景，专业知识匮乏。本书专门对甘肃省两个民族县 835 名教师所教课程与所学专业一致性的调查中，两者不一致的教师有 155 名，占到了被调查教师总数的近 1/5（18.7%）。

造成学校教师队伍学科结构失衡的重要原因是近年来学校教师的队伍补充上存在着一些不尽科学和合理的做法。部分地方政府和人事部门甚至错误地将学校作为安排大中专毕业生就业、提高就业率的首选，"学校近两年分配的教师有相当一部分是非师范的毕业生，这些毕业生来学校做教师，外行搞教学，教学的基本常规都不知道"。这种现状势必影响教师队伍的整体质量，也影响学校的教学质量。甚至访谈中有教师认为这种现象在当前一部分学校中是一个普遍存在的问题，根本原因是专业教师数量不足，整个学校或地区教师专业结构不合理。

数据也表明，教师队伍质量的几个基本指标如学历结构、学科结构和职称结构都存在一定问题。专业结构不合理在某些地区和学校表现得异常突出。综合调查收集的信息分析得知，造成这种现状的原因主要来自四个方面：一是教师队伍补充方面，教育行政部门和学校拥有的人事权力太小，对所引进教师的专业难有太多的要求，只要是分来的，只能是无条件接受。二是部分地区和学校由于客观条件的限制，教师数量严重不足，只要能分来教师就"来者不拒"。久而久之，造成了学校教师队伍专业结构严重不合理，甚至在"有些学校没有一个有学科背景的专业教师，甚至一个学区没有一个专业英语教师"（L校长访谈笔录）。三是师资队伍建设中，教育行政部门和学校缺乏系统和专业的规划，客观上加剧了学校教师队伍专业结构不合理的问题。四是在某些地区，尤其在民族地区的师资队伍建设中，存在着典型的"恶性循环"，使民族地区的教育教学质量难以根本提高。同时，民族地区学校教师引进的工作力度有限，高质量的师资无法及时补充到教师队伍当中。

三　基本结论

通过以上分析不难看出，从对课程政策的对象，尤其是民族地区学校中师生的调查与了解的结果来看，不管是学生对教师的相关要求和规定，还是教师对学校的相关规定的了解程度，师生对政策的知晓程度较为乐观，这样使课程政策在民族地区学校的执行有了保证。而且从师生的态度来看，师生对这些要求和规定都坚信对自己的发展有重要价值和作用。从教育的现状来看，虽然学生的"基础差"和民族地区"师资严重不足"的问题显而易见，但从师生的个人主观努力来看，都在尽力达到这些要求和规定的目标，都对课程政策的相关要求和规定表现出了较高的认同（教师问卷调查平均得分在3.91以上，学生问卷调查平均得分在3.71以上）。不过师生的主观认识积极乐观并不能代替民族教育发展中的客观现实问题，存在的诸如师资紧缺等一系列问题需要寻求解决的办法、对策和思路。

第二节 课程政策在民族地区学校的适切性

政策相关者对政策较为了解和熟悉，但现行课程政策在民族地区的适切性究竟如何？存在哪些突出的困难和问题？如何在民族地区学校进一步有效地实施课程，提升民族教育的发展质量？这一系列的问题都是本书关注的主要调查指标，实证调查中从课程权力的视角解读民族地区现行课程政策。课程政策的实质是课程权力在不同权利主体之间的合理分配。受我国传统课程权力分配"倒金字塔"结构的影响，即权利主体所处的层级越高，拥有的课程权力就越大，反之就越小。在基础教育课程改革之前，学校课程实践层面师生所拥有的课程权力十分有限。实地调查也发现，课程实践中的这些问题，就是由各利益相关者课程权利问题衍生出的种种表现。

一 学校课程与教学的现状

抽样调查的 Z 中学是"双语"教学的寄宿制完全中学。从 T 县 Z 中学的课表上，几乎看不出它和普通学校有什么两样。在对 Z 中学相对了解的基础上，对 Z 中学近年来采用的课程形式、课程语言、教学语言、考核的形式等问题的演进形成了如下结论，如表 4—8 所示。

表 4—8　　　　　Z 中学的课程形式等演进情况

阶段	课程形式	课程语言	教学语言	中考试题命制	中考考试语言	高考试题命制	高考考试语言
1	专门教材编写机构编写民族课程（"五协"编写的课程）	民族语言	民族语言	全市统考卷	民族语言	专门机构（"五协"）统一试题	民族语言

续表

阶段	课程形式	课程语言	教学语言	中考 试题命制	中考 考试语言	高考 试题命制	高考 考试语言
2	民族课程+编译的统编教材	民族语言	民族语言	全市统考卷	民族语言	专门机构（"五协"）统一试题	民族语言
3	部分编译的国编教材+少数民族语言课程	民族语言	民族语言+汉语（"两为主"的双语教学模式）	全市统考卷	汉语和民族语言	全国统一卷（翻译卷）+"五协"编制的民族语言试卷	民族语言
4	少数民族语言课程+统编教材	民族语言+汉语	"一个为主"（汉语），少数民族语言课程用民族语言授课	全市统考卷	汉语和民族语言	全国统一卷（翻译卷）+"五协"编制的民族语言试卷	民族语言

在民族地区学校的课表上，最能体现民族中学特色的就是学校开设的民族语言课程。但从 Z 中学学校负责人及教师的访谈中得知，虽然开设了这些民族语言课程，但和学校前几年民族中学语言课程的开设情况相比，数量上在逐步减少，言谈间能听出他们对此问题的担忧和危机感。依据学校现行课程表统计，笔者对 Z 中学的民族语言课开设的情况进行了归纳和梳理，见表 4—9 所示（为便于比较，表中也列出了汉语文课程的开设情况）。

表 4—9　　Z 中学中民族语文和汉语文课程开设情况

年级	藏语文	藏文口语	汉语文	备注
初一年级	一周八节	一周两节	一周五节	
初二年级	一周五节	一周一节	一周五节	

续表

年级	藏语文	藏文口语	汉语文	备注
初三年级	一周六节	无	一周五节	
高一年级	一周六节	无	一周五节	
高二年级	一周五节	无	一周五节	
高三年级	一周六节	无	一周五节	每周加开生物名词、数学名词、化学名词等藏文课程各一节

注：除了正式开设的课程外，学生的早晚自习也会安排相应的课程辅导。

为了迎合高考的安排，许多被调查的民族地区学校都在"搞突击"，教师 M 在访谈中开诚布公地告诉笔者：

> 为了给高考复习留出更多的时间，我们在高一、高二就上新课、赶进度，在高二结束的时候基本上就用两年的时间上完了高中三年的所有课程，为后面高三的全面复习多留时间。这个在好多学校都是一样的。像咱们××中学也是这个情况。赶不上的学生也得赶，这就造成了学生在高考分数上形成的巨大的差距。
>
> （摘自 H 中学 M 教师访谈笔录）

在普通学校普遍存在着"赶进度"的现象，但在民族地区学校学生基础较为薄弱的情况下，这种"赶进度"为学生后续的学习带来了一系列的问题。民族地区学校一味地向所谓的一流学校"看齐"，造成的直接后果使民族地区学校和"好"学校的差距无形中在拉大，这是一个不容忽视的事实。在调研中还发现，学校对课程进行了变相的执行，如应对民族学生高考中理科考试的困难，学校加开了生物名词、数学名词、化学名词等这样的课时（见表4—9），解释相关学科的术语和名词，提高学生考试成绩。

二 课程政策适切性分析

课程与课程政策在民族学校的执行和推进尚且如此,现行课程对目前民族地区学校的适切性又如何呢?课程政策对民族地区学校的适切性问题最终要落实到课程实施的各个环节,在调查问卷设计的过程中,遵循相关研究的思路和范式及研究的需要,主要从课程目标、课程内容、课程实施以及师生参与课程评价和课程管理四个维度进行了调查分析,以了解现行民族地区学校课程及其政策的适切性。

(一) 课程目标方面

学生能否达到学校目前提出的各种要求,是判断课程政策在实施过程中是否达致效果的一个重要维度,也是课程达致课程目标、体现政策适切性的重要方面。统计表明,有80.9%的学生认为大多数学生都能达到老师提出的各种教学要求;方差分析结果也说明,不同民族的学生之间在达致学校的相关要求方面存在显著差异$[F(3, 1370) = 8.50, p < 0.001]$。事后比较表明,藏族学生和汉族学生对能达到学校要求的判断显著高于回族学生和其他民族的学生。描述统计结果显示,汉族学生平均值为3.39,藏族学生的平均值为3.58,回族学生的平均值为3.31,见表4—10所示。

表4—10　　　学生对教师要求达致程度的描述统计结果

题项	民族	M	SD	N	选项 1	选项 2	选项 3	选项 4	选项 5
大多数同学都能达到老师提出的要求	汉族	3.39	1.06	260	8	46	87	75	44
	藏族	3.58	1.09	544	18	70	163	163	130
	回族	3.31	1.06	491	23	80	185	129	74
	其他	3.18	0.90	79	2	13	40	17	7
合计		3.42	1.07	1374	51	209	475	384	255

学生对学校的课程目标表现出了较高的认同,但学生基础薄

弱、教育观念落后仍然是民族地区达致教育目标、提高教育质量的现实困难。民族中学的大多数学生都来自农牧区,学生基础薄弱。这一方面与农村小学的教学水平有很大的关系,另一方面与学生的家庭教育有关系。尤其是牧区,要么家长就不关心孩子的学习,要么就让学生在学校里"学一下"就可以了,也不怎么考虑让学生学得更好,几乎没有这种意识。家长基本不怎么看管、辅导孩子的学习,学生哪能谈得上好好学习?这就是学校生源的现状。

问卷统计结果表明,在达致学校的教育目标方面,不同民族学生表现出了较高的认同(平均得分为3.42)。但也发现不同民族的学生之间表现出了一定的差异,显然这种差异本质便是学生学业水平以至学校教育质量上表现出的差异。

(二) 课程内容方面

1. 课程内容问题

"课程内容如果不能被学生同化,成为他们自身的一部分,就永远是一种外在物,对他将来的行为、态度、个性等不会有什么影响。如果选择课程内容时能够注意到学生的兴趣、需要和能力,并尽可能与之相适应,这不仅有助于学生更好地掌握科学文化知识,而且还有助于他们对学校学习形成良好的态度。"[①] 学生学习的内容是否符合少数民族学生的实际情况,是判断课程适切性的重要维度。就目前民族地区学校的学习内容而言,有86.9%的学生认为目前学校提供的学习内容符合自己的实际情况。进一步方差分析结果表明,不同民族的学生之间存在着显著差异 $[F(3, 1368) = 8.41, p < 0.001]$。事后比较表明,藏族学生和汉族学生之间表现出了差异,而汉族学生和回族学生的认识较为一致。在教师问卷调查数据分析中,就课程内容而言,只有一少部分(10.7%)的教师对此持非常积极的态度,认为学生有兴趣学习。有21.5%的教师认为学校的课程内容对不同民族的学生是不适用的,仅有8.3%的教师认为学校的课程内容对不同民族的学生都是适合的。有21.7%的

[①] 施良方:《课程理论——课程的基础、原理与问题》,教育科学出版社1996年版,第114页。

教师认为现行的民族地区学校的课程不能调动学生的学习兴趣。针对本组调查结果，笔者对教师进行了重点访谈，对其中的原因进行了分析。

在谈到民族地区学校课程与教学，尤其是课程存在的问题时，有教师在访谈中认为，目前主要存在以下三个方面的困难：

> 其一是课程内容远离学生的社会生活实践，使一部分学生缺乏学习的兴趣；其二是部分学生家长的教育观念较为落后，认为子女的教育仅仅是学校的事，缺少"大教育"（包括家庭和社会教育）的氛围和观念，致使民族地区的教育相对落后；其三是部分民族学生的基础比较差，学习内容赶不上，"破罐子破摔"的学生大有人在。
>
> （摘自 H 中学 F 教师访谈）

教育行政官员在访谈中也表达了同样的看法和观点。

> 民族类学生的课程和普通学生类的课程是一模一样的，民族类学生的课程结构比较单一，课程的内容尤其是文科的内容是照搬内地的，特别在政治、语文、历史、地理、思想政治、音乐、美术等这些带有文科性质的学科里面，少数民族的历史、文化、生活方式、身边典型的生活事件等都没有涉及，使现行的教育缺乏对民族学生的吸引力，同时现行的课程和教学体制对民族学生的包容能力也比较差。因此，除了一些统整的课程（国家课程）外，必须要有地方和学校的一些特色的课程形式（非常肯定的）。
>
> （摘自某县 H 局长访谈笔录）

从这些访谈不难看出，学校现行的课程内容与学生的生活实际还是存在着较大差距，课程实施与课程内容没有关照到学生的生活经验。事实上，民族地区学校在执行这样的内容过程中也有自己的苦衷。接受访谈的教育行政官员和学校负责人认为民族地区的课程使他们处在"两难"的尴尬窘境,如果在实践中对学生的要求降低标准,也势必降低整个民族地区的教育教学质量。在现行的教育制度和考试体制下,少数民族学生就无法和普通学生竞争,就直接导致民族学生的高考和普通高考无法接轨。[①] 他们认为,从某种意义上讲,民族中学的少数民族学生只能走"民考民"的教育路径就是在实践中降低标准的具体体现。但如果不降低标准,由于民族学生本身基础薄弱等方面的原因,和普通学生在同一个"起跑线"进行比赛,对他们而言是不公平的。一个现实的问题是,在少数民族学生学习民族语言的前提下,民族地区学校的课程和教学实践显然已经大大增加了学生的学习负担。到底是提高标准还是降低标准,的确让他们在实践中很难操作。

课程内容是否适合不同民族的学生是判断课程政策适切性的重要指标。学生问卷结果表明,有84.3%的学生认为目前的课程内容适合不同民族的学生。但也有15.7%的学生表达了相反的观点。进一步方差分析表明,不同民族学生对此判断不存在显著差异 $[F(3,1375)=1.77,p=0.25>0.05]$,表现出了较高的一致性,统计结果见表4—11所示。

表4—11 课程内容对不同民族学生的适切性判断的描述统计结果

题项	民族	M	SD	N	选项 1	选项 2	选项 3	选项 4	选项 5
学校的课程内容对不同民族的学生都是适用的	汉族	3.56	1.14	259	14	26	88	64	67
	藏族	3.70	1.13	549	21	63	141	157	167
	回族	3.68	1.13	493	18	60	132	137	146
	其他	3.53	1.10	78	3	10	26	21	18
合计		3.66	1.13	1379	56	159	387	379	398

---

① 根据省级教育行政部门文件规定,从×所在学校2010年的高三毕业生开始,要实行高考并轨改革,即民族中学的少数民族考生,高考报考志愿时再不局限在以往的几所民族院校,而允许学生报考普通院校。

在对教师的访谈中，教师对教材的意见也能从某种程度上印证学生问卷的量化结果。实践中课程内容的确对不同民族的学生存在不切实际的问题。

> 学生再用这样的教材学下去，问题可就严重了。比如藏区的学生几乎不说藏语了！语言、文字、生活习俗等各个方面都发生变化了。我今年带初三的课，初三的统编教材几乎没有涉及少数民族的语言和文化。有些教材编写的时候也不是太严谨，有些说法还是存在争议的，我本身是藏族，我上课的时候对这些历史就穿插一些。我们有些老师其实对藏族的历史和文化是不了解的。现在民族教育要培养一种民族精神的话，我想各个地方要相应地出台一些补充的教材或者一门补充的课程。少数民族的学生要对本民族的东西多学一点，但现实情况是有些学生对本民族的东西一点都不了解。
>
> （摘自 Z 中学教师 T 访谈笔录）

2. 教师对教学内容的处理

课程内容问题暂且如此，那么教师能否针对不同的教学内容灵活机动地驾驭教学方法。本书统计有 14.6% 的教师认为不能根据不同民族的学生灵活地驾驭教学方法；有 15% 的教师认为本校教师的教学方法对不同民族的学生是完全不适用的。本组调查数据反映了教师教学中存在的现实问题。课堂观察也表明，教师简单化处理教材，课堂教学中仅仅"教"教材的现象和问题是少数民族学生访谈中反映的"听不懂，甚至感到无聊"的根本原因。教学方法的"适切性"是课程内容"适切性"的深化，课程内容"适切性"是教学方法的"适切性"的前提，只有相辅相成地对民族中学课程与教学中这两个基本问题进行调查，我们才能对民族中学课程适切性的问题进行理性的判断。

学校在课程和教学方面有很多的相关规定和要求，但这些要求对不同民族学生是否有特别的关照？即政策的适切性如何？统计结果表明，有 45.5% 的学生认为基本是一样的，也有 43.6% 的学生认为学校的相关要求对不同民族的学生是非常一样的。这也印证了在实地调研中一些被访者认为在民族地区学校"这种和普通学校'划一'的要求太多了"的说法。而且有老师在访谈中认为"过多'统一'要求也压制了学生学习的积极性"。有研究证明了这一点,詹姆斯·班克斯在研究中指出,"少数民族学业成就低下的主要原因之一,就是缺乏合理的民族教育模式,他们一直接受的是主流文化的教育模式"[①]。

教师能否在自己的工作中关照到少数民族学生的一些特殊要求,直接关系到民族中学课程实施的成败。数据表明,有24.8%的学生认为,教师教学中几乎关照不到这些不同民族的学生的特殊要求,只有23.8%的学生认为老师在教学中关照了不同民族学生的这些特殊要求。方差统计表明,对此问题的认识上,不同民族的学生之间并不存在显著差异 $[F(3,1382)=2.84, p=0.078>0.05]$,判断较为一致。但不同民族的学生之间存在显著差异 $[F(3,1376)=13.01, p<0.001]$。事后比较表明,藏族学生和回族学生之间表现出了显著的差异(3.58>3.20,见表4—12)。

表4—12　教师对少数民族学生关照程度的描述统计结果

题项	民族	M	SD	N	选项 1	2	3	4	5
教师在教学中能关照到少数民族学生的一些特殊要求	汉族	3.41	1.19	259	19	37	80	66	57
	藏族	3.58	1.25	545	42	70	127	144	162
	回族	3.20	1.28	497	64	87	124	132	90
	其他	3.27	1.36	79	11	12	20	17	19
合计		3.39	1.27	1380	136	206	351	359	328

从量化的统计结果来看,学校的相关规定要求很好地关照到少数民族学生的一些特殊要求。但在对"不同民族学生在学校的要求

[①] 王鉴:《中国少数民族教育课程的历史发展及其昭示》,《民族教育研究》2000年第1期。

是一样的"问题的调查中,不同民族的学生认识较为一致,这一方面反映了学校生活中的公平取向。但另一方面,从某种程度上反映了学校生活中对不同民族学生的"一统"取向。从描述统计的结果就能反映出来,具体结果见表4—13所示。

表4—13　　　学校对不同民族学生要求的描述统计结果

题项	民族	M	SD	N	选项 1	2	3	4	5
不同民族学生在学校的要求是一样的	汉族	3.84	1.21	258	12	29	51	61	105
	藏族	3.96	1.11	550	16	42	124	132	236
	回族	4.06	1.09	499	19	24	94	131	231
	其他	3.94	1.08	79	0	10	18	18	33
合计		3.98	1.12	1386	47	105	287	342	605

从这个结果看,就学习的内容而言,被调查的师生反映是不大一样的。师生两者相比,学生对课程内容的评价积极。应该讲,作为学校课程的实践者,教师的评价更为客观和理性。学生认为课程对不同的民族学生都是适用的,只是在课程内容适合自己学习实际方面,不同民族学生的判断出现了差异。

(三) 课程实施方面

1. 课程实施现状

众所周知,我国现行的法律、制度和政策也赋予了他们学习自己民族文化和语言的权利,但与此同时,他们又渴望融入主流文化中去,所以也愿意学习汉语和外语,这种体制也使他们在这种选择中举步维艰,困惑重重。看似简单的语言学习的问题,但实质是少数民族学生在现实生活中不得不面对的文化冲突和文化适应问题。少数民族学生在这种冲突与不断适应的过程中,种种文化的"调适"不仅是民族地区学校典型的教育问题,而且客观上也加重了学生的学习负担。

尤其是"三语"（汉语、民族语言和外语）学习无疑加重了学生的学习负担。再加上学生学习过程中的语言转换问题，都给学生的学习无形中增加了负担。藏区的学生，从小在家里和社会受到藏文环境的熏陶和影响，小学入学后由于"双语"教学的缘故和交际的需要，又要接受汉语的学习。到了小学高年级，又要学习英语。总之，小学阶段和校外的生活中，无疑面临太多的语言转换的场所和环境，这增加了他们的学习负担。

（摘自 Z 中学 S 校长访谈笔录）

在谈及民族地区学校学生学习"三语"的现实时，F 教师和 S 校长在访谈中再一次极力澄清人们对此问题的偏见和误解。认为"现在有人片面地将民族学生多学了民族语言简单地等同于学校多开了一门课程，其实这是完全不同的两个概念。这两者之间的差别类似于语言和文化之间的差别。对于学习好一点的学生可能差距比较小，但对学习差的学生而言，差距更大。语言只要你学好了，可能对同一语言的其他课程的学习会有帮助。如果（汉语）数学学好的话，可能对学生的（物）理、化（学）等课程都有帮助，如果文科学好了，可能对（历）史、地（理）课程的学习同样有帮助"。在学生的学习方面，学校领导、教师都认为语言的学习对少数民族学生的学习是存在一定程度影响的。比如学生数学的学习，一方面老师的教学存在某些问题，比如说教学方法比较死板，亟待改进；另一方面某些学生的抽象思维能力相对弱一点，加上师生语言沟通上存在障碍，致使民族地区学校教师的教学和学生的学习存在诸多问题。

在访谈中也发现一些影响民族教育质量的其他因素。

一是目前社会中存在的就业压力过早地被"传递"给中小学生，使他们对学习的前景和将来的前途产生了某种焦虑和担忧，在一部分学生身上表现出了较严重的"厌学"情绪；二是师资队伍的严重不足导致民族地区学校的教学质量徘徊不前，提升质量任重道远。

(摘自 Z 中学 F 教师访谈笔录)

在访谈中，F 教师一再强调说虽然国家对民族教育出台了一些切实有效的政策和措施，但在民族教育实践中，存在的具体困难和问题还需要相应的政策支持，这是各级政府和教育行政部门所必须直面和重视的。

比如说上级教育行政部门倡导说要搞三级课程，但我们面临的现实情况是，目前一部分民族地区学校除了给学生加开民族语言课之外，开齐了国家课程后，就没有多少时间可以再开这些课程，这是现实。

(摘自某民族中学 S 校长访谈笔录)

调查得知，虽然各级政府、教育行政部门和学校等都尽可能地采取了一些措施来帮助学生就学，但学生学习的状态、就学的观念还是影响了课程在民族地区学校的实施。"一天来了也吊儿郎当（不重视），根本不把学校的学习当一回事。"接受访谈的学校负责人、教师认为民族教育面临的这些客观问题，在普通教育中是很少存在的。

少数民族地区比较复杂，总体上对读书改变命运的观点不大认同，由于一部分学生辍学，因此通过念书改变了命运的也很少，学生的数量靠政府的强制措施维持。县政府给乡镇府考核的，义务教育这一块还是有相应的指标。像有学生辍学了，我们给乡上发个通知，哪个学生走了，走了多长时间，乡上就往回劝，但有些再劝不回来就没有办法了，就只能辍学了。说到底，这根本上还是一个观念的问题。

(摘自 L 州某中学 S 校长访谈笔录)

虽然教育行政部门对老师有明确的"控辍任务",但也有学生离开学校后外出打工,实在没有办法劝回来的就只能辍学了,辍学现象在一定范围内客观存在。T 也解释说,在各种各样的原因导致的缺勤和旷课现象中,发现有极少数是由自然原因造成的,如遇到暴风雨等恶劣天气、学生来学校交通不便而未能及时到校上课。在访谈中,有教师也认为目前学校的课程设置上还存在一些问题。

(教学中)总感觉统编教材和少数民族学生的实际情况不相符合,差距比较大,我觉得这是存在的一个大问题。现在确实存在主流文化对少数民族文化冲击的问题,而且冲击太大了。学生和家长都是实用主义(者),他们都在为学生的前途考虑,这些现象都对民族地区学校课程实施构成了"潜在的威胁"。

(摘自 H 中学 M 教师访谈笔录)

最近在学校连续听了一些课,就民族地区学校的课堂教学看,学校中汉族学生和少数民族学生之间有差距,同样在民族学生内部,也存在着很大的差异。由于学校是按照学生的入学考试成绩来编班的,一个年级 24 个平行班,学生之间、教学班之间表现出的差距可想而知。从上课学生的反应和表现就能看得出来。在学校的教务部门调查得知,学校根据学生的情况给每个教学班配备的教师也是有差别的,生源好的教学班当然是好教师,差的更差。这种"强强联合、弱弱携手"的做法研究者实在不敢苟同。学生的个体差异是现实的,如果再人为地拉开这种差距,恐怕就有些不大正常了。就教师上课的表现来看,能看得出来,不管是在哪个教学班,教师的工作似乎都显得很吃力。一个很简单的问题,老师必须苦口婆心地讲几遍,才能达到预期的效果。一部分学生的基础太差了,初中的学习内容,老师们必须在高中的课堂上给他重新讲解。访谈时一些任课教师都有同感。其实研究发现要知道课堂教学的效果观察学生的反应就知道了:有些学生佯装听课,一看心思就不在课堂上；有些学生听课的同时，满脸困惑，一副很茫然的表情；有的同学虽然在认真地听老师讲课，但能看得出来，学生的学习是存在一定困难的。

（摘自 2012 年 10 月 18 日田野日记）

2. 课程实施——来自实证的数据

访谈中的观点是否真实地反映了课程实施中客观存在的问题呢？量化的调查结果如何呢？首先从学校课程开设现状入手探讨民族地区课程政策的适切性是论证的常理。就学生的总体判断而言，有 85.2% 的学生认为学校课程的开设是符合自己实际情况的，方差分析表明，不同民族的学生之间不存在非常显著的差异，认识较为一致。统计表明，汉族学生得分的平均数为 3.67，藏族学生为 3.79，回族学生为 3.67，见表 4—14。

表 4—14　课程开设与学生实际相符合程度的描述统计结果

题项	民族	M	SD	N	选项 1	2	3	4	5
学校里各门课程的开设符合我们的实际	汉族	3.67	1.09	258	9	29	69	83	68
	藏族	3.79	1.06	540	16	45	139	174	166
	回族	3.67	1.12	500	15	66	135	138	146
	其他	3.43	1.17	79	2	20	17	22	18
合计		3.70	1.10	1377	42	160	360	417	398

问卷中设置了"学校课程和教学的实施能关照到我们的实际情况"的调查问题，从统计结果看，有 5.1% 的学生认为这种情况完全不存在；有 15% 的学生认为这种说法不大符合现实情况；有 62.8% 的学生认为这种说法是比较或者基本符合现实的；也有 17.1% 的学生认为这种说法与实际情况是非常吻合的。显然不同民族的学生在对课程实施与自己实际情况相符方面的判断是有差异的，方差分析的结果也确实存在显著差异 [$F(3, 1383) = 21.14, p<0.001$]。虽然学生整体判断较高（平均得分为 3.37），

但不同民族的学生表现出了差异（最低的得分仅为2.94）。调研发现，课程实施的适切性问题对不同民族学生而言，不但不能完全弥合他们的期望，而且在某些方面也影响少数民族学生的学习积极性。

为了能够更好地揭示相关问题的成因，研究对民族地区学校课程与本地区社会实际的关系进行了调查。统计发现，在问及学校的课程与本地区的社会实际的关系时，24.9%的学生认为学校的课程内容与本地区的社会实际关系不大；15.7%的学生认为现行民族地区学校的课程内容对不同的民族的学生而言，是不大适用的。从统计结果看，不管是汉族学生，还是藏族学生或回族学生，对此问题的认识上没有表现出太大的差异。在对教师的问卷调查中，68.8%的教师认为学校课程和本地区的社会实际有一定的关系，仅有7.5%的教师认为本校的课程和本地区的社会实际有非常密切的关系。这些有关课程实施现状的调查结论部分反映了民族地区师生对当前学校课程政策的总体评价。

虽然民族地区学校在课程实施，尤其在学生学习上存在一些困难和问题，但访谈中学校负责人和教师都表示最近几年还是发生了一些可喜的变化。

> 像这几年高考试题除汉语文外，其他科目的试题都是全国统考卷的翻译卷，学生慢慢开始有压力了；而且最近几年工作不好找，学校从管理上也加强了，比以前严格多了，这几年感觉学生还是有变化的，最起码高三的学生让人感觉有（学习）状态了，像个高三学生的样子了，晚自习、早自习都按时上了，虽然个别学生有时不愿意，但学校管理很严格。比如说规定六点上自习，学生必须按时到，无条件服从，这样学生的组织纪律也就慢慢地好起来了。
>
> （摘自Z中学T教师访谈笔录）

3. 民族地区学校师生面临的困难

不管现场调研还是问卷数据的分析，研究发现在学生学习过程中面临着诸多的困难，研究对此问题进行了重点关注。在被调查的教师中，有23.3%的教师认为对其教学影响最大的是课程实施的问题。为了探讨这一问题产生的原因，调查问卷对师生现存的教学与学习困难的表现进行了分析，结果如表4—15所示。

表4—15　　教师对学生学习困难判断的统计结果

题项	调查结果的排序（%）					
	1	2	3	4	5	6
学生学习积极性不高，对学习没有兴趣	38.7	29.4	13.9	10.6	4.1	3.4
学生基础差，听不懂	34.4	30.2	14.5	11.4	4.9	4.4
我的教学方法有问题，效果不明显	33.6	25.3	15.0	14.7	5.7	5.7
教材难度大，学生不愿学	29.9	19.3	15.4	13.8	11.2	10.4
教学内容与民族地区的实际不大符合	29.6	22.1	19.7	15.8	8.6	4.2
学生的学习态度对我有影响，使我缺乏信心	27.5	21.8	20.7	15.5	8.5	6.0

不难看出造成这种实施困难的原因是多方面的。其中影响最大的"学生学习积极性不高，对学习没有兴趣"；其他依次是"学生基础差，听不懂"、"我的教学方法有问题，效果不明显"、"教材难度大，学生不愿学"、"教学内容与民族地区的实际不大符合"、"学生的学习态度对我有影响，使我缺乏信心"。在排列的这些原因中，可以归纳为学生自身的原因、教师的原因和教材的原因。显然学生自身的原因位居调查结果的首位。

为了进一步了解教师的教学困难和学生的学习困难是否对应，学生问卷调查中也对学生的学习困难进行了调查。分析结果表明，学生学习中的最大客观困难依次为："太多的家务经常影响我的学习"；其他困难依次是"学习方法不对，没有效果"、"听不懂，对学习没有兴趣"、"同学经常在学习上打击我，使我缺乏信心"、"老师经常批评我，我放弃了"（见表4—16）。

表 4—16　　　　学生对自己学习困难判断的统计结果

题项	调查结果的排列顺序（%）				
	1	2	3	4	5
太多的家务经常影响我的学习	49.0	15.3	14.1	10.7	10.6
学习方法不对，没有效果	43.1	26.4	14.9	9.1	6.5
听不懂，对学习没有兴趣	35.0	29.1	14.1	12.1	9.7
同学经常在学习上打击我，使我缺乏信心	33.9	30.5	13.8	10.9	10.8
老师经常批评我，我放弃了	28.9	25.9	23.4	14.0	7.7

　　显然在师生调查中所反映的教学与学习困难中，教材难度大，学生听不懂，从而对学习丧失兴趣等客观原因是共同的。这也印证了访谈中师生普遍反映的"统编教材对民族学生难度较大，听不懂"的说法，其实这个原因也是师生在课程与教学困难判断方面形成的"交集"，访谈进行了重点关注。有教师反映了民族地区学校课程存在的不合实际的问题。也有教师认为，现行的教材难度大，对民族学生不适用。

　　　　我们上课就感觉很明显，就感觉这个课本太难了。以前那个版本还可以（难度适中），上起来学生还能接受，换了现在的新教材之后，第一届我和 F 老师（另外两个平行班的英语老师）两个人带的时候，上起来就费劲得很，我们就一直在学教材，学生的水平也差，大多数来自农牧区，下面条件有限，就没有打好基础，高中来上这个教材就更难，直接就没有办法往下上（课）。

　　　　　　　　　　　　　　（摘自 Z 中学 W 教师访谈笔录）

　　　　一个明显的感觉是课本太难，再一个问题是初中和高中之间衔接不上，初中有些学生英语学习还可以，虽然跟其他学校有差距，但差距也不是太大。但一上高中以后，初中学的东西忘掉了，高中的东西还没有学会，就出现了这种（不乐观）的情况。和其他学校的差距大得很，有时候就直接没有办法和人家比，去年初中英语和全县的平均水平相差二十几分，应该说，初中刚学英语，应该拉不开这么大的差距。我觉得这个课本首先不配套，英语课本内容我觉得跟我们学生的实际相差太大了，好多东西我们在教的过程中难教得很。如我今天上课给的导入的那五个句子，他们纯粹就辩（理解）不来，我在句子中把首字母给出来让填单词，人家还是想不出来。其实在普通学校，直接填空就行了，也没有必要给出首字母，人家就能想起来，这就是差距。

（摘自 Z 中学对 C 教师的课后访谈笔录）

调查表明，在民族中学使用统编教材的做法一方面客观上造成了学生在学习过程中的学习困难，另一方面也严重挫伤了学生的学习积极性和对学习的兴趣，对民族地区课程政策的实际执行效果产生了不可低估的影响。

（四）师生参与课程管理与教学评价的程度

1. 学生参与评价的现状

调研发现，民族地区学校学生对目前学校的评价方式、参与评价的程度等活动有一些意见和建议。在此对学生参与课程与教学评价的权利做进一步分析，因为参与课程与教学评价的权力是体现师生课程实践参与程度的重要指标。从某种程度上讲，师生对目前教学以及整个评价机制的判断就是师生行使课程权力的体现，问卷中设置了相应的问题对此进行调查。当问及学生的评价机会时，显然学生有一定的参与（调查的平均得分都在 3.00 以上），但参与程度有限（得分不高）。在现实中几乎是"照着做"的"忠实执行"取向。对不同民族学生的进一步方差分析表明，不同民族学生之间存在着显著差异 $[F(3, 1383) = 21.14, p < 0.001]$。藏族学生和回族学生之间存在着明显差异（3.94>3.08，见表 4—17）。

表4—17　　　　　学生教学评价机会的描述统计结果

题项	民族	M	SD	N	选项 1	2	3	4	5
我有对教师的教学进行评价的机会	汉族	3.31	1.29	256	25	49	66	54	62
	藏族	3.94	1.09	546	15	47	112	155	217
	回族	3.08	1.20	497	42	138	124	122	71
	其他	2.76	1.15	79	9	29	20	14	7
合计		3.45	1.24	1378	91	263	322	345	357

在对现行评价体制的判断方面，被调查的学生几乎都对目前的考试评价体制表现出了较高的认同（调查的平均得分均在 3.53 分以上，见表4—18）。进一步方差分析结果显示，不同民族的学生之间存在显著差异 $[F(3,1365)=11.73, p<0.001]$，藏族学生与汉族学生之间存在显著差异。

表4—18　　　学生对当前学业评价形式认识的描述统计结果

题项	民族	M	SD	N	选项 1	2	3	4	5
当前对学生的考试都是有效的	汉族	3.53	1.13	258	13	31	82	71	61
	藏族	3.93	1.05	538	18	36	102	193	189
	回族	3.73	1.11	495	20	49	125	154	147
	其他	3.36	1.13	78	4	14	24	22	14
合计		3.75	1.11	1369	55	130	333	440	411

在访谈中，调查的师生都认为现在对民族学生的评价中存在问题。民族教育实践也表明，由于家庭教育的耳濡目染和民族风俗习惯长期熏陶，大多数民族学生在民族文化传承方面有一定的兴趣。如藏族学生在唐卡艺术、传统体育、歌舞表演等，回族学生在阿语表达和交流、虔信为善等方面都受过良好的训育，甚至在某些方面表现出了特长，这些应该在民族地区学校得到充分的尊重，提供一

定的学习机会，让其充分发挥或展示出来。但现有的评价方式难以使这一部分少数民族的学生从现有的评价方式中获得成功的体验。

能够有效地参与目前的课程管理，也是探讨学生课程政策权利的重要指标。问卷调查中设置了问题进行了调查。在学校开设的课程中，调查表明，除了藏族学生之外，汉族学生、回族学生以及其他民族的学生对开设的课程几乎都没有太多了解的机会（藏族的平均得分为3.50，汉族、回族学生以及其他民族学生的平均得分依次为2.81、2.80、2.63，见表4—19）。方差分析结果表明，不同民族学生之间在了解课程开设的机会方面存在显著差异[$F(3,1373)=45.16, p<0.001$]。藏族学生与汉族学生、回族学生以及其他民族学生之间存在显著差异。

表4—19　　　学生对课程开设参与程度的描述统计结果

题项	民族	M	SD	N	选项 1	2	3	4	5
我经常有机会了解课程开设的一些情况	汉族	2.81	1.14	259	32	76	87	38	26
	藏族	3.50	1.10	544	24	79	153	178	110
	回族	2.80	1.11	495	60	145	161	91	38
	其他	2.63	1.15	79	12	30	17	15	5
合计		3.07	1.17	1377	128	330	418	322	179

2. 教师参与课程管理与评价的程度

在教师的课程权力方面，笔者对学校在给教师安排教学科目方面的参与程度进行了调查。结果表明，不同民族的教师之间并不存在显著差异[$F(3,391)=0.83, p=0.51>0.05$]。几乎所有的教师都认为学校在安排教学科目时不会征求他们的意见。在调查学校给教师安排课时量时是否会征求教师意见的问题上，也得到了几乎一致的结论，不同民族的教师并不存在显著差异[$F(3,396)=1.02, p=0.38>0.05$]。教师认为学校在安排工作量时也不会征求他们的意见，教师问卷调查的得分均在2.88分以下（见表4—20）。

调研表明，教师对课程的相关决策参与极其有限，难以调动他们的工作积极性。与此同时，教师参与课程管理权力较小，但民族地区学校教师的工作量偏大却是不争的事实。

表 4—20　　学校教师参与教学管理程度的调查结果

题项	教师参与教学科目开设决定的程度			教师参与就学工作量制定的情况		
统计结果	M	SD	N	M	SD	N
汉族	2.74	1.14	101	2.71	1.14	102
藏族	2.88	1.21	159	2.82	1.20	162
回族	2.73	1.24	124	2.70	1.26	124
其他	2.50	0.91	12	2.17	1.27	12
合计	2.75	1.17	396	2.71	1.19	400

访谈中民族地区学校领导和接受访谈的教师几乎都表述同样的观点。

> 学校里一部分老师要带两个班的两门主课，还要兼一个班班主任的工作，我们是寄宿制学校，晚上还要做住校生的管理工作，还有像备课、批改作业这样的常规工作，你想想，我们的老师（一天）还有多少自己可以支配的时间和精力。

被调查的 Z 中学 K 教师无奈地告诉笔者。为了证实被访教师的说法，本书对甘肃省两个民族自治县 806 名城乡及不同学段学校教师工作量（任教科目数和周课时）进行统计分析，结果表明：民族地区教师工作量普遍偏大（见表 4—21、表 4—22）。

表 4—21　　民族地区城乡教师工作量（任教科目数、
　　　　　　　周课时）的比较

城市和农村	样本量	任教科目数（门）	平均周课时（节）
城市	353	1.2	12.0

续表

城市和农村	样本量	任教科目数（门）	平均周课时（节）
农村	453	1.6	14.2
合计	806	1.4	13.2

表4—22　民族地区不同学段教师工作量（任教科目数、周课时）的比较

学校类别	样本量	任教科目数（门）	平均周课时（节）
高中	480	1.2	12.4
初中	165	1.5	14.0
小学	161	2.1	14.9
合计	806	1.4	13.2

从数据看，教师的工作量似乎看来很正常（平均值接近一些地区给教师规定的标准工作量）。值得说明的是，调查数据是在民族地区学校采集的，所有中学和部分小学都是寄宿制学校，教师除了正常的教学工作量之外，所有在岗的教师还要兼职做学校住宿学生的管理工作，教师"白天做教师，晚上做保姆"的工作状态无形中增加了教师的工作量。另外，调查的所有学校中，部分学校普遍存在着大班额的现象，客观上也加重了教师的工作负担。课程实施完全是"忠实执行"取向，教师不仅得"照着做"，而且得辛苦地"照着做"，这在客观上对教师的工作积极性产生了一定程度的影响。

三　基本结论

调查结果表明，不同政策对象对现行课程在民族地区学校的适切性表达了不同的看法。师生的反映相比，教师认为现行课程政策实施的现状，如课程内容、目标等方面与民族地区、民族地区学校的现实不相适应，而学生评价较为积极，但总体不是很理想。尤其在民族地区学校传承民族文化、体现民族学校特色方面师生都认为

课程和教学中没有完全落实，学校"一统"的色彩和"痕迹"很浓，是课程实施中出现的问题，这不仅影响了课程政策实施的效果，也在一定程度上影响了民族学生自身的发展。尤其在师生的课程参与方面，权力过小，影响了其课程参与的积极性，也在某种程度上影响课程政策在民族地区的实际执行效果。

第三节　课程政策实施的效果

从某种意义上讲，课程政策的效果就是课程实施后产生的结果。民族地区的课程政策效果就是课程政策实施后对少数民族学生产生的积极影响。但"课程政策的效果又具有长期性和滞后性，对课程政策的评估不能采取短视和短期的视角，只追求短期的效益，只追求外显的量化指标，其结果必定会伤害到学生的发展"[①]。基于这种考虑和理论逻辑，在对民族地区课程政策实施实效性的判断上，问卷调查侧重对课程实施的客观结果进行调查，现场的访谈侧重对问卷中的问题进行归因，力求从不同的维度使研究对课程政策的效果进行尽可能的说明和判断。

一　课程开设的现状

课程开设的现状是判断课程政策实施效果的前提，课程是否"开齐"和"开足"又是反映课程实施现状的重要指标。统计结果表明，有26%的学生认为学校没有开齐相应的课程。进一步实证访谈中学生反映最多的就是被看成"副科"的音乐、体育和美术等课程没有开齐。调研发现虽然这些课程"没有开齐"，但学生在学习兴趣方面却表现出了较高的积极性。为了验证没有开齐是因为学生"兴趣不浓"的假设和托词，问卷设计中对课程开齐的程度和学生的兴趣程度进行了调查和分析。结果表明，有10.3%的学生反映没有开设音乐课程，与这种"没有开齐"相对应的是，有近83%的学

[①] 黄忠敬：《课程政策》，上海教育出版社2010年版，第8页。

生对此却有较为浓厚的兴趣；12%的学生反映没有开设美术课程，有近73%的学生对此却有较为浓厚的兴趣。但仅有1.3%的民族学校的学生反映没有开设体育课程，同样学生的体育兴致很高，有87%的学生对此有较为浓厚的兴趣。笔者也对民族地区学校"没有开齐相关课程"的原因进行了调查，发现因为在一部分民族地区学校中缺乏开设音乐、美术等课程的相应器具、设施。这些问题在访谈资料中得到了相应的证实。

> 音、体、美等课程方面的硬件制约着教育教学的顺利进行。像学生上体育课没有必要的场地（操场太小）；音乐课也没有相应的器材。
>
> （摘自H中学M主任访谈笔录）

体育课在一些学校的确没有开设，但从量化统计结果来看，似乎比例很小。在学校调研时发现有时老师让学生在课余时间"玩一会"，学生将其当成了应然的"体育课"，认为学校实际在开体育课，其实是误解。调查也发现实际上这些课程的课时被其他课程完全挤占了。除此之外，在对学生课程开齐程度的总体调查中，学生总体反映如图4—1所示。

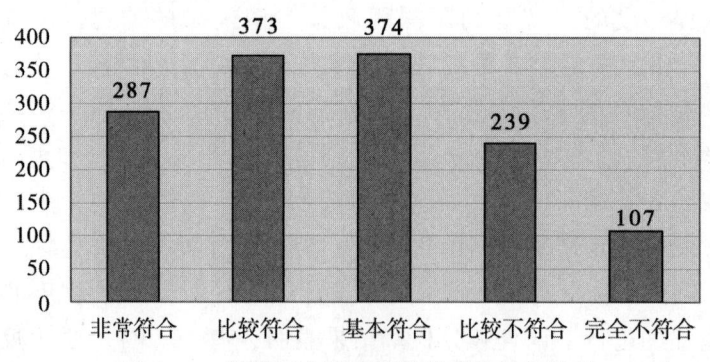

图4—1 学校开齐课程情况的频数统计结果

非常符合 287；比较符合 373；基本符合 374；比较不符合 239；完全不符合 107

课程开齐的现状如此，开设出的课程是否按照相关的要求"开足"了呢？在开设的课程中是否开足了相应课时也是调查中对课程实施效果考量的基本点。当问及"开设的课程是否开足了课时"的问题时，有18.8%的教师认为虽然课程开设了，但没有开足课时。有2.4%的藏族学生反映学校没有开设藏语文课程。但在被调查的540名藏族学生中，有437（80.9%）名藏族学生反映对藏语文有浓厚的兴趣。不可否认课程设置出现的这些问题势必会影响课程政策的实施效果。

二　课程政策的实际效果

（一）学生对政策效果的认知和评价

谈课程政策效果，作为参与者和评价主体的学生是最有发言权的。学生是如何认识现行课程政策的作用和效果的？这是本书关注的重点。当然，对课程政策作用和效果的考量很大程度上又是从课程本身的评价入手进行判断的。在学生问卷调查中，有85.1%的学生确信学校课程的学习能帮助提高自己在社会生活中的适应能力，表现出了良好的兴趣和动机。进一步方差分析结果表明，不同民族学生在此问题的认识上表现出了显著差异 [$F(3,1376)=12.70$，$p<0.001$]。事后比较表明，藏族学生与其他民族学生表现出了显著差异（3.84>3.25，见表4—23）。数据表明，在学生对学校课程主观作用的认识中，也有14.9%的学生认为学校课程不能提高他们在社会生活中的适应能力，对学校课程的作用持消极态度。访谈对学生持消极态度的原因进行了调查，发现一部分学生正是从"实用"的角度对课程的作用进行判定的，"学了不能用"是他们对课程作用的基本判断标准。

在问及学生什么是地方课程和校本课程时，不同民族的学生还是表现出了较大的差异。从统计结果来看，不管是学校课程还是对什么是地方课程，回族学生和汉族学生对此问题的认识几乎是一致的（平均值分别为2.97、2.49和2.92、2.36）；而藏族学生则对这问题表现出了较高的认识和理解（平均值分别为3.31和3.13，其他民族学生调查得分的平均值都在3.00以下，见表4—24）。调查发现这与藏区学校三级课程中学校课程的落实程度有直接关系。

在藏区学校调查中，学校至少有师生都知道的开发出来的校本课程，只是有些课程的确没有很好地落实而已。

表4—23　　　　学校课程对提高学生社会适应能力
作用判断的描述统计结果

题项	民族	M	SD	N	选项 1	2	3	4	5
学校课程提高了我在社会生活中的适应能力	汉族	3.53	1.09	257	11	34	73	87	52
	藏族	3.84	1.02	547	17	29	145	191	165
	回族	3.58	1.12	497	20	68	135	152	122
	其他	3.25	1.10	79	1	24	21	20	13
	合计	3.65	1.08	1380	49	155	374	450	352

表4—24　学生对地方课程和校本课程了解程度的描述统计结果

题项	学生知道地方课程是怎么回事			学生知道校本课程是怎么回事		
统计结果	M	SD	N	M	SD	N
汉族	2.36	1.17	256	2.92	1.24	260
藏族	3.13	1.19	542	3.31	2.13	542
回族	2.49	1.25	494	2.97	1.21	496
其他	1.92	1.02	79	2.33	1.31	79
合计	2.69	1.26	1371	3.06	1.66	1377

在被调查的学生看来，学校开设的课程在帮助他们发展方面能产生积极的作用，他们主观方面也在做积极的努力，那么学校教育对整个民族地区经济社会的发展有无积极的作用呢？问卷中对此也进行了调查。在问及"当地的学校教育能为经济社会发展提供必要支持"时，有83.8%的学生是持肯定态度的，也有16.2%的学生表达了相反的观点。方差分析表明，不同民族的学生在判断学校教育对经济社会发展方面的作用认识上存在显著差异 [$F(3, 1380) = 7.75, p < 0.001$]。事后比较表明，藏族学生和其他民族学生之间

存在显著差异（3.73＞3.38）。汉族学生和回族学生之间有差异，但并不显著（得分为3.46和3.35）。

（二）教师对学校课程政策实施的评价

当然，和学生一样对学校课程实施有发言权的肯定是学校的教师了。评价源于认识，为了解教师对课程的认识，问卷调查还以"解构"的方式，针对课程结构中的相关组成部分调查了教师对此内容的认识。结果表明，教师认为课程结构中各部分在学生的发展过程中的重要性程度依次是：课程管理、课程内容、课程评价、课程实施、课程目标和课程结构（见表4—25）。

表4—25　　　教师对课程结构重要性程度的排序结果

题项	调查结果的排序（%）					
	1	2	3	4	5	6
课程管理	41.8	22.0	12.9	10.5	7.0	5.9
课程内容	27.5	27.5	18.2	12.8	8.0	5.9
课程评价	27.3	25.7	16.6	11.5	10.2	8.8
课程实施	26.7	24.6	16.8	15.0	11.2	5.6
课程目标	25.4	24.3	15.2	15.0	13.1	7.0
课程结构	23.0	23.0	21.1	17.6	8.0	7.2

调研发现，出现这种判断结果的根本原因一方面是学校在实际执行课程中根据考试的科目人为地划分语文、数学、外语等"主科"和音乐、体育、美术等"副科"，人为地对学校所开设的课程的重要性程度进行了"排位"，在这种思想认识下，教师在学校工作中也就产生了与其任教学科重要性程度相一致的"排名"；另一方面，调查也发现，新课程改革所倡导的三级课程在部分民族学校并未完全落实。这些现象都使"课程管理"在教师看来较为"混乱"，认为课程管理问题被人为地忽视，问卷调查中其"重要性程度"也自然相应提高。

调查发现，相关访谈者认为部分教师长期对课程等概念形成的误解也是导致这种判断结果出现的原因，评价过程中自然不可能做到客观、公正。H中学M主任在访谈中指出："目前教师在课程实施过程中存在一些错误思想和认识。如有些教师在开发校本课程的认识上比较盲目，我们一直在讨论校本课程，但到底什么是校本课程，现在都没有弄清楚。"被访谈的民族地区学校负责人和教师都认为"学校层面校本课程开发得很少，真正落实的就更少了"。

在校本课程的认识上，接受访谈的H中学H校长同样表达了自己的看法和观点。尤其在谈到学校的校本课程开发时，他感慨万千。"现在人们对学校课程的认识上还是存在一定的误解的，有人总把校本课程当成一个'筐'，什么东西都往里面装。有些学校里进行的倒还可以理解，但有些东西学校根本做不了的，也往学校的课程里编写。"比如他举例说学校所在的L州的民族挂毯是一种很有特色的工艺品，但这种东西在学校里是没有办法将其开设为校本课程的，他曾经发现有学校也将此开设为校本课程，暂且不说给学校的实际教学带来了多大的困难，就从教学的效果上来看，由于学生只是看，教学缺乏可操作性，学生即使学懂了，会做了，适用的场合和机会也很少。他认为其实老师平时的点点滴滴就是在自己的教育教学实践中积累的，老师反思的一些东西就是自己的研究，这些东西是最切合学生实际的东西。调查发现一部分民族地区学校在进行分层教学，各个班的学生是有差别的，老师们就根据学生的不同情况进行有针对性的教学，效果还是挺好的。被访谈的教师也对分层教学实施的客观需要进行了相应的分析。

> 因为我们学生的差距很大，入学的最高成绩有670多分，最低的只有160多分！如果放在一个班，肯定出现的情况是好学生"没吃饱"，差学生又理解不了，出现了明显的"短板效应"，我们能提高整体的教学质量才怪呢？
>
> （某民族中学T主任访谈笔录）

三 利益相关者对课程政策实施效果的评价

前文已述，师生对课程政策实施效果已做出了相应的评价，但学生家长的教育观念也影响到课程的实施。他们也是学校课程实施效果最主要的评价主体，他们对学生学习支持的程度是学校课程政策顺利推行的保障，问卷调查中设置了相关的问题通过学生做了进一步调查，在此结合实地访谈就他们的评价做相应分析。

（一）家长对课程实施效果的评价

家长对学校教育教学质量的评价也是评判课程政策效果的主要方面，学生问卷结果表明，84.5%的学生认为家长对学校的教学质量是持积极肯定的态度。在进一步的方差分析中发现不同民族的学生之间存在显著差异 $[F(3, 1372) = 9.34, p<0.001]$。事后比较表明，藏族学生与回族学生之间对此认识上的差异较为显著。而且从描述统计的结果来看，藏族学生整体认为自己家长对学校教育教学质量的评价是积极的（平均值为4.00），其次是汉族学生（平均值为3.71）和回族学生（平均值为3.70），具体结果见表4—26。

表4—26　　家长对学校教育教学质量评价的描述统计结果

题项	民族	M	SD	N	选项				
					1	2	3	4	5
我的家长对学校的教育教学质量的评价是积极的	汉族	3.71	1.08	259	9	19	86	68	77
	藏族	4.00	1.04	539	12	30	127	145	225
	回族	3.70	1.10	499	22	40	148	144	145
	其他	3.85	1.08	79	0	11	19	20	29
合计		3.83	1.08	1376	43	100	380	377	476

家长对学生在学校学习内容上的评价又从一个侧面反映了家长对现行课程政策实施效果的评价，是民族地区社会民众对课程政策"回应性评估"的主要组成部分，在对"我的家长对我学习的内容评价是积极的"这一问题的调查中，有85.4%的学生认为家长对目前的学习内容是比较肯定的。不同民族学生的方差分析结果表明，不同民族学生之间表现出了显著差异 $[F(3, 1382) = 136.38, p<0.001]$，藏族学生与回族学生之间表现出了显著差异（3.93>3.48，

见表4—27)。

表4—27　家长对学生学习内容评价的描述统计结果

题项	民族	M	SD	N	选项 1	2	3	4	5
我的家长对我学习的内容评价是积极的	汉族	3.54	1.12	261	13	28	87	70	63
	藏族	3.93	1.07	543	16	38	118	166	205
	回族	3.48	1.15	497	26	65	173	108	125
	其他	3.39	1.04	77	2	12	31	18	14
合计		3.67	1.13	1378	57	143	409	362	407

虽然家长对学校的教育教学质量的评价以及对学生的学业支持是积极的。但实地调研中教育行政官员和学校负责人反复提到课程实施中遭遇的师资问题还是民族教育面临的最大困难，也在一定程度上影响了课程政策实施的效果，这在研究的访谈中体现得十分明显。

从对M校长的访谈中不难看出，在民族师资紧缺的问题上，作为基层管理者在实践中有不少苦衷。

> 我现在几乎没有精力关注学校的教学质量，我整天都提心吊胆地担心哪位老师要请假，他一走，这几个班的课我怎么去调，我整天为学校教务上的这些事情忙活着，我几乎成了学校的副教务主任（感叹并无奈）！学校每年都在进人，但进的人不一定对我们有用。一部分新进的教师是典型的"高学历、低能力"，导致教学质量很难提高，学校面临的师资的问题始终没有得到很好的解决，民族地区学校的师资赶不上（普通学校），是导致民族教育质量难以提高的根本原因。

M校长在访谈中直言不讳地告诉笔者民族教育质量比较低下的原因。更有被访谈的教师认为，综观民族教育的发展质量，甚至认为在一些地区和学校出现了"不升反降"的尴尬局面。当然从相关的访谈中不难看出,除了民族地区师资短缺这个现实困难之外,还有在诸多研究中经常提及的教育观念落后、学生基础差等因素也给民族地区学校教育教学质量的提高造成的困难。

(二) 家长对学校教育的支持程度

家长对学生的学习甚至对学校教育关注与否,直接关系到课程政策效果的延续和保持。在对"我的家长对我的学习很关注"这一问题的调查中发现,有94%的学生是积极肯定的。进一步分析不同民族学生的判断是否存在差异,方差分析结果表明,不同民族的学生之间存在着显著差异[$F(3, 1374) = 4.87, p = 0.002 < 0.05$]。事后比较表明,藏族学生和汉族学生、回族学生之间都存在显著差异(4.38 > 4.17);而汉族学生和回族学生之间并不存在差异(得分的平均值均为4.17),得分较高(见表4—28)。

表4—28　　学生家长对学生学习关注程度的描述统计结果

题项	民族	M	SD	N	选项				
					1	2	3	4	5
我的家长对我的学习很关注	汉族	4.17	0.98	256	3	15	42	71	125
	藏族	4.38	0.94	545	9	16	72	108	340
	回族	4.17	1.01	500	11	21	89	129	250
	其他	4.34	1.02	77	2	4	7	17	47
合计		4.26	0.98	1378	25	56	210	325	762

在实地调研中收集的相关资料也支持了量化分析的结果。

今天课间,发现有位中年妇女在学生公寓楼前徘徊,上前打听才得知,她是一名学生的家长,她家的三个孩子在这所学校上学。我说明调查意图后,她愉快地接受了访谈。并执意要我尝一下她从家里带来的煮鸡蛋,我婉拒后,深深被她的淳朴和善良感动了。访谈间得知,她首先要步行十几里山路,然后坐一个小时的车来县城的学校。她今天赶来学校是因为昨天大女儿打电话说小女儿在学校生病了。她一大早赶来学校看生病的女儿，现在刚上课，她只能等下课再去看孩子。她家里的三个孩子都在这所学校就读，在学校里学习都比较好，其中老大上高二，在全年级成绩排名第二。问及对孩子的教育态度时，她说目前三个孩子上学，家里的负担还是比较重，他们牧区主要靠放（牧）牛羊的收入，最近两年天气干旱，今年如果还这样持续干旱，恐怕牛羊也养不成了。但她坚定地表示，即使家里再穷，他们也要供孩子上学，因为他们这一辈人就尝尽了没有文化的苦头，同时她认为上学是孩子找到"好工作"的唯一出路。言谈间，我不断地被她的朴实和坚定所感动。

当问及学校的教学和孩子的学习时，她是非常肯定的。认为这个学校的老师非常认真，学生每天在学校的学习情况，每次考试的成绩，老师（班主任）会及时通过手机短信告诉家长，他们也给老师发短信，有机会就来学校和老师当面聊聊。言谈间她不断地肯定民族中学在孩子受教育方面所做的积极努力。同时也肯定了国家少数民族教育政策的积极作用。当问及其他的政策期待时，她希望孩子们能顺利考上好的学校并找到工作。

（摘自 2012 年 4 月 26 日田野日记）

（三）家长对孩子学习的关心程度

家长对孩子学习的关心和支持从某种程度上反映了家长或社会民众对课程政策尤其是学校教育的认同程度。家长对孩子的关心体现在很多方面，也是衡量课程政策实施效果的重要方面。研究中选取了"家长为孩子购买课外学习资料"这一问题进行调查，结果表明，有 80.6% 的学生认为家长经常为自己购买课外学习资料。家长是否经常通过一定的方式辅导孩子的学习，是巩固学校教学效果的重要环节，调查问题中选取"家长经常为我聘请家教辅导我的学习"这一问题，结果显示，仅有 39.6% 的学生认为家长这样做了，而大多数学生认为家长并没有这样做。笔者针对不同民族的学生做了进一步方差分析，结果表明，不同民族之间的学生表现出了较大的差异 [$F(3, 1382) = 136.38, p<0.001$]。描述统计的结果说明了这一点。汉族学生得分为2.20，藏族学生得分为3.05，回族学生得分为1.91，其他民族学生得分仅为1.63，具体结果见表4—29。

表4—29　　　　学生家长辅导学生学习情况的描述统计结果

题项	民族	M	SD	N	选项				
					1	2	3	4	5
我的家长经常为我聘请家教辅导我的学习	汉族	2.20	1.19	261	93	80	46	28	14
	藏族	3.05	1.38	548	85	136	108	105	114
	回族	1.91	1.15	498	249	127	65	33	24
	其他	1.63	1.04	79	50	17	6	3	3
合计		2.40	1.36	1386	477	360	225	169	155

量化的研究结果证实了学校负责人、教师等指出的"家长教育观念相对落后，还没有完全形成支持学校教育的良好氛围"的抱怨。调研中当然不排除有对学校教育鼎力支持的家长，但从整体来看，形势不容乐观。需要说明的是，调查也表明，在民族地区聚居的汉族家庭和学生，也受到了某种程度的影响，他们支持教育的态度和积极性也不容乐观。

不管是量化的调研结果，还是质性的实地调研，家长的教育观念在一定程度上影响着孩子的教育、影响着课程政策在民族地区学校实施的效果是不争的事实。教育行政官员的埋怨、教师工作热情的被消解、学生基础差的现实使我们在对课程实施效果的评判中难以得到满意的结果，也引起了笔者的反思。

四　基本结论

现行课程及其政策在民族地区学校的实施效果是本书关注的重点。笔者通过对不同教育主体的调查，结果表明：现行课程政策在民族地区学校的实施效果较为乐观,达到了课程目标所规定的要求。但一个不容回避的问题是三级课程体系刚刚建立,以往大一统的国家课程还是一统天下。地方课程和校本课程在实施中困难重重,学校作为课程开发和实施主体的地位不能充分显现,使民族地区学校的特色课程在实施中大打折扣。数据表明,不同民族的学生对课程政策的实际效果在判断上表现出了较大差异。校本课程实施的诸多问题以及民族地区还没有完全形成全社会关注教育的良好氛围等都是今后急需关注的问题。尤其是最近几年学生就业的现状部分地影响了学生的学习情绪和课程政策执行的效果,部分民族地区民众(主要是学生家长)简单地用少数民族学生就业的现状衡量民族教育的质量,对民族教育产生了一定程度的误导。这其中除了政策的原因之外,学生本身民族文化传承意识的缺乏也是导致民族地区学校课程和教学缺乏特色和政策效果不理想的又一深层次原因。

第四节　政策实施后利益相关者的主观公平感

本书是在主观教育公平的视域下审视民族地区的课程政策的,因此各教育参与者的主观公平感也是研究的重要指标,但公平感衡量又是研究中面临的难题。有一点是肯定的,就是人们的主观公平感受来自人们对公平事实的判断。换句话讲,人们的主观公平感受就是人们对"感觉公平还是不公平"的回答。基于这种考量,笔者重点对民族地区课程政策实施的效果进行了考察,事实上造成人们主观公平感受上的差异是比较复杂的。某些情形下,它不是"一因一果"的简单对应关系,大多数情况下可能会形成"多因一果"的事实。无论造成这种结果的原因多么复杂,说到底人们的主观公平感受都建立在客观事实的基础上,是基于客观事实的主观价值判断。对客观事实的判断人们往往回答是"公平"还是"不公平",但对主观公平感的描述则是"我认为这样公平还是不公平"。正因为这种主观公平感受的存在，使教育公平问题变得较为复杂。同一种客观事实下，有些人认为是公平的，有些人则认为是不公平的。因为人的主观感受是因人而异的。在对民族地区课程政策利益相关者的调查中也是一样，无论学校的师生，还是教育行政部门的官员，或是民族地区的社会民众，他们对教育公平的判断，尤其是这种主观的价值判断往往表现出明显的认识分野，使简单的实证逻辑遭遇到了比较大的现实困难。但本书始终认为，无论他们在主观认识上存在多大的分歧，都是以现存的客观事实作为前提和基础的，是基于事实基础上的主观价值判断。鉴于此，本书在师生的问卷调查中设置了一些基于事实的主观公平判断的问题进行了调查。调查结果表明，由于客观公平现实上的差距而使人们在主观公平感受上表现出的差异是客观存在的。在教育公平的视角下，问卷对利益相关者尤其是师生在政策实施后的主观感受——公平感的问题进行了调查和了解。这是本书借鉴公共政策评估进行的"回应性"政策评价的主要内容，问卷对调查的结果进行了统计和分析。

一 学生的主观公平感

学生对学校公平事实的自我评判在教育公平感的判断中起重要作用，同时课程实践中的公平事实也是学生获知这种公平判断的主要依据。教师能否在自己的工作中平等地对待学生，是课程政策能否在实践中顺利执行、维持学生公平感的重要维度。在对"老师在教学中能平等地对待每一位学生"这一问题的调查中，结果表明，有33.2%的学生认为教师在工作中能公平地对待每一位学生，同时也有20.4%的学生认为老师在教学中不能公平地对待学生。为了了解不同民族的学生在对此问题的判断上是否存在差异，研究进行了方差分析。结果表明，不同民族学生之间存在显著差异 [$F(2, 1099) = 12.64, p<0.001$]，尤其是藏族学生和其他民族学生差异显著（得分分别为3.98和3.08，见表4—30）。

表4—30　　教师在教学中对待学生公平程度的描述统计结果

题项	民族	M	SD	N	选项 1	2	3	4	5
老师能在教学中平等地对待每一位学生	汉族	3.31	1.30	258	29	41	71	55	62
	藏族	3.98	1.11	543	17	42	114	132	238
	回族	3.47	1.31	497	52	67	114	121	143
	其他	3.08	1.36	78	11	20	14	18	15
合计		3.62	1.28	1376	109	170	313	326	458

学生的主观公平感可以从多个方面表现出来，问卷中设置了一道"我很羡慕在好学校上学的同学"的调查问题。统计结果表明，有70.6%的学生对此持肯定态度，方差分析结果表明，不同民族的学生在此问题的认识上存在着显著差异 [$F(3, 1373) = 45.78$, $p < 0.001$]。事后比较表明，藏族学生与汉族学生之间存在差异；藏族学生与回族学生在此问题认识上也表现出了差异。而且从描述统计的结果来看，藏族学生得分平均值较高（平均值为3.75），其次是汉族学生（平均值为3.17）和回族学生（平均值为3.06，见表4—31）。

表4—31　　学生自我公平感的描述统计结果

题项	民族	M	SD	N	选项 1	2	3	4	5
我很羡慕在好学校上学的同学	汉族	3.17	1.34	259	36	49	64	55	55
	藏族	3.75	1.28	543	34	80	89	127	213
	回族	3.06	1.41	497	91	91	129	71	115
	其他	3.23	1.42	78	13	11	20	13	21
合计		3.36	1.38	1377	174	231	302	266	404

在学生的公平感受方面，统计有21.2%的学生认为在民族地区学校上学和在其他学校上学一样都是公平的，在这些学生的心目

中，认为在民族学校上学和其他普通中学没有什么两样。但绝大多数（78.8%）学生认为是有差别的。进一步方差分析结果显示，即使在同一所学校上学，不同民族的学生之间主观公平感受仍存在显著差异 $[F(3, 1375) = 20.31, p < 0.001]$。在对78.8%认为不一样的学生的公平判断中发现，有一部分学生总感觉到这种"不一样"、"不公平"等产生的一个重要原因是"学校之间的差异很大"。结果显示，有20.6%的学生认为，目前学校之间的差异比较大，也有24.1%的学生认为学校之间不存在差距。

学生之所以产生了这样一些"不公平"的问题，调查认为与少数民族学生获知民族知识的途径是息息相关的，显然这是他们进行公平判断的重要依据。学生总感觉到有些东西在学校里学不到，尤其对他们（少数民族学生）的发展而言是不公平的。从学生问卷统计的少数民族学生获知民族知识的途径来看，在民族地区学校课程中向学生传授民族知识的途径还是非常有限的（见表4—32）。学生在家里通过听长辈"讲"民族文化的现实显然暴露出了学校在传承民族知识方面的局限和弊端。学生通过课程与学校教师习得的少数民族知识仅在列出的五种途径中排第三位和第五位。另外，从学生补充的习得途径中也能看出，宗教活动场所（如回族学生在清真寺、藏族学生在寺院等）和网络也是学生习得少数民族知识的重要途径。

表4—32　　　　学生获知民族知识途径的排序结果

题项	调查结果的排列顺序（%）				
	1	2	3	4	5
在家里听长辈们讲的	50.2	14.6	13.4	12.2	9.6
在学校里向同学学习的	33.5	25.3	22.8	11.3	7.0
学校课程中学到的	32.6	20.8	16.6	16.4	13.3
参加社会活动时学到的	30.6	23.2	22.4	14.5	9.1
在学校中向老师学的	24.1	21.7	21.2	19.5	13.4

除了不同民族之间的学生表现出差异外，调查结果表明，藏族学生在整个调查过程中无论什么样的调查问题上都表现出了较高的得分，而且一些平均值远远高于汉族学生和回族学生。尤其在对教育公平现状的判断上，如对学校之间、学校的教育资源分配等问题上都认为存在教育不公平的现实，而且在主观公平判断的过程中，调查结果都显著高于汉族、回族以及其他民族学生的判断。在归因分析中，就本书涉及的藏族学校和回族学校的教育现状而言，藏区学校对民族教育政策（当然包括课程政策）的落实现状要好于其他学校，笔者认为这是造成调查数据存在差距的主要原因。

二 教师的主观公平感

教师对学校公平事实的判断是了解和分析政策对象主观公平感的重要维度，还是正确审视民族地区教育公平问题的现实依据。在教师问卷针对"我认为本校的教育资源和本地区其他学校的教育资源是一样的"这一问题的判断中，统计表明，24.9%的教师持否定态度，认为不一样；只有8.7%的教师认为民族地区学校和其他学校占有的教育资源是完全一样的。从描述统计结果可以看出，汉族教师的平均值为3.12，藏族教师的平均值为3.13，回族教师的平均值为3.14。方差分析表明：不同民族教师之间并不存在显著差异，对学校之间占有教育资源的现状的判断是一致的，即教师的这种"不公平"认识主要来自校际教育资源配置不公平的现实，这种不公平感与理论假设不谋而合，即"公平感"是建立在客观基础上的主观价值判断。

从教师的主观公平感来看，教师问卷统计结果显示，21.7%的教师认为，民族地区学校与其他学校之间的校际差距很大。为了进一步了解不同民族教师在此问题的判断上是否存在差异，在分析中对教师的问卷调查结果进行了描述统计，结果表明，不同民族教师对学校之间的差异的认识并不存在差异，都认为学校之间的差距的确客观存在，这也是他们在主观上认为不公平的主要根据。针对在民族中学实地调查中发现的学生"合法"流失到普通中学的现象，教师问卷中设置了"本校学生有到其他学校上学的意愿"的问题，统计表明，有近77%的教师认为这种现象是客观存在的。为了探讨不同民族教师在此问题认识上是否存在差异，对问卷统计的结果进行了描述分析，结果表明，不同民族的教师之间并不存在显著差异，汉族教师的平均值为3.17，藏族教师的平均值为3.43，回族教师的平均值为3.34（见表4—33）。不同民族的教师对此认识较为一致，印证了在民族地区学校调研发现的少数民族学生从民族学校向普通学校"合法"流失的事实，调查数据和访谈事实能够相互印证。

另外，教师内心的公平感是维系其工作积极性、推进其日常工作有效进行以及执行课程政策的有力保证。问卷中有针对性地设置了"我经常能听到同事在讲一些本地区好学校发生的事情"的调查问题，76.1%的教师是肯定的。在结果分析中，还对不同民族教师的反应进行了描述统计，方差分析结果表明，不同民族教师对此问题不存在显著差异，认识一致。汉族教师的平均值为3.22，藏族教师的平均值为3.17，回族教师的平均值为3.36（见表4—33）。

表4—33　教师对目前学校公平现状判断的描述统计结果

题项	本校学生有到其他学校上学的意愿			我经常能听到同事在讲一些本地区好学校发生的事情		
统计结果	M	SD	N	M	SD	N
汉族	3.17	1.00	100	3.22	1.08	101
藏族	3.43	1.13	161	3.17	1.21	160
回族	3.34	0.94	125	3.36	0.98	124
其他	2.83	0.84	12	3.25	1.22	12
合计	3.25	1.00	398	3.26	1.07	397

三　基本结论

综合量化分析和实地调研的资料可以看出，人们的主观公平感受在现实生活中表现出很大差异。不仅不同民族的教师或学生在对同一问题的判断中表现出较大的差异，即使同一民族的教师或学生在对同一问题的判断上也会表现出种种差异。总体而言，课程政策实施后利益相关者的主观感受表现出了差异。研究始终将政策实施后人们主观心理感受的问题作为研究的重点来考察，拟在"现行政策是怎么做的"和"他们是怎么想的"之间寻求这种心理落差，以期对这种内心矛盾、文化冲突从政策层面进行解读。课程在民族地区学校的实施现状也表明，虽然课程及其政策在改革中表现出了"放权"和"分权"趋向，但由于各政策利益相关者在政策执行过程中享有的权利有限，参与课程与教学决策的程度层次不一，因此在主观心理感受问题上表现不尽相同，使得民族地区课程政策改革的"放权"实践任重道远。尤其政策利益相关者在认识民族地区学校与普通学校的课程与教学的差距方面，在主观公平感受的判断上出现了明显的差异，一方面反映出事实上的差距的确客观存在，另一方面反映出这两类学校差距明显。这也影响了课程政策利益相关者参与政策实践的积极性，更在某种程度上影响到课程政策实施的客观效果。研究表明，在这方面学生明显比教师反应更为"敏感"。同时由于某些民族地区学校课程和普通学校在课程实践上相近或完全相同，一些民族地区学校的师生对此颇有意见。师生对民族文化传承现状表现出的"无奈"和面对主流文化时"不得不"的现实常常使他们面临较多的文化冲突，学习"三语"、"三文"又使他们和普通学生相比毫无"公平"可言，在现实中没有相应的公平感，当然前文理论探讨的"幸福感"也无从谈起。

在课程政策改革的理论建构部分，研究从教育政策的视角，对教育公平发展的人文取向，即幸福感的问题进行了理论上的探讨。通过民族地区学校师生主观公平感的实证发现，理论与实践还是存在较大的差距，进一步分析造成这种差距的根本原因是教育发展客观事实上存在的差距，如调查中师生等反映的学校教育资源配置、校际教育质量、课程政策执行过程中面临的现实问题等客观差异。这也进一步证实了政策理论的逻辑，即政策是保证公平的前提，公平亦是衍生政策利益相关者公平感和幸福感的重要基础。因此教育公平既是客观的，又是主观的，这是本书一贯坚持的理论观点。

第五节 政策利益相关者的政策期待

在涉及政策评估研究中,政策改进是不可缺少的环节,这也是政策研究的最终目的。通过对民族地区学校现行课程政策实施的实效的调查和了解,课程政策的利益相关者(主要包括学生家长、学校师生等)都表达了自己的种种政策期待,对后续政策的改进提出了很好的意见和建议,本书拟对此问题进行探讨和分析。

一 家长的政策期待

家长的期望是民族地区民众教育政策期待的重要组成部分,其实在课程政策方面,家长更有明确而具体的期望。在师生的认识当中,学生家长首先都希望学生在学校里能学些"实用"的知识,这是他们反映出的对课程政策最具体的期望。有94.2%的学生认为家长希望学生能在学校里学些实用的东西;进一步方差分析结果表明,不同民族的学生认为家长希望学生在学校里应该学些"实用的东西"的认识上不存在显著差异 $[F(3, 1375) = 1.31, p = 0.268>0.05]$。汉族学生、藏族学生和回族学生调查得分的平均值依次为4.18、4.29和4.20(见表4—34),学生都表达了家长这方面的诉求。访谈得知,家长对知识"实用"的直观理解就是学生学习后,能对他今后的就业有所帮助。这向我们传递了一个信息,家长至少对学校

表4—34　　家长对学生学习内容期望的描述统计结果

题项	民族	M	SD	N	选项 1	选项 2	选项 3	选项 4	选项 5
我的家长希望我在学校能学些实用的东西	汉族	4.18	1.04	261	10	5	46	67	133
	藏族	4.29	0.96	542	9	21	78	130	304
	回族	4.20	1.02	497	12	20	84	122	259
	其他	4.34	0.96	79	2	1	12	17	47
合计		4.24	1.00	1379	33	47	220	336	743

的课程内容的基本要求就是"实用"。但无论从教育理论还是教育实践上讲,仅仅"实用"的判断标准绝对不是任何教育的唯一价值取向。

二 师生的政策期待

师生对课程和教学方面的政策期待是本书的又一关注点。问卷调查中,有69.3%的学生认为自己有很多有关课程和教学方面的建议,88.7%的教师认为自己有很多有关课程和教学方面的意见和建议,都表现出了对未来课程政策新的期待。

问卷还通过"互证"的题型设计了解了教师群体以及学生群体对未来课程政策的新期待。教师问卷调查中,对教师群体对课程与教学方面的政策预期进行了调查。在对"我的同事对课程和教学有许多意见和建议"这一调查问题的回答中,有87%的教师肯定了这一观点,同时对今后的政策表现出了强烈的政策预期。如在访谈中有教师认为要有连贯的民族教育政策;有些教师认为要细化民族教育政策的措施等。在教师的问卷调查中,也对学生的政策预期做了相应的分析和调查。结果表明,84.8%的教师认为学生希望对现行的课程政策做出相应的调整。在对不同民族学生进行的相关统计中,发现不同民族学生对此问题的认识不存在显著差异[$F(3,396)=0.933, p=0.346>0.05$],描述分析结果表明,调查得分在3.48—3.86(见表4—35)。不同民族的学生在此问题上看法较为一致,都希望对现行的课程与教学政策做出相应的调整。

表4—35　　　　学生对老师课程建议判断的描述统计结果

题项	民族	M	SD	N	选项1	选项2	选项3	选项4	选项5
我认为老师都希望对现行课程与教学政策做出相应的调整	汉族	3.48	1.10	261	9	39	89	65	59
	藏族	3.69	1.14	545	21	70	129	161	164
	回族	3.51	1.15	495	27	60	163	123	122
	其他	3.86	1.03	79	2	3	27	19	28
合计		3.60	1.14	1380	59	172	408	368	373

为了更好地把握民族地区学校师生对课程与教学政策的预期，学生调查问卷结果表明，有83.2%的学生认为自己的老师都认为要对现行的课程政策做出相应的调整。方差分析结果表明，不同民族学生之间对此问题的认识上不存在显著差异，看法较为一致。在教师和学生的相互印证中，表面上看师生对今后的课程政策充满了新的期待，实质上反映了师生对现行课程政策的不满和政策本身存在的某些缺陷和不足。如学生在访谈中提到的关于对其学业评价的政策、就业的政策、课程开设等方面的政策等都是这种量化结果的具体体现。虽然他们提及的有些政策不是直接对课程政策建议和预期，但这些政策建议与课程政策的实施密切相关。

在对课程政策调查中，对于学生而言，最有切身体会的便是对他们学业成绩的评定，在他们对现行评价政策的判定上，方差分析结果表明，不存在显著差异 $[F(3,1360)=1.66, p=0.17>0.05]$。认识较为一致，调查得分相近（见表4—36），都认为学校对学生的评价方式有必要做进一步的改进。

表4—36　　　学生对学校评价方式改进预期的描述统计结果

题项	民族	M	SD	N	选项 1	2	3	4	5
学校对我们的评价方式有必要做进一步的改进	汉族	3.67	1.11	258	11	23	79	72	73
	藏族	3.70	1.01	539	13	45	168	177	136
	回族	3.68	1.04	488	14	44	150	157	123
	其他	3.95	0.96	79	1	3	23	24	28
合计		3.70	1.04	1364	39	115	420	430	360

在师生的具体政策建议方面研究也进行了调查和分析。由于民族文化的多样性使民族地区课程资源较为丰富，但这些课程资源是否被民族地区学校的老师所认知呢？在对教师问卷对"民族地区还有好多内容能纳入学校课程中供学生学习"调查问题中的统计结果表明，有84.3%的教师表示认同和肯定。进一步方差分析结果显示，不同民族的教师在对此问题的认识上并没有表现出显著差异，

总体认识高度一致。

三　基本结论

在对今后课程政策的相应期待上，不同利益相关者表达了不同的看法并表现出了强烈的政策期待。调查结果表明，教师对现行课程政策改进的期望高于学生，学生的政策期待高于学生家长。教师期待家长对学校教育的支持远远高于对今后政策其他方面的期待，这都是在民族地区学校教育中存在的特殊现象和问题。调查也发现，包括课程政策在内现行的部分民族教育政策，在教育行政官员和学校师生访谈中都提到的如民族预科教育政策、"双语"教学政策等的执行没有很好地迎合决策者的初衷和政策对象的某些教育需要，出现的问题急需改进，政策"修正"和完善势在必行。

对于西北民族地区的教育发展而言，由于历史和现实多重因素的制约，教育公平总是一个沉甸甸的话题，同时客观条件的差异和历史发展中形成的差距，少数民族地区的教育公平问题变得更加突出和紧迫。其实，当笔者真正走进民族地区课程政策不同利益相关者的内心世界时，也发现问题并不是我们想象的那样简单。量化的结果也一再体现和反映着他们的教育矛盾，预示着他们的政策预期。在教育行政官员、民族中学校长和民族地区学校师生清晰而颇具逻辑性的表述中，笔者也似乎感知到教育公平并不像我们想象的那样复杂，但当笔者真正触及民族教育公平问题的"真问题"时，也深感力不从心。从某种意义上讲，各个不同利益相关者反映出的教育公平难题也是整个社会的公平难题，"没有最公平，只有更公平"，也许只有在这样的公平追求中，民族教育中存在的某些公平难题才能迎刃而解，民族教育也才会迎来更加光辉灿烂的明天。

第五章

教育公平理念下提升西北民族地区课程政策实效性的建议

从第四章实证研究的结果和分析不难看出，现行西北少数民族地区课程政策没有"推倒重来"的必要，执行好现有的政策是利益相关者政策改进的呼声。但如何执行好，又是面临的现实问题。结合实证调研中发现的问题，本书认为要使民族地区学校的课程政策达到预期的效果，必须对其进行必要的"修正"，尤其是执行好民族地区的相关政策，使其进一步发挥应有的作用。在调查的过程中，在面对诸多的教育公平难题时，不同的利益相关者都有自己的想法，期待相应政策的改进也是他们寻求解决少数民族教育公平难题的唯一出路。在将政策的理论建构和政策实施现状进行比较后发现，推进西北少数民族地区课程政策的改革、提升西北少数民族地区课程政策的实效性势在必行。本章将从政策保障条件——学校师资补充与双语师资的培养和培训、政策制定——民族基础教育的价值反思与学生的就业政策、政策内容——加强少数民族学生民族文化传承意识的培养以及政策完善——落实好民族预科政策与双语教学政策等几个方面提出改进课程政策的政策建议。

第一节 学校师资补充与双语师资的培养和培训

师资是学校教育发展的关键，民族地区的师资队伍现状到底如何呢？师资队伍建设存在哪些比较突出的困难和问题？民族教育中的不同利益相关者到底有怎样的师资诉求？带着这些问题笔者走近了民族地区的教育局局长、学校校长和学校师生。在谈到目前民族教育发展中存在的现实问题时，他们都不约而同地谈到了当前师资紧缺的问题，认为这是推进课程政策有效实施的保障性条件或前提，严重影响民族教育的质量。本书从民族地区学校师资补充和双语师资的培养和培训两个方面提出相应的政策建议。

一 加大民族地区师资补充的政策建议

（一）增强民族地区学校在师资引进中的人事权力

调查发现，一部分民族地区学校师资补充变成了一种纯粹的"人事行为"，而不是一种"教育事业行为"，教育"当事者"尤其是学校负责人在学校师资补充过程中发挥的作用极其有限。有些学校师资的补充完全是人事部门在决定，而不是由教育行政部门决定。管理的层级越低，权力越小。接受调查的大多数校长反映，师资数量不足，每年都在引进，但不一定能引进到学校里需要的教师。有些学科可能学校根本就不需要，但上面还是分来了，学校不得不接收；有些专业非常紧缺，但学校又招不到专业对口的教师。这造成了学校每年都在"引进师资"，但实际上又缺乏"专业教师"的现状，从而在一些民族地区学校衍生出了一个学校教师总人数"超编"，而一些专业教师又"无编"的现实问题。

接受访谈的教育行政官员认为，尽快解决民族地区学校教师紧缺及结构不合理的问题，是民族地区教育面临的最为紧迫的问题。他们也再次强调解决目前民族地区学校师资配备问题的思路，认为一定要根据少数民族聚居区生活条件差、引进人才难的现状，有针对性地开展工作，要克服以前师资引进工作中存在的不良倾向和问题。部分教育行政部门负责人也在访谈中提出了对于补充民族地区学校师资的对策建议。

一是缺科老师可在全省招录，但要赋予我们相应的人事权力。改变过去民族地区学校教师招录着眼于本地区的做法，避免教师配置中存在的"恶性循环"。我们这儿毕业的大中专毕业生就不多，就是有，大多数都去了××师专，毕业后外面找不到工作，就回来当老师。当年考到外面去的学生根本就不回来，在我们这里就是最差的学生在学校做教师，教的学生的水平可想而知。二是培养民族地区永久性（留得住、用得上）老师。如果真能培养出来，在统一招考时（民族生单独划线）就能留得住，我们在这个过程中要能相应地参与，否则民族地区教师流失的问题将更加突出。

（摘自L县M局长访谈笔录）

（二）尽快重新核定民族地区的教师编制，解决师资引进中的"超编"与"无编"的现实矛盾

目前，民族地区学校发展被"师资紧缺"所困，一个根本的表现就是教师的编制问题。教师编制问题是民族地区教师队伍建设过程中面临的一个较为复杂的现实问题，编制在教师队伍建设中出现的问题表现在两个方面：一是学校无编制，进人困难；二是教师在岗无编，学校实际上"超编"运行。造成这种现象的重要原因是部分民族地区学校的教师编制于2003年由人事部门核定，而且学校几乎没有教辅人员编制，尤其是寄宿制学校没有专门的工勤人员编制，这些工作都是由学校教师兼任，一定程度上影响了学校的发展。由于"教师白天做老师、晚上做'保姆'的现状分散了教师的精力，也形成了巨大的学生安全管理方面的漏洞"（摘自L县S校长访谈笔录）。建议人事部门尽快根据学校发展的实际，核定下达学校教师和工勤人员编制，尽快解决中小学教师编制紧张的现实矛盾，尤其要着力解决民族地区寄宿制学校中没有生活教师编制的问题。

二 加强民族双语师资的职前培养和职后培训

任何教育教学改革最终都是要落实到课程和教师层面，民族教育也是一样。实践表明，民族基础教育反映出来的问题与民族学校的师资不无关系。课程与教学中表现出来的种种问题可以归结到一点，就是民族地区的师资培养环节上。高等教育能否为民族教育的发展培养出合格的民族双语师资对民族地区学校课程政策的落实至关重要。研究表明，西北民族地区双语师资上存在数量不足、质量

不高的问题是影响课程政策推行的最重要的政策因素。这一方面表现在乡镇及以上的行政区域内，双语教师的缺乏表现在缺乏民族语言教师上；在乡镇以下的农牧区，汉语教师又极度匮乏。另一方面在一些纯民族地区（如在纯藏区），双语教师事实上是"单语单文型"的，即要么懂汉语，要么只懂民族语言，真正意义上的"民语兼通"的师资很少。"尤其是对于不熟悉少数民族文化和民族传统的教师，在学校的双语教学中存在一定的困难，更不能很好地尊重少数民族的文化、习俗，也不能很好地了解少数民族学生，当然有关民族团结课程的开设，也就不可能取得很好的教育效果。"[①] 另外，就现有的双语师资队伍来看，教学水平相对较低，教学能力远远不能满足民族教育发展的需要。调查表明，一部分民族地区学校之所以没有进行双语教学，不是学生没有兴趣，也不是学校的课时不允许，一个最根本的原因是学校缺乏必要的双语师资。教育行政官员经常抱怨："现在的教师培训多，但针对民族地区双语教师的（培训）却少之又少。"这在民族地区学校表现较为突出。有些现实困难和问题是民族地区特有的，在民族地区学校师资相对不足的情势下，有些民族地区学校却由于学龄儿童减少、分散办学逐渐向集中办学改革等，使学校的教师相对富余，就是在教师数量相对"过剩"的情况下，民族地区教育行政部门、学校等从上到下加强学校特色化的努力，如开展双语教学等工作也取得了一定的积极效果。"双语双文型"的师资是对民族地区学校双语师资的最基本要求，即一方面要精通民族语言，另一方面又要掌握一定的汉语知识和技能。调查中当问及学校负责人学校有没有双语师资时，回答是肯定的。但进一步调查发现，这些师资充其量是"单语单文型"的"双语"师资，因为这些教师要么只懂民族语言，要么只懂汉语，在教学实践中两种语言能同时运用的教师少之又少，数量极其有限。有研究曾对少数民族双语师资培养问题所表现出的阶段性特征进行研究后认为："20世纪五六十年代，我们的经验是在双语师资队伍中大量补充了到民族地区支教的汉族双语教师，主要由全国各民族院

[①] 刘昌友、罗军兵：《少数民族师资队伍建设研究》，《人民论坛》2010年第5期。

校来完成。20世纪八九十年代，我们的经验是民族双语师资本土化，在大量汉族双语教师退休的过程中，一大批本民族的双语师资补充其中，培养了一批留得住、用得上的本土化双语师资。"① 本书也认为各个发展阶段师资政策的确各有侧重，但民族地区的教师培养也衍生出了一些不同性质的问题，认为"进入 21 世纪以来，我们在双语教师的培养方面积极探索了民汉双语师资的培养模式，这可以作为新时期民族教育工作的一项特殊政策"②。即在民族地区学校师资的补充上要培养"民汉兼通"的双语型师资是新形势对民族教育师资提出的全新要求。在做好民族地区双语师资的培养和培训方面，国家一贯有着较为完善的政策框架和制度设计。尤其在《国家中长期教育改革和发展规划纲要（2010—2020 年）》中指出"大力推进双语教学。全面开设汉语文课程，全面推广国家通用语言文字。尊重和保障少数民族使用本民族语言文字接受教育的权利。全面加强学前双语教育。国家对双语教学的师资培养培训、教学研究、教材开发和出版给予支持"。当务之急是落实好这些政策和措施，切实在民族教育尤其在民族师资的职前培养和职后培训方面做好工作。

（一）民族地区学校双语师资的职前培养

1. 改革民族师范院校学生的培养方式

教师教育改革是目前师范类院校教育教学改革的核心，也是传统师范教育转变教师培养方式的具体体现。从目前的改革趋势来看，大多数师范类院校将课程结构的调整作为改革的重心，民族师范院校的改革也是如此，民族师范院校必须承担此项重任。教育行政部门常用普通学校的师范毕业生补充民族地区学校师资的做法似乎很不合逻辑，但这是事实。民族教育存在的问题可想而知，现实迫切要求改革民族师范生的培养方式。研究中，笔者一直有这样的困惑，那就是到底是民族地区学校执行统一的课程标准而在师资补充时招聘普通师范类毕业生，还是民族地区学校因为招聘普通师范

---

① 王鉴：《试论我国少数民族教育政策重心的转移》，《民族教育研究》2009 年第 3 期。

② 同上。

毕业生使其执行了统一的国家课程？调查发现这显然不能用先有"鸡"还是先有"蛋"的理论困惑来解读，说到底这是一个纯政策问题。当然更不能简单地用二元对立的思维方式简单地判断民族地区学校应该引进哪一种师资，笔者认为关键是要改革现行民族师资培养的模式，民族师范院校学生培养的方式一定要紧密结合民族教育发展的需求。民族院校培养方式的转变主要体现在以下两个方面：一是要调整师范生的课程结构，使民族师范院校培养的师范生真正具有"双语、双文"的素养，能真正担负起传承民族文化的"使命"，在民族教育实践中发挥少数民族学生与汉族学生、主流文化与民族文化沟通纽带和桥梁的作用；二是要培养少数民族师范生民族文化传承的责任意识和使命意识，使他们具有强烈的民族文化传承的危机感和责任感。

2. 确保民族师范生服务民族基础教育

调研表明，民族师范毕业生的不对口就业是导致民族师资浪费的重要原因。一方面，民族地区学校缺少民族师资；另一方面，部分民族地区的民族师资又被人为浪费，师范类毕业生在教师招考中由于种种限制不能顺利补充到民族地区学校的师资队伍当中，从而使民族教育发展中存在着这样一对不该存在的矛盾。因此，通过民族预科教育或其他途径进入民族高等教育学习的师范类毕业生，一定要充分发挥他们在民族语言和民族文化方面的优势和特长，及时补充到民族基础教育的师资队伍当中。

（1）真正把通晓少数民族语言和民族文化的师资补充到民族教育的第一线。民族地区由于自然资源相对匮乏，社会发展相对滞后，致使民族教育的发展面临诸多"先天不足"。学校教师不足且质量不高是不争的事实。从民族地区教育行政部门的角度看，由于客观条件有限，引进力度不够是教师队伍建设中面临的难题。现实中用普通师范类（某些情况下还有部分非师范类）毕业生补充民族地区学校师资几乎形成了惯例，这些毕业生在民族地区学校里也遭受了文化冲突和适应的问题。从民族教育的现实来看，将通晓少数民族语言和民族文化的师资补充到民族教育的第一线既利于民族师范生自身的发展，也能推动民族教育的发展，提升民族教育的发展质量和水平。调查发现，由于民族地区学校的师资紧缺，各级政府和教育行政部门做了尽可能的努力。由于主客观多方面的原因，这些努力在使当地师资队伍得到一定改善的同时，也带来了一些有待于通过进一步努力加以改善的问题。主要有：一是教师待遇的参差不齐，影响了部分教师工作的积极性；二是要改善民族地区学校教师工作环境和条件，如某些民族地区学校教师的办公和住房的现状在某种程度上影响教师工作积极性，也潜在地影响民族地区学校对师资的吸引和补充；三是各级政府和教育行政部门加大在民族地区对民族教育的宣传，在当地形成尊师重教的良好社会氛围，以期社会对教师职业的尊重和认可。

（2）进一步完善民族双语师资补充的措施和机制。调查表明，部分地区并不是缺乏民族双语教师，而是教育行政部门在相应的制度安排中没有把现有的双语师资用好。而在调查中民族地区学校以及教育行政部门反映在统一招考的过程中没有相应的政策照顾到民族双语师资的问题，是民族双语师资在使用中遭遇的最大"不公平"。本书建议要在民族地区学校的教师招考中有相应的倾斜性的优惠政策和措施，这样才能保证少数民族双语师资引进到教师队伍中来，否则在招考中搞"一刀切"，就使双语师资丧失了一些重要的机会，根本不可能被补充到民族地区学校的教师队伍当中。要做好此项工作，一是必须在民族地区师资补充的工作中，首先保证民族地区学校双语师资的补充。民族地区学校负责人认为在师资队伍补充上优先"满足"普通学校的模式是师资补充中存在的最大问题，也是导致"师资不公"的最重要根源。这样无形中拉开了普通学校和民族学校之间的差距。将通晓民族语言与民族文化的双语师资优先安排在民族学校是民族地区学校和民族师范生的共同期待。二是学校在民族双语师资的补充上要有相应的计划。民族双语师资的补充直接关系到民族地区学校双语教学工作的实效，要有长远的规划，不能突击引进，也不可长期不进。这样势必对学校的双语教学产生一定程度的负面影响。三是民族双语师资的补充要遵循双语教学的特点和规律。与前些年相比，目前民族教育面临的双语教育的环境和条件等发生了质的变化，从双语的实践看，民族地区学校的双语教学经历了"少数民族师生主导—政府主导—少数民族师生自主选择，政府管理"的发展阶段。民族地区学校的双语师资的需求也相应地发生了变化，民族双语师资的补充一定要遵循这些特点和规律。

（二）关于民族双语师资的职后培训

民族师资的职前培养为民族地区师资补充做好准备，师资补充为教师队伍建设注入了新鲜血液。在民族地区学校现有的师资队伍中，少数民族地区教师中存在的学历低、教育思想观念陈旧、知识老化、教学方法落后的问题，也严重影响到少数民族地区教师队伍的整体素质，影响了少数民族地区的教育教学质量。因此，在做好民族双语师资的职前培养的同时，职后培训也要相应加强。

1. 做好现有民族地区学校师资的培训工作

目前民族地区虽然有很多形式的教师培训，但是培训过程中"通识类"的内容太多，符合民族地区教师特殊需要的培训内容不够丰富。这种缺乏针对性的培训使对民族地区学校的师资培训效果大打折扣。随着民族类学校和普通类学校的高考并轨，采用的试卷是统一的，民族学生用民族语言的翻译卷，这样大大增加了少数民族学生考试的难度，唯一的办法是提高民族地区学校师资的质量和水平。一是将民族类的师资培训作为经常性的工作，而不是偶然或临时的安排。虽然当前民族地区学校的教师也的确参加了各种形式的教师培训，但从某种程度上讲，培训的内容、形式等显然不能完全满足少数民族师资的需求，培训没有达到预期的效果。二是对民族师资的培训要针对民族地区学校教育的特点进行，要有助于提高民族地区学校的教育质量、发展并强化民族地区学校的特色。民族地区学校师资培训除了具有普遍意义上师资培训的职能之外，更重要的是民族地区学校的师资培训还承担着创新民族文化、拓展民族语言使用、强化民族地区学校办学特色的特殊职能。因此，在民族师资培训的过程中一定要从培训的内容、形式等方面进行精心设计，发展民族地区学校的办学特色。只有对民族地区学校的师资这个主体进行必要的民族文化熏陶，民族文化在民族学校的传承才有可能顺利进行，才能谈少数民族学生在民族地区学校的发展。

2. 提高民族师资培训的效果，尤其要提升教师课程实施的能力

虽然教育行政部门对民族地区学校师资进行了大量的培训，但培训的实效性不强是师资培训中存在的主要问题。甚至有教师认为仅仅是在"走过场"，教师根本没有从这样的培训中得到提升，更谈不上教师课程实施能力的提高。调查中学生集中反映的课程问题、教学问题以及较为具体的课程建议，反映了教师课程实施能力不能满足当前民族地区学校教学的现状和要求，这种现实只有通过教师不断学习和组织相应的培训来解决。笔者发现，在民族地区学校师资培训中有两个原因导致了师资培训的低效或无效：一是现实中的培训都是针对教师的"通识类"培训，且数量很多，针对教师的学科培训很少，针对少数民族语言和文化的相应培训就更少了。导致的结果是学校教师虽然参加了培训，在实际的教学过程中不顾客观条件和民族教育现状在学校教学过程中盲目向普通学校"看齐"，教学效果不理想经常使他们丧失工作的热情和积极性。二是培训投入相对较少，限制了民族地区教师培训质量的提高。就目前的培训投入现状而言，远远没有满足民族地区学校教师的培训需求。当然这种投入既包括经费、人力，又包括相应的财力投入。

第二节 民族地区基础教育的价值反思与学生的就业政策

在民族地区课程及其政策实施的相关政策建议中，突然提到了学生的就业政策，似乎给人的感觉很突兀，但这是与民族地区课程政策利益相关者对国家课程政策的认知密切相关的问题，学生就业的现状不仅与民族地区学校课程与教学的顺利实施有关，更与学校课程政策的实施效果息息相关。调研中出现的这种简单的逻辑推理，使笔者不得不重新反思民族基础教育的本质，并考虑制定并完善少数民族学生的就业政策。

一 民族地区基础教育价值取向的反思

在调研中，接受访谈的教育行政官员、民族地区学校负责人和

学校的教师、学生家长一提到民族地区学校课程与教学所面临的问题，首先就"理所当然地"把学生的就业摆在了第一位。调研中发现，这是个非常现实的问题，这不免使笔者对民族基础教育的价值问题进行反思。民族基础教育的目的是帮助学生找工作？难道真是这样简单的逻辑？学生顺利就业就能简单地等同于民族教育的高质量。从广义的教育概念来讲，其实任何教育都是在提高人的素质，这是毫无疑问的。在学校教育的场域中，少数民族学生通过接受学校教育提升素质，顺利就业，融入社会，这应该是"水到渠成"的必然结果。"培养个体的学习能力和创造性品质，以利于个体在未来多变的生存环境中，通过知识的自我更新获得可持续发展和适应性生存的能力，以每一个体身心的和谐与智力资源的可持续发展促进民族和谐社会的构建，提升民族的创新能力，从而使民族的生存与可持续性发展以自身独特的方式融入时代洪流之中，这就是民族基础教育肩负的历史使命。"[①] 换句话讲，民族基础教育也必须回归基础教育的本质，不能理解成民族基础教育是帮助少数民族学生找工作，普通教育对学生就业毫无帮助，这就大错特错了。

任何时候"缩小民族教育与全国教育水平的差距、确实保障少数民族平等的受教育权益，是我国制定民族教育政策的根本目标和出发点"[②]。离开了这样的初衷和出发点，任何所谓的民族教育政策都达不到其中的目的。缩小"教育水平"的差距说到底是要缩小各少数民族之间人口素质上表现出来的差距，这是问题的本质所在，而不是一部分人所理解的接受基础教育就等于少数民族学生找上一个稳定的工作，基础教育对任何人都不能做这样的保证，也没有保证的必要，这是在探讨少数民族学生就业政策之前必须澄清的一个前提性的理论。

二 制定少数民族学生就业政策的建议

从民族地区学校的课程政策一下子"跑"到学生的就业政策，

[①] 倪胜利、张诗亚：《民族基础教育为什么打基础》，《民族教育研究》2007年第1期。

[②] 金炳镐：《新中国民族政策60年》，中央民族大学出版社2009年版，第430页。

这是研究中在政策利益相关者看来最具"普遍联系"的。前面已提及，虽然这种逻辑有些简单，但部分地反映了民族教育政策中出现的种种偏向和问题。长期以来，少数民族学生的教育路径是"民考民"（即民族学生报考民族类学校）。从某种意义上讲，他们是从这种教育路径中得到了一些"实惠"（如在升学录取过程中享受的加分优惠政策），但"民考民"的教育路径也限制了学生选择，制约着他们的发展，而且在某种程度上严重影响少数民族学生今后将以何种方式"融入"主流社会。改变少数民族学生"民考民"教育路径的唯一途径就是扩大少数民族学生的求学选择，允许少数民族学生有适当地选择普通院校的权利，当然这需要系列的政策和措施。虽然目前在部分学校实行了一些相关的政策和措施，如在某些省区已完全实现了对民族学生高考并轨改革（允许少数民族学生报考普通高校）。但现实情况是也出现了一些"龟兔赛跑"的尴尬局面，学生的选择是多了，但学生真能将这些选择机会利用起来的还是极少数。"龟兔赛跑"的结局谁都知道，除非发生意外，才会有意外的结局，否则一切尽在意料之中。

在相应学校的调查中，被调查的教育行政官员和学校负责人都认为应该出台一些系统的少数民族教育政策和措施，应该有"一揽子"的民族教育政策计划。现在部分政策的不足是"头痛医头，脚痛医脚"，政策缺乏系统性和连续性。教育中的一些问题解决了，少数民族学生就业中存在的问题还是没有得到很好的解决。后续政策中要对民族教育的发展、学生的发展、学校的人才培养等方面有宏观的规划和考虑。虽然大中专毕业生的就业问题已经演变成一个社会问题，但笔者认为在民族地区这一问题的合理解决对维护民族地区的社会稳定又有着特别的意义。因此，要在不断促进民族地区学生入学、就学、升学公平的前提下，着手民族地区学生就业公平的探讨和政策制定。相应地区和学校要切实加快如中考、高考并轨改革的步伐，实实在在地扩大少数民族学生在升学以至就业方面的选择。调查发现，不同访谈主体反映最为集中的一个现实问题是在民族地区的教育评价中，存在着典型的"一刀切"现象，这种用一个标准规约民族教育的做法，严重限制和影响了学生的发展。实证调查也发现,这种"一刀切"最严重的后果就是采用了普通教育中较高的质量标准来约束和规范民族教育的发展,严重挫伤了民族地区各教育利益相关者工作和学习的积极性。这种"一统"和"一刀切"不仅反映在学生学习的层面,调查发现,教育行政部门也在直面这样的工作困境。这种现象也发生在对少数民族学生的就业方面,对目前学生的学习状态和学习效果产生了负面影响。

在对 M 局长的访谈中,他也表达了这方面的担忧。他从当前的教师招聘中存在的问题反映出了在民族教育发展中存在的尴尬窘境。他认为要按照民族教育发展的特殊需要来配备师资。

> 如在全省的教师统一招考中,不能搞一刀切。对民族地区没有倾斜,没有单独划线。所以使一部分民族生根本就招不进来。另外,音、体、美考生没有单独划线,在这一方面需要有倾斜。教师的配备要根据学生数量的变化,这是个最基本的常识,但在有些实践中就没有考虑,比如在大部分地区学龄学生逐步减少或基本稳定的大背景下,在一些民族地区学龄学生不但没有减少,甚至还有增加的趋势,肯定需要补充相应的教师;还有些像原来分散办学的地区,现在又改成了集中办学,肯定又会出现教师过剩;我们这里各个学校的办学模式(有的以藏为主,有的以汉为主)不尽一致。这些问题都要在师资补充的过程中具体问题具体分析。

(摘自 L 州 M 局长访谈笔录)

接受访谈的学校负责人在访谈中也不约而同地谈到了教育行政官员提及的问题,其中×(某民族中学校长)的相关观点又颇具代表性。他认为当前最大的考虑就是对学生的评价问题,体现在学生的就业上,比如说公务员考试中,对双语考生有很多限制,这个问题在很多地方都存在。如果在民族地区的招考中不能将诸如民族语言、民族文化平等的原则和理念真正落到实处的话,不但会在后续政策执行中带来问题,而且会使民族地区的学生产生一定程度的误解。他认为民族地区一部分学生的家庭付出了倾家荡产的代价供孩子上学，而学生最后"一无所成"，找不到工作，就不了业，这会直接影响到民族地区的社会稳定。现在关键是要真正把一些优惠政策落实，不要一提少数民族教育中存在的现实问题，就自然而然地和某些政治问题联系起来，这都是没有深入思考的表现。他说一个民族自治县的公务员考试中，对少数民族学生、双语考生纯粹不考虑民族语言问题，直接用汉语考，最后用"一个标准"，搞"一刀切"，实质上就是对少数民族学生的不公平。在实际工作中一定要把少数民族教育事业和党的民族政策紧密联系起来，要把党的各项民族政策真正落实好，才能谈民族团结和民族地区的长治久安。他强调指出，民族自治县的民族政策应该有民族自治县的特色，像高考、少数民族学生工作招考等考试应该有一定的自主权。

就学校负责人反映的问题，笔者也考察了调研的三个省（区）的做法和基本情况。在某些省区，现存的问题都得到了很好的解决，成绩好的民族学生就可以直接报考普通类学校，有些省区已经实行几年了。另外，现在由于政策上的某些原因，民族中学的学生每年都在递减。因为老百姓的选择也是很现实的（放弃民族语言学习，改学汉语），继承民族语言是一方面，但绝不能把学生的前途当"儿戏"。×认为现在学习和继承民族语言，是搞好民族团结的一个重要方面，他再三向笔者解释，他关注公务员招考的核心问题是少数民族干部的培养问题，民族干部是民族地区上下工作联系的纽带，民族干部能深入地了解民族地区的现实问题，其他人了解的问题可能和民族干部了解到的问题是两个层面的，只有民族干部发现了民族地区现存的实际问题，再靠教育战线的这些"贴心人"[①]就一定能教育好。

不可否认，作为经由"民考民"路径完成学业的少数民族学生，成了各类优惠政策的直接受益者。近年来，少数民族学生就业困难的出现使我们不得不对原有的政策进行反思。学校毕业后，在部分民族地区的就业招考中，他们并没有享受到"民考民"的优

[①] ×认为教育就是教育者和受教育者之间心与心的沟通和交流，老师就是学生的"贴心人"。

待，这引起了民族地区民众的强烈不满，甚至影响民族地区的社会稳定，在教育内部的突出表现就是一部分少数民族学生对双语教学的政策设计表现出了质疑，甚至错误地认为政策的初衷是在人为地刁难民族学生，限制他们今后的发展。究其原因，我国设计了大量的对少数民族学生优惠的教育政策，但相应保障学生毕业后出路和选择的就业政策却很少，因此当下最主要的是尽快出台更多的政策扩大他们的选择和出路。

在访谈中，显然不同访谈主体都认为在就业现实中的某些不公平倾向已经影响了学生和家长对教育的态度。尤其在近两年大中专毕业生就业形势不太乐观的背景下，部分民族地区的少数民族毕业生在统一招考中受到了不公正的待遇，这是客观事实。各级政府部门一定要将此作为影响民族地区团结稳定的大事高度重视。否则就业环境相对不理想，不仅影响少数民族学生的前途和命运，而且影响民族地区社会民众支持教育的积极性，无形中会增加民族地区学校教育工作的难度。

本书建议首先政府和教育行政部门在一些解决大中专毕业生就业的统一招考中，在保证少数民族学生参与公平竞争的前提下，要有适当的倾斜和优惠政策。笔者认为这样的政策设计要有以下几点基本考虑：一是保证现有招考等就业分配的各种竞争性考试中，对少数民族学生划出相应的比例，在执行的过程中向其倾斜，保证就业招考等对少数民族学生的公平，也保证少数民族毕业生在整个从业群体中的比例；二是针对少数民族学生的特点和专长，结合少数民族语言和文化发展的实际需要，将相应的职位直接分配给少数民族学生，直接让民族学生报考，择优录取；三是在招考等具有统一性质的考试中，要体现少数民族学生在民族语言和民族文化方面的优势，如考试中设计相应的考试内容，使民族学生在这样的考试中提升成就感。通过这些政策和措施，保证少数民族学生在社会从业群体中的比例，尤其是保证民族地区公务员招考、各类就业分配统考中等对少数民族学生的优惠。民族地区学校负责人认为这是由民族地区教育衍生出的社会问题，事关少数民族地区干部队伍建设，事关少数民族地区长期稳定，必须有明确的政策和制度予以保障。

同时，民族教育政策必须有相应的"后政策"来接续，保证政策执行的连贯性和统一性。一定要能通盘考虑，不能等到一项政策在执行过程中发现了问题，才考虑出台新的政策来替代。这都是没有长远规划的体现。否则会在实践中"歪曲"政策制定的初衷、抵消现行政策执行的积极效果。

第三节 加强少数民族学生民族文化传承意识的培养

从民族教育现存的问题来看，有些政策与少数民族教育发展的现状、少数民族学生发展的客观需要存在一定的差距，今后尤其在对学生的考核、评价、升学等方面都要出台具体的措施，真正办好有特色的民族教育。"有特色的民族教育"的内涵是什么？笔者认为，就是要充分关照少数民族学生的生活经验和他们发展的客观需要，真正发挥民族地区学校教育传承少数民族传统文化的重要职能，这也是民族地区学校存在合理与合法的前提。

民族文化传承与发扬光大的希望在少数民族的年青一代，政府的要求、政策的规定、学者的呼吁、有识之士的担忧归根结底要靠少数民族年青一代付诸实践并勇担传承民族文化的重任来兑现。如果将民族文化传承问题上升到一个民族生死存亡的关键来考虑，民族文化传承和少数民族学生的发展问题才能被真正重视起来。如果传承的实践本身就远离了少数民族学生的现实生活、远离了他们的生活经验、根本关注不到他们发展的一些实际需要，文化传承的效果就可想而知，少数民族学生的发展更是无从谈起。解决好这个前提性的问题，笔者认为最重要的是要搞好对少数民族学生民族文化传承的意识教育，才有可能谈少数民族学生在民族地区学校的发展，民族文化的传承才有希望。本书认为这种意识教育，主要包括以下方面的内容。

一 做好民族学生民族认同感的教育

有人要问，"民族认同感"教育是什么意思？通俗地讲，"民族认同感"就是要使少数民族学生对本民族特有的一切要有积极的情感。换句话讲,"民族认同感"教育就是一种对少数民族学生进行民族情感上的帮扶和教育。这种情感教育要体现在学生生活中的方方面面、点点滴滴。进行这种教育的目的用民族研究领域一个非常专业的术语表达就是"民族认同"。理解是认同的前提,情感是认同的衍生,没有对本民族最基本的认同,哪来的民族情感?实地调查的过程中,当笔者看到一些民族学生毫无眷顾地背弃自己的民族文化,我们不能说他对自己的民族有多少民族认同感。总之,少数民族地区学校教育的民族文化传承,不仅要注重传承本民族的优秀文化成果,而且要注重培养学生对本民族文化的情感、态度和价值观。[①] 因此实践中既不能低估也不能过分夸大少数民族知识的作用和价值,因为"从某种意义上说,学生已有的认知结构的情感特征对课程内容起着支配作用,他们是受学生控制的,而不是由学科专家支配的,知识只能是'学'会的,而不是'教'会的"[②]。

当前在各级各类学校积极开展的民族团结教育,就是这种"民族认同感"教育的体现,各类学校尤其是民族地区学校应该不遗余力地推行下去,这其中不是像好多人理解的要发挥普及少数民族基本常识这样一种职能,更重要的是要从小培养学生对本民族的积极情感,增强他们民族认同的意识。

二 做好民族学生文化平等观的教育

我国相关法律、法规等都明确规定,各民族不分大小,一律平等。当然这种平等的背后,各民族的文化平等是其中的应有之义。然而长期以来,在理解各民族文化的过程中,人们也有意无意地有了主流和非主流之分,甚至有了优、劣之别。在这种思想观念的影响下,似乎在普通学校传授的就是主流文化,民族地区

[①] 曹能秀、王凌:《少数民族地区学校教育与民族文化传承》,《云南师范大学学报》(哲学社会科学版)2007年第2期。

[②] 施良方:《课程理论——课程的基础、原理与问题》,教育科学出版社1996年版,第109页。

学校传授的就是非主流的文化，再加上实际生活中某些现实的隔阂和影响，使人们在认识和理解上发生的某些偏差，人为地"淡化"民族文化传承的氛围和条件，使这种文化平等的观念似乎在现实中也遭遇到了另一种待遇，背离了"各民族文化一律平等"的基本原则。加强文化平等观的教育，就是要使少数民族学生认识到积极传承自己的本民族文化，实际上也是对本民族和国家发展做贡献。

调查发现，由于没有适合的课程和教学，尤其是课程内容不能关照学生已有的生活经验和发展需要，在一些民族地区学校出现了一些学生流失的现象和问题。研究也表明，并非这部分少数民族学生对自己本民族的传统文化失去兴趣才"流失"到普通学校的，也有相当一部分学生甚至是带着对本民族文化深深眷顾而离开民族地区学校的，一个重要原因是现有的学校课程体系，没有给他们安排合理有效的民族文化传承的内容。在国家三级课程管理体制的要求下，学校开设地方课程和校本课程课时不足是调查中反映出来的普遍性问题，要在尽可能通过增加课时、课外辅导等方式争取相应的课时在民族地区学校开设相应学校课程，使学生先通过校本课程理解自己的民族，这样我们才有可能谈民族文化传承，才有可能真正在学校课程中体现文化平等的思想。在此基础上，学校的课程设置要以选修课或增开科普类课程的形式弥补学生在知识上的缺陷和不足，拓宽学生的知识视野，提高学生应对未来社会的技能和本领。比如在高考并轨以后，少数民族学生进入普通高等院校的前提是必须达到一定的英语水平，但就少数民族学生英语学习的现状而言，还有很大差距。因此，相关部门必须在加强少数民族学校英语师资、硬件的配备、教学与学习方法改革等方面出台相应的措施，切实提高少数民族学生的英语水平。

三 创新民族文化传承的形式

民族教育是民族文化传承的主要途径，但民族教育绝不是民族文化传承的唯一途径。众所周知，现实生活中民族文化存在多种样态，民族文化传承的方式当然也是多元化的。只是课程既要重视民族文化中的有形知识,也要重视文本知识后面的东西。因为"以语言、宗教、时令、节庆、仪式、行为方式和思维方式、情感及意志表达方式等所构成的全部精神价值和意义系统",乃是民族文化的深层心理结构,对教育的影响是绵长而持久的。[①]

针对不同的文化类型,可以采用不同的传承方式。通过校本课程传承少数民族文化仅仅是一种形式,而且校本课程内容仅仅是民族诸多形态文化中的一部分,因此在民族文化传承的实践中要不断创新民族文化传承的形式。民族地区学校的教师不能仅仅为"教课程"而使学生"学课程",更不能理所当然地认为学了学校的课程就是完全传承了少数民族文化。实践表明,这种简单的逻辑推理显然是错误的,因为民族地区校本课程绝不能简单地等同于少数民族文化的全部。

少数民族教育是少数民族文化传承的重要途径之一,首先要突破仅仅学习少数民族语言的界限,将少数民族文化传承渗透在民族教育的方方面面。语言学习仅仅是少数民族文化传承的一种方式,同时语言的习得不能简单地等同于学校多开一门课程,少数民族文化体现在多个方面,少数民族文化的传承也有多种形式,必须扩大视野,通过多元化的方式促进少数民族学生对民族文化的传承和学习。接受访谈的中学校长和教师都认为,在民族文化传承的问题上,不应采取强制的方式和措施,要通过民族文化潜移默化地感染学生,更重要的是要创造合适的文化环境和氛围,培养学生的民族情感,将这种民族文化传承的行为由"他主"转变为"自主",甚至变成学生日常生活中一种无意识的行动,从而主动自觉地学习和继承本民族的文化和优良传统。

就现有评价看,如果仅仅考核民族学生在文化课程学习方面的表现,少数民族学生当中有特长的这部分学生就不会从现行的课程和教学、评价体制中获得激励并有成功的体验,也不能对少数民族学生的发展做出客观公正的评价。而且对少数民族学生学业的评价

---

① 何波:《论民族教育课程构建的理论框架》,《青海师范大学学报》(哲学社会科学版) 2002 年第 2 期。

仅仅依靠文化课程的成绩来评定会严重影响他们学习的积极性，甚至引发他们对学习、学校的不满和抵触情绪，适得其反。本书认为综合素质评定中的"成绩+特长"就是一种很好的操作范式，在实践中一定要积极尝试。这样不仅能有效地测查学生的学业水平，更重要的是能较好地反映民族地区学校的特色。但如何操作？本书认为有以下几个方面可以借鉴。

首先，要在学生文化课程学习中增加少数民族文化特长方面的评价，要规定适当的比例，并将此制度化、规范化。研究表明，一部分民族地区学校确实出现了这样的改革取向，实践中也有一定的比例要求，关键是没有将其制度化、规范化。进一步讲，没有形成可操作性的手段和方式是导致现有评价对少数民族学生"失效"或低效的根本原因。其次，对少数民族学生特长的测查和考评要在遵循统一规范的前提下，保持适度的灵活性，因为对学生特长的考评向来是教育评价的难点。对少数民族学生而言，这种特长体现出的民族特色更浓，在实践中测查的难度更大，依托既定的考评指标体系有可能使这样的测评失去意义，因此在操作中在坚持原则的前提下要有一定的弹性。再次，在对民族学生的考评中，学业成绩方面要有一定的要求，但完全没有必要将其与汉族学生"拉平"，让他们一样，当然这也是长期以来"一统"的惯性思维影响的结果，这是教育不公平的典型表现，在承认差异的基础上对少数民族学生的发展进行考评应该是我们一贯坚持的原则和方法。

第四节　落实好民族预科政策与双语教学政策

一　落实好民族学生预科教育政策

新中国成立以后，为适应民族教育发展的需要，政府针对少数民族学生的现状创办了民族预科教育的形式。20世纪50年代以来，各民族学院均设有预科教育，但在不同历史时期，预科教育层次是不一样的：在50年代，民族学院的预科教育属于中等教育层次；60年代以来民族学院的预科教育属于高等教育层次，它是少数民族高等教育的一个重要组成部分和特殊层次。我国民族学院的少数民族预科教育，从 50 年代开始，先后经历了一个从初中预科层次、高中预科层次，到 60 年代开始转向民族高等教育大学预科层次的办学过程。① 从民族预科教育办学形式和政策出台的初衷来看，预科教育就是要通过在高校设置"预科班"的方式，帮助民族学生顺利度过民族语言关，以在教育上拉近和汉族学生教育水平之间的差距。在最初实施的很长一段时间内，民族预科教育客观上成为少数民族在教育领域使用自己语言和文字的保证，民族预科教育能够通过文化补习和语言学习，使毕业于民族中学的少数民族学生进入重点大学和完成学业。② 从 20 世纪 80 年代开始，国家在部分重点高校和有关省、自治区的普通高等学校设立专门的少数民族预科班和民族班，招收少数民族学生。普通高等学校举办少数民族预科班、民族班，是党和国家加快培养少数民族地区人才的特殊政策措施，是国家为加快培养少数民族人才而采取的一种办学形式。宝日乐的研究认为，民族预科教育成为我国民族高等教育的重要组成部分，它是民族高等教育中独具特色的一种办学形式，在发展我国民族高等教育事业中起了战略性的作用。

从现实情况看，以往每年民族预科教育招生降分幅度都有所不同，不同高等学校预科班降分幅度也不同，这客观上导致招生中不规范行为的出现。③ 在民族预科教育中某些做法显然有悖于民族预科政策设置的初衷，甚至将民族预科教育办成了汉族学生顺利进入高校的"跳板"，严重歪曲了设置民族预科教育的目的，扭曲了预科政策执行的本质。新时期对民族预科教育必须重新审视并进行价值定位，使高等预科教育政策真正发挥民族"语言预科"和"文化预科"的作用。

---

① 霍文达：《略论我国民族学院学科专业建设的发展变化》，《中央民族大学学报》1995 年第 6 期。
② 敖俊梅：《中国促进高等教育机会平等政策的回顾——基于 1950 年以来民族预科教育政策的研究》，《黑龙江高教研究》2010 年第 1 期。
③ 同上。

(一) 要将"民族语言"预科、"民族文化"预科作为民族预科教育的首要任务

民族预科教育的主要任务是帮助少数民族青少年补习中学以上的基础课程和语言。"文化补习"是民族预科教育政策的基本出发点，当然"民族语言补习、民族文化补习"是其中的应有之义。但是对这种"补习"很长时期内人们是有误解的，甚至对民族预科政策的对象也发生了错误的认识，实践中也使一部分汉族学生堂而皇之地进入了民族预科班，甚至在整个预科班人数中还占有相当的比例。殊不知民族预科教育是高等教育的一个特殊层次，它既不同于大学本、专科的专业教育，也不是基础教育阶段高中教育的简单继续，而是大学专业教育前的预备、过渡阶段，起着承上启下的衔接作用。预科阶段的任务是根据少数民族学生的特点，采取特殊措施，着重提高文化基础知识，加强基本技能的训练，使学生在德、智、体、美几方面都得到进一步的发展与提高，为在高等院校本科进行专业学习打下良好基础。[①] 民族语言的学习是民族预科班学生的首要任务，只有确立这样的教育目标，民族预科班才能达到其帮助少数民族学生的真正目的。偏离了民族语言和民族文化这两个根本，无疑就将民族预科教育演变成了普通教育，进而使民族预科教育难以发挥应有的作用。

(二) 民族预科政策应该始终保持特定的政策对象

我国的民族预科教育政策在出台之初的确是针对少数民族学生的，也是针对少数民族教育的现状提出来的促进民族教育公平发展的政策措施。虽然在执行过程中有些变革，但其政策对象的主体还是少数民族学生。民族预科政策虽然在后来执行的过程中做出过相应的调整，比如说在某些时期规定民族预科班少数民族学生应该达到的比例和标准，甚至发展到后来，曾经使民族预科班的汉族学生人数超过了少数民族学生。本书认为，作为针对少数民族的教育政策，它的政策对象应该是一贯的，不能因为社会发展、条件的改变

[①] 宋太成、刘翠兰：《少数民族预科教育培养模式研究与实践》，《黑龙江民族论丛》2005 年第 1 期。

等原因而改变政策对象和受惠的主体,进而造成在政策执行过程中出现困难和问题。民族地区的调研表明,虽然民族预科政策在少数民族教育发展中发挥了重要作用,但在目前的执行中的确产生了让民族地区民众、学校师生等不满的问题。"要让一些有志于民族语言学习和民族文化发展的学生接受民族预科教育,要使民族预科教育政策真正达到'语言预科和文化预科'的目的。"这几乎是调查过程中民族地区民众和学校师生对预科教育的政策预期。这种对政策的具体要求我们没有必要再引经据典地进行论证,"群众的呼声"就是政策改进最好的建议。人为地设置比例和要求只能导致政策在执行的过程中"变形"和"走样",只有严格把好民族预科教育的"入口关",才能尽可能地保证民族预科政策执行的效果。公共政策理论告诉我们,政策对象不明确最终将导致政策执行出现偏差和问题。

在访谈中,被调查者积极肯定了少数民族预科政策和近年来实施的少数民族高层次人才培养计划在少数民族人才培养中发挥的积极作用。他们同时认为,预科政策实施的好坏,关键是要把好高校招生中民族预科班的"入口关",这项工作做好了,民族预科教育就一定能办好。入口出现问题,质量就难以保证,预科教育目标也很难达成,或者说一开始根本就不是政策设计者的初衷,那肯定很难取得预期的结果。

> 我们可以做一项研究,看看近些年进入民族预科班的学生到底是一些什么样的学生?是不是就真正把机会给了一些有少数民族语言和文化特长的学生?预科教育政策实行了这么多年,我们有必要坐下来好好反思一下了。
>
> (摘自某民族中学负责人×访谈笔录)

不难看出,被访者对民族预科政策在实践中面临问题的不满和深深忧虑。在谈到提高教育质量时,也有被调查的对象认为有必要参照内地西藏班和新疆班的成功做法。"在内地办一些民族班,要使一部分民族学生能有机会受到内地的良好教育,今后能回到民族地区为民族教育服务。他同时建议希望国家能在执行的民族政策中有同样的尺度和考虑。"他举例说:"全国的藏族分布在西藏、甘肃、青海、云南、四川五个省区,但执行的过程中各个省(区)的政策又有一定的差别,这就客观上造成了藏族教育发展的不公平和发展的不均衡。"(摘自 L 县 W 局长访谈笔录)

在访谈中,民族地区学校的师生也表达了同样的看法,认为要正确发挥高校少数民族预科的积极作用。真正要将有志于少数民族文化尤其是少数民族语言传承的学生吸纳到预科班,使高校的少数民族预科政策真正发挥民族"语言预科"和"文化预科"的作用。中央民族大学滕星教授在谈到当前民族预科教育存在的问题时曾指出,党和政府最初提出设置民族预科是考虑到少数民族地区基础教育薄弱,无法和东部汉族地区竞争,少数民族上大学的人数太少。而设立这个预科制使少数民族的学生能够通过一年的学习以后进行高等教育。这项政策曾在历史上发挥了积极作用,当初主要是为了培养少数民族干部。但现在这项政策在执行过程中出现了很多问题,第一个问题就是它改变了受惠对象的主体,本来它主要是照顾那些边远的、贫困的、农村的少数民族中学习优秀的少数民族学生,通过这个渠道进入高等教育。这样就能把那些学习优秀、家庭贫困的低收入且真正学习民族语言的少数民族的子女吸纳进来,接受预科教育。访谈中有教育行政部门负责人认为民族预科存在问题,政策改进的呼声很高。在接受访谈的教师看来,民族预科教育政策的确为民族学生的就学提供了较为便捷的通道,但民族预科政策执行中需要提高政策执行的透明度和公信力。

> 每年谁有预科的资格?等我们知道这事时,几乎都成了定局。我们没有任何发言的机会,何谈政策执行的民主?
> (摘自 Z 中学 T 教师访谈笔录)

预科政策如果按照目前的某些做法,肯定达不到政策的预期目标。

二　进一步完善民族地区双语教学政策

民族双语教学是民族地区传承民族文化的主要形式，搞好双语教学是使用和发展本民族语言文字的有效途径，也是我国宪法和民族区域自治法赋予少数民族的基本权利，更是党的民族政策的重要内容之一。双语教学是双语现象在教学领域的集中表现，它不仅是一种跨文化教育的重要手段，更是双语环境下的一种特殊的教学形式。民族地区课程政策实践中，双语教学政策是其中重要的内容。双语教学政策就是在各少数民族地区的各级各类学校在民族语言教学的基础上，根据各自的情况，相应加授汉语，在没有语言的少数民族地区学校全部以汉语教学。就目前双语政策的发展趋势来看，表现出了"两个为主"的取向：一种是在民族地区学校的课程与教学实践中，以汉语为主；另一种是对有民族语言的少数民族而言，以民族语言为主。"两个为主"表现出了课程政策在执行过程中两个明显的价值取向，形成了特色鲜明的两类模式。调查中发现，虽然一部分民族地区学校对双语教学产生了误解，甚至在汉语文和民族语文的使用上人为地有了主、次之分，但这绝不会影响双语教学政策在民族地区的执行，更不会影响党和政府在民族地区推进双语政策的决心。在诸多民族双语教学形式当中，藏汉双语教学是最主要的一种双语教学形式。本书拟结合实证调研，解读民族双语教学中存在的问题、成因并提出推进民族双语教学的对策。

（一）当前民族双语教学问题解读

双语教学"指的是以两种语言作为教学媒介的教育系统，其中一种语言常常是但不一定是学生的第一语言"[①]。民族双语教学就是在少数民族地区学校在民族语言教学的基础上，根据各民族的情况，相应加授汉语，在没有语言的少数民族地区学校全部以汉语教学。前文述及，就双语政策的发展趋势来看，目前民族教育面临的双语教育的环境和条件等发生了全新的变化，民族双语教学经历了

---

① ［加拿大］W. F. 麦凯、M. 西格恩：《双语教育概论》，严正、柳秀峰译，光明日报出版社1989年版，第45页。

"少数民族师生主导—政府主导—少数民族师生自主选择，政府管理"的发展阶段，表现出了"两个为主"的取向。事实上，"两个为主"的教学模式表现出了双语教学在执行过程中不同的价值取向，在双语教学实践中演绎出一些新问题。就本书的调研来看，表现在文化选择、学生出路以及民族文化传承等方面存在的困惑。

1. 文化选择之困

在当前文化大繁荣、大发展的时代背景下，传承与发展各民族的文化是"文化繁荣与发展"这一主题的应有之义。在学校教育的现实中，也就理所当然地出现了"学好民族语言，走遍本地区；学好汉语，走遍全中国；学好英语，走向全世界"的宣传。但在双语教学实践中，人们还是表现出了种种困惑。民族学校的师生往往面对的是双语言或多文化的环境，他们在此环境下面临着普通学校师生所不曾有的困惑。在诸多困惑之中，"文化选择之困"是其典型的表现。一部分学校师生对双语教学产生了误解，甚至在汉语文和民族语文的使用上人为地有了主、次之分，在现实中表现出了明显的"双语态度"。笔者认为，由于语言是文化的载体和工具，因此这种双语态度正是"文化选择之困"的具体反映。表面上双语态度的分野，实质是不同主体面对两种文化时适应困难和内心矛盾的真实表征。相关研究也表明："双语学习不仅需要某种认知能力，而且需要一种积极的态度，态度关系到学习的动机。"[1] 尤其在当前汉语逐渐演进成为各民族进行沟通和交流的族际语的背景下，少数民族语言学习和使用的双语环境也无处不在，文化选择问题就更为凸显。有研究表明，"在土家族地区，可以说，交通干线所延伸的地方，学校教育推广的地方，也就是汉语以及汉语为媒介的文化所普及、渗透、推广的地方"[2]。因此，于少数民族学生而言，这种文化选择之困是即时存在的，对双语教学而言，尤为突出，因为涉及第二语言的学习本身就关系到文化选择和适应的问题。

---

[1] 方晓华：《少数民族双语教育的理论与实践》，学苑出版社2010年版，第10页。
[2] 邓佑玲：《土家族转用汉语的进程及特点》，《云南民族大学学报》2004年第6期。

2. 学生出路之困

长期以来,少数民族学生的教育路径是"民考民"(即民族学生报考民族类学校)。虽然他们从这种教育路径中得到了一些"实惠"(如在升学录取过程中享受的降分优惠的政策),但同时"民考民"的教育路径也限制了学生选择,于大多数民族学生而言,他们长期处在一个相对独立和封闭的体系中维系着他们的教育之路,这也制约了他们的发展,而且在某种程度上严重影响少数民族学生今后将以何种方式"融入"主流社会。因此,在面对双语教学本身时,少数民族学生也面临着尴尬的"出路之困"。虽然近年来政府和教育行政部门采取了一些措施,如降分录取、发展高等预科教育、高考并轨改革等倾斜性政策,但这一问题并未得到很好的解决。学生即使有机会选择普通学校,在今后的就业等一系列竞争中,自身所具有的民族语言和文化优势却不能得到很好的体现。如在某些民族地区高校毕业生的就业招考中,几乎不会使用民族语言,而全部采用汉语进行。表面看来,这一问题似乎本身和双语教学不能构成直接的因果关系,但实践表明,这已影响学生学习双语的热情和积极性,也潜在地影响了民族双语教学的开展。

3. 文化传承之困

事实上,"本族语进入学校教学,是提高儿童母语能力,增强本族语使用功能、使本族语适应文化发展需要的有效途径"[①]。从这个意义上讲,双语教学的根本目的是传承和发展民族文化,但在利益相关者的"文化选择之困"以及少数民族学生的"出路之困"的前提下,我们不得不面对的问题就是民族文化"传承之困"。在此问题上,始终绕不开民族教育的两个基本问题,即"我们该传承什么"和"我们如何传承"。前一个问题的实质是"标准";后一个问题的实质则是"方法"。在双语教学的问题上,在对传承之困进行解读的过程中发现,这两个问题几乎是同时存在的。时下公认的命题就是:学校教育在传承民族文化,因此有些人就近似地解读为民族文化要靠学校教育来传承,在这样的集体误读中,似乎学校教

---

① 徐世璇、廖乔婧:《濒危语言问题研究综述》,《当代语言学》2003年第2期。

育就理所当然地"包办"了民族文化的传承，标准和方法的问题都已经完全解决。实际上，也正是这样的集体误读，忽略了民族双语教学中具体的、实质性的问题，即传承的标准和方法，造成了当前学校教育在传承民族文化方面表现出"名不副实"和"力不从心"。在这种境遇下，虽然民族双语教学自然而然地担当了保护和传承民族文化的"文化举措"，但其中存在的问题也显而易见和耐人寻味。

（二）当前民族双语教学问题的成因

民族双语教学不是单一的教育行为，是个复杂的社会文化现象。双语教学中出现的问题也不是简单的"一因一果"，有些问题的形成是"多因一果"的反映。归结起来，主要有以下几个方面的原因。

1. 多元文化背景下，双语人的双语态度更加复杂多变

民族双语教学造就了典型的"双语人"，在两种语言和文化的濡染中，双语人对两种语言和文化形成了明显的态度、情感和价值观，这始终伴随着双语人的学习和生活。如藏族地区的两类教学模式就是学习者在不同的时间和场合表现出了更擅长某一语言和文化的情形，因此不能以某一种双语模式来固化地看待学习者。随着时间的推移、时代的变化和发展，学习者在双语学习的过程中双语态度也会发生明显的变化，甚至会做出截然相反的文化选择，表现出不同的价值取向。

调研发现，当前藏族地区部分师生充满了对主流文化的期待和向往。尽管在此过程中他们面临不少困惑，即面对自己的民族身份时，认为应该学习本民族的语言和文化，但考虑到今后的发展，在某些场合却会毫不犹豫地选择学习通用语言与主流文化。这就不难解释藏区一些学习好的学生会经常"择校"去普通学校就读；在学习两种语言和文化有选择的机会时，学生会不假思索地选择"以汉为主"的学校和班级来学习。有时即使在同一所两类模式的班级并存的民族学校当中，也经常会出现"局外人"比较费解的现象，学生会试图重新选择自己所在的学校和班级。这虽是个例，但这是双语人双语态度复杂多变的具体体现。虽然现有的体制不能完全保证

他们实现"随时选择",笔者认为双语人的双语态度是造成学习者在学习过程中文化选择之困和文化传承之困的重要原因。

2. 师生融入主流社会产生困惑时,使其选择更为现实

虽然"少数民族学生通过双语教学学习本民族语和本民族传统文化,学习国家通用语和主流文化,可以促进不同民族特别是国家主体民族和少数民族之间的了解与合作,促进少数民族融入主流社会"①,但事实上,对于学习者而言,任何情况下对这两种语言和文化的习得都不是均等的。换句话讲,学习者会带着明显的价值取向,要么在学习中偏向民族语言和文化,要么偏向通用语言和主流文化的学习。虽然 W. F. 麦凯、M. 西格恩对双语人的要求是"一个人除了他的第一语言外对另外一种语言能达到同样熟悉的程度,并能够在任何场所中同样有效地适用其中任何一种语言"②,但现实中却并非如此。归根结底是利益相关者的选择更加理性和现实。

调查中,当问及学生对少数民族语言和汉语的学习兴趣时,在少数民族学生当中出现了明显的分化,部分学生在两种语言学习的选择上出现了比较模糊的兴趣倾向,有时候也表现得犹豫不决,再不像以前那样单纯和果断。可以说学生的选择更加现实和理性了,然而某些情况下这种所谓的理性是以不传承和学习民族文化、民族语言为代价的,使笔者不免产生一种担忧。在问及学生对学校传承民族文化的建议时,被调查的学生认为应当扩大民族学生的就业和出路,按照学生的逻辑,这种"终端激励"的做法似乎能达到"过程激励"的目的。他们认为只有社会接受或认可这些少数民族学生,使他们能融入主流社会并顺利就业,才能调动他们学习民族语言和文化的热情和积极性,民族双语教学才更具有现实意义。

3. 民族语言使用环境弱化,民族文化相应被淡化

在藏区藏汉双语教学的调查中还发现了一种现象,值得我们关注,那就是在一些民族地区学校出现了淡化双语的倾向。当然,实质上这种淡化,是淡化了民族语言的学习和使用,使少数民族语言

---

① 方晓华:《少数民族双语教育的理论与实践》,学苑出版社 2010 年版,第 79 页。
② [加拿大] W. F. 麦凯、M. 西格恩:《双语教育概论》,严正、柳秀峰译,光明日报出版社 1989 年版,第 1 页。

越来越缺少它使用的环境和条件，从而在某些地区，使双语教学成了民族学校可有可无的教学形式。众所周知，我国相关法律、法规等都明确规定，各民族不分大小，一律平等。当然这种平等的背后，各民族的语言、文化平等是题中应有之义。双语实践中，人为地"淡化"民族文化传承的氛围和条件，使这种文化平等的原则在现实中也遭遇到了另一种待遇，背离了"各民族文化一律平等"的基本原则，也使民族双语教学缺乏相应的支持环境。

（三）推进民族双语教学对策探讨

就实证研究中的民族双语教学现状而言，针对存在的问题，有必要采取相应的对策和措施。

1. 增强师生的民族意识，达致双语教学的社会目标

"民族意识是一种客观存在，是构成民族问题诸要素中之最敏感者。它好比人体整个神经系统的中枢，牵一发而动全身。"[1] 少数民族师生的民族意识会直接体现和反映在自己的言行当中。在当前多元文化背景下，多民族和谐共处的客观现实也是少数民族师生民族意识弱化的主要原因。虽然在民族意识问题上，我们经常处于尴尬的两难境地，在一些研究中经常能见到"增强少数民族学生的民族意识"的表述，给人的第一感觉往往是淡化民族意识有错，但对这一问题需要辩证地去看，因为于多民族和谐共处的大背景而言，过强的民族意识也未必就正确。对此问题，前文曾提出要做好少数民族师生的"民族认同感"教育。

2. 双语教学应该因地、因族制宜并分类推进，达致双语教学的语言目标

民族双语教学，首先应该是双语言和文化的习得，要实现他们语言学习的目标。实践表明，即使在同一个民族地区，民族学生的民族语言基础也是有差距的，这从根本上决定了双语教学在实践中不能搞"一刀切"，而要采取不同的模式。笔者认为，如藏汉双语教学模式之所以演进成目前"以藏为主"和"以汉为主"两种，就

---

[1] 李金池：《民族意识与社会和谐并不矛盾》，《中国民族报》2011年4月29日第6版。

是因地制宜、分类推进的结果，藏汉双语教学中的"以藏为主"和"以汉为主"也不是完全绝对的。建议在两种模式下，师生应该有选择的余地，可以进行相应的变通，政策要有一定的灵活性，这也是民族地区教育管理者的真实想法。

> 我觉得并不是所有的课程都适合用藏汉双语教学，比如计算机信息技术、数学、化学等这些学科适合藏汉双语教学，但前提是教材必须是藏语的。现在的复习材料都是汉语的，藏语的（教辅）资料很少。理科适合用藏汉双语教学，文科应该纯粹用藏语教学，比如说政治、历史。因为已经非常成熟了，可以用藏语教学了。如果教材是藏语的话，你可以用藏汉双语，但如果教材是汉语的话，可能就有问题了。
>
> （摘自教育行政官员访谈笔录）

调研中当问及师生在现有模式下，能否选择另外一种模式的学校和班级进行学习时，得到的答案大多数是否定的。两种模式相对明显的界限划分，限制了学生的选择和今后的发展，双语教学因地制宜、分类推进就势在必行了。

至于少数民族双语教学的因族制宜则要根据各少数民族的具体情况具体分析。当然没有语言和文字的少数民族就不涉及此问题了；对于有语言而没有文字的少数民族，其民族语言只是在教学过程中作为一种辅助用语出现的，因此实践中全是用汉语进行教学的；对于既有语言又有文字的少数民族才存在真正意义上的民族双语教学。在这些少数民族当中，由于所处的环境、发展的历史、风俗习惯等各有不同，开展民族双语教学不能一概而论，也不能在实践中套用既定的模式来执行。还有一种现象值得我们关注，那就是在一些民族地区学校出现了淡化双语教学的倾向。当然，这种淡化，是淡化了民族语言的使用，是少数民族语言越来越缺少它使用的环境和条件，似乎给人的感觉是双语教学成了民族地区学校可有可无的教学方式。这实际上是在课程实践中对双语教学的轻视和对国家一统教学模式的重视造成的。如何在新的时代条件下加强民族地区学校的双语教学,成为落实双语政策必须考虑的问题。

3. 开设以民族语言为主的选修课程,培养学生学习民族语言的兴趣,调动其学习的积极性

在民族地区学校原有的双语教学实践中,其实可以划分这样几种实践形态:一是直接在民族地区学校开设民族语言课程,加强少数民族学生对民族语言的学习;二是直接在民族地区学校采用民族语言授课;三是增加相应的语言学习和应用的课时。在当前一些民族地区学校的课程实践中,一方面没有采用少数民族语言授课,也没有在学校开设民族语言课程(当然没有自己的语言和文字的民族和学校除外),而是为了应对学生将来民族语言的考试,采取了一些灵活机动的措施和办法,像调查中发现有学校增加对相关学科术语进行翻译的教学(将相关学科术语翻译成民族语言,进行重点解释)的课时,增强学生的学习兴趣,提高学习的效果和质量,这几种课程实践都是对双语教学在新的时代条件下所做的变通。不管是何种类型的双语学校,笔者认为都是以国家统一课程中的必修课程的教学作为最基本内容的,因此作为民族语言的学习和实践活动,在学校教育中应该积极探索更好的途径和形式。

调查表明,随着新一轮普通高中课程改革的深入推进,学校开设必要的选修课程已经成为学校课程实践中不争的事实。这一方面为民族地区学校加强少数民族学生民族语言的学习提供良好的契机;另一方面,与普通学校相比,民族地区学校的选修课程是最容易反映民族特色的学习领域,有一定的可行性。将民族语言的教学和学习渗透在学校的选修课程中,要有必要的规章制度来保障在校本课程和选修课程中落实民族语言教学和学习的实践,应该做好以下两个方面的工作。一是保证民族地区学校选修课与校本课程开发和开设的质量。选修课的教学与校本课的实践要以提高质量为前提,以学习民族语言和文化为根本目的。目前实践中之所以校本课程等会流于形式,关键是质量没有得到相应的保证,开与不开几乎一个样,实践过程中就容易被忽略。二是要有必要的课时保证语言课的教学,要使民族学生有机会、有条件学习其感兴趣的民族语言

课程。研究结果表明，并不是所有的少数民族学生都对自己的民族语言没有兴趣，而是学校中没有适切的课程载体来帮助学生学习本民族的语言，民族地区学校只有积极拓展适当的形式帮助少数民族学生学习自己本民族的语言，才能激发学生学习的兴趣。因为兴趣的满足和实现需要一定的载体，没有相应的实践载体，谈学习的效果也只能是一句空话。

民族地区学校课程政策的实施不是单一的政策行为，其涉及相关民族政策的实施。本书在对民族地区学校课程政策实施效果的政策建议中，提出了对民族预科政策和双语教学政策的"完善"，似乎不是理所当然的"对应"，有悖于论证的常理和逻辑，但调查中的确发现民族预科政策和双语教学政策是关涉民族地区学校课程实施的基础性政策，如果得不到落实或在实践中流于形式，民族地区学校的课程政策的实施效果就难以保证。基于此种考虑，笔者认为最后的政策"修正"不仅仅是现行课程政策本身，更要做好诸如民族预科政策和双语教学政策等相关政策的配套和改进。

结语

促进西北少数民族教育公平发展的思考

从政策科学的角度来讲，本书属于政策评估，课程政策是典型的公共政策，因此进一步讲，本书又属于公共政策评估，而且是仅仅对课程政策实施某一个方面——实施效果的考察。事实上完整的政策过程除了关注政策的执行之外，还必须对政策评价问题给予关照。从某种意义上讲，政策评价也是关照政策效果的重要形式，对西北少数民族地区教育公平发展的审视中，笔者选取了课程政策实效性这一视角进行分析和探讨。在研究过程中发现民族地区政策评价的缺失是影响政策执行效果的又一制约因素。笔者在对课程政策实效性进一步分析的基础上，对政策评价的问题提出了相应的政策建议。本书拟在某些方面突破课程政策的规约和局限，在民族教育公平发展的视域下，探讨对当前政策尤其是对教育政策评价的认识并进一步反思本书中存在的缺陷和不足。

第一节　加强教育政策的文化价值研究

在大多数人看来，政策有政治意义和价值，这点毫无争议。实际上，政策也具有文化倾向和价值旨趣。正像有研究指出的："尽管政策的研究与权力息息相关，但政策本身并不等于权力的表达，政策运作过程也不完全是按照权力实现与表达的程序来进行的。政策过程中还会受到许多诸如价值观念和意识形态等'非权力性'因素的影响，只不过这些因素是隐蔽的、潜在的罢了。"① 因此，政策研究必须挖掘其文化价值和意义，这应该是今后政策研究的重要转向。尤其在民族地区多元文化的现实中，包括课程政策在内的教育政策的文化价值和作用尤为突出。从某种意义上说，当我们将西北少数民族地区的课程政策放在"政策"视域当中对其实施的效果进行评价之时，实际上已经不是"纯政策"问题了，这是与民族文化传承和促进民族学生发展息息相关的社会问题。本书侧重对民族地区课程政策实施后利益相关者主观感受的探讨，就是要从政策的视角对他们所面临的心理矛盾和文化冲突进行解读，实质上这些矛盾本身是政策导致的文化冲突，即决策者的文化初衷与政策对象的文化目标形成了某种差距，这才是问题的实质。

政策的文化价值渗透在政策过程中的每一个环节，无论在政策的制定、执行还是政策评估中，都体现出其文化内涵和意义。本书不同的政策利益相关者在研究的过程当中都间接地向笔者反映过看起来是政治与教育实践产生的某种矛盾，而且都是站在自己合理性立场上看待政策本身，也总是将种种矛盾产生的根源归结为现行的教育政策和制度，认为是这些不合理的规定和政策导致了的现状。现在看来，需要对这些问题的内涵做进一步的挖掘和探讨。任何政策和制度都是在特定的文化理念下制定的，也是在特定的文化背景下执行的，执行的效果也是在特定的文化视角下被评估的，文化对政策的影响是全方位的。当然这些文化影响当中，必然包括政策视角下主位文化和客位文化对其产生的影响，各利益相关者的立场和角度不同，他们对政策评判的结果就大不一样。因此，对政策文化价值的研究首先必须澄清一个前提性的问题，便是研究者是在何种立场上、用何种文化价值审视政策本身的，否则所谓政策评估的客观、公正、合理等问题的主观诉求在评价的实践中就会大打折扣。

从政策研究的历程来看，"多元主义理论强调的政策分析是多元视角，实际上也是基于国家立场上的，所强调的只是对权力及其

---

① 王平：《教育政策研究：从"精英立场"到"草根情结"——兼论教育政策研究的文化敏感性问题》，《清华大学教育研究》2010 年第 4 期。

民主实现程度的尊重与捍卫"①。事实上，在政策的文化视域中，少数民族政策的民族文化属性与国家文化（或主流文化）属性是并存的，政策的执行和对政策任何"指手画脚"的评价都会陷入一种文化矛盾和冲突当中，这种矛盾的缓解需要政策的适度调整。这其中价值中立能尽可能保证的话，文化中立的要求也是没有可能也绝无必要做绝对保证的。因为研究者本身就是绝对意义上的"文化人"，有其本身难以剔除的文化立场和属性；政策制定者有其政策设计的文化初衷，政策执行者有其文化的目的，教育政策执行者更是如此，这一切文化目标的"不完全对应"或出现的误差，必然导致政策执行过程中的种种现实问题，问题的根本解决需要以文化的视角、通过文化的方式和途径进行。用政治方式解决政策问题是结局，通过文化的方式解决才是其最原生态的"过程"。这也许就是"政策文化"一词的核心表达，相关研究文献发现，政策文化就是"指政治体系的成员对公共政策的倾向模式，即在选择什么样的政治行动来实现社会所要达到的意图或目标的问题上，政治体系的成员所表现出来的倾向。这种倾向来源于对社会理想以及对现实社会中现有条件的不同认识，它决定着公共政策的内容和实施"②。迎合今天这种政策"放权"的趋势，也有研究提出了"参与型政策文化"的概念，认为"政策文化是指引导政策的制定、实施、反馈、调整的全过程的综合精神体系，参与型政策文化则是指具有较强的沟通、约束与协商机制的政策文化"③。

"在现代特别是后现代社会中，文化在不断地被解构、被扩散。文化正向着其多元性的方向发展，文化对政治、经济的影响越来越具有弥散性和普遍性。"④ 文化的这种时代特性波及政策制定，提高了决策的难度；渗透政策执行左右利益相关者的价值倾向；影响政

---

① 王平：《教育政策研究：从"精英立场"到"草根情结"——兼论教育政策研究的文化敏感性问题》，《清华大学教育研究》2010年第4期。
② 《政策文化》（http://baike.baidu.com/view/636500.htm）。
③ 孙正甲：《参与型政策文化与政策发展》，《理论探讨》1998年第3期。
④ 王平：《教育政策研究：从"精英立场"到"草根情结"——兼论教育政策研究的文化敏感性问题》，《清华大学教育研究》2010年第4期。

策评估，消解了研究者的信心。但政策研究有一点是肯定的，秉持政策的文化属性，承认政策的文化价值，是正确认识和进行政策评估的前提，也是未来政策研究中的永恒命题。

第二节　加强对课程政策实施效果的跟踪和评估

目前，民族教育政策已经从"外援型政策"转向了"内发型政策"。换句话讲，对民族教育发展的审视已经开始从出台支持性政策转向对民族教育发展本身问题的审视和思考。同时，长期以来，对民族地区公共政策的评估是民族研究的弱点。民族地区的教育政策更是如此，课程政策作为民族教育最重要的内发型政策也不例外。"有些政策执行了这么多年，效果到底怎么样？现在该总结和反思了"，这是在研究过程中教育行政管理者、民族地区学校负责人经常抱怨的一句话。其实他们也在警醒各级各类研究者、官员和学者，加强对这些政策的跟踪和评估是提升政策实效性的关键。从政策科学的角度而言，政策跟踪是政策评估的主要形式。民族地区的课程政策作为民族地区重要的公共政策，对它的"评估既然关系着公共利益和国家资源分配，自然不能草率为之，或凭主观的判断或臆测，而是必须以客观的科学的方法进行评估，才能求得有价值的评估结果"[1]。

陈立鹏的研究指出："政策评估是我国政策过程的薄弱环节，关于少数民族教育的政策评估更是所有链条中最薄弱的一环。政策评估不到位既影响了已有政策的实施效果，又影响了新政策的出台。"[2] 本书也部分地证实了这一点。由于长期以来包括课程政策在内的少数民族政策没有专业评估机构采用相应的评估标准评估政策的实施效果，甚至造成了有些政策就连政策执行者都很难说清楚政策执行的实际效果。本书没有形成这样的研究传统，也注定了进行

---

[1] 李允杰、丘昌泰：《政策执行与评估》，北京大学出版社2008年版，第151页。
[2] 陈立鹏、李娜：《我国少数民族教育60年：回顾与思考》，《民族教育研究》2010年第1期。

政策研究的难度。这种困难主要表现在：一是缺乏进行政策评估的相应标准。通俗地讲，这项政策到底执行得"好不好"，缺乏相应的标准从理论上进行界定，"好"与"不好"仅仅是一个相对的主观概念，实践中缺乏可操作的"度"。笔者虽然通过调查获取了一些量化的结果，各利益相关者也提供了相应的质性资料，但到底依据何种标准来进行归类和判断分析，始终是本书所面临的理论困惑。二是评估方法面临的挑战和困难。虽然包括课程政策在内的教育政策是典型的公共政策，我们可以借鉴公共政策的分析框架和思路来研究。但教育政策有它本身的特点和规律，注定了在研究过程中又不是完全借鉴和套用。长期形成的重质性描述、轻精确量化手段的研究传统是我们今天教育政策评估面临的现实，也是我们长期公共政策缺乏跟踪和评估的主要原因。加强对政策的跟踪和评估又在完整的政策过程中发挥着不可估量的积极作用。

首先，对现行政策进行跟踪和评估是及时修正政策问题的重要途径。政策实践表明，再完美的政策设计，政策过程中还会出现问题，决策者的初衷和政策对象的政策目标都会出现分歧和差异，这是难以避免的。政策跟踪的方式又是尽可能避免这种结果的有效方式。正因为我们长期缺少对政策的评估和跟踪，使本来稍作修正就能继续执行好的政策到最后却以政策终止而作罢。直到这时，我们还是缺少必要的反思，认为政策已"积劳成疾"，该"寿终正寝"了，殊不知这种"积劳成疾"是由于我们缺乏政策跟踪和评估所造成的。有对我国农村教育政策的研究中也得出了同样的结论："回顾我国农村基础教育政策的演变可以发现，一些大的体制调整往往是因为其他方面的改革而作为配套措施出现的，或是问题积累到非解决不可的地步而不得不推出的，其直接的政策目标更多地具有'补课'的性质。"[①]

其次，对现行政策进行跟踪和评估是提高政策实效的关键。长期以来，由于我们缺乏政策评估的专业组织，造成了政策跟踪和评

[①] 柯春晖：《城乡统筹发展中的教育政策取向和政策制定》，《教育研究》2011年第4期。

估较为落后的现实。还有人甚至错误地认为，搞政策评估就是在给政府"挑刺"，堂而皇之地以所谓的"政治"问题对抗政策领域中的学术研究。这样缺乏政策跟踪和评估而导致政策在执行过程中效率较为低下，有些甚至造成了一些政策被变相执行的结局。即使有政策评估，但在某些情况下，迫于来自各利益相关者的压力，也很难做到政策评估的客观、公正与合理。可以肯定的是，这些"惯例"绝对影响政策的执行效果。

第三节 加强对政策利益相关者合法权益的协调和有效监督

任何评估都是为了改进工作，政策评估也一样。正如美国评价专家斯塔弗尔比姆（D. L. Stufflebeam）强调指出："评价最重要的意图不是为了证明（prove），而是为了改进（improve）。"[①] 因此，政策评估的结果有可能使现行的某项政策更趋完善，也可能使现行的某项政策废止。无论何种结果，都是在进行政策利益相关者权益的调整和监督。就民族地区的课程政策而言，本书所进行的实证研究，在研究假设上绝不是要废止哪一项具体政策，而是出于改进政策本身的目的，审视政策在执行过程中利益相关者合法权益的合理分配和相关政策主体对政策实施的有效监督，更重要的是，要通过对这项具体教育政策的研究发现并修正政策产生的误差（Weiss，1972）。

本书以课程政策为例，对促进民族教育公平发展的政策因素进行了探讨。在前面课程政策理论建构部分，课程政策在从"集权"到"放权"的大背景下所进行的政策改革，目的就是在平衡各利益相关者课程权力的同时，使这种权力在使用的过程中得到协调和有效监管，从而保证政策执行过程中的不"变形"和"走样"。笔者发现，一些具体的课程政策在执行的过程中之所以会违背政策制定者的初衷，关键是在权力的运用中缺乏必要的协调和监管，如本书

[①] 李允杰、丘昌泰：《政策执行与评估》，北京大学出版社2008年版，第153页。

提及的民族预科政策、双语教学政策在执行的过程中出现的诸多问题都是缺乏对政策利益相关者合法权益的协调和监督等的结果,导致政策实施中各利益相关者的意见和建议。政策实践表明,政策执行过程中利益相关者的利益诉求是不一样的,而且在整个政策运作的周期内,权力大小也不尽相同,决定了在这一过程中权力协调和有效监督的复杂性。政策过程中,这种权力的"不对称"也在某种程度上导致了权力运行与对其监督的不对称,加强权益协调与监督就是要通过监督保障政策利益相关者的合法权益,通过权力的协调保证政策各利益相关者权力的享用。否则政策执行过程中,权力不受监督,权益就难以保证,政策执行过程出现问题就在所难免。

附 录

附录一 "西北少数民族地区教育公平发展研究"教师调查问卷

各位老师好：

　　感谢您在百忙之中参与本次问卷调查。此次问卷调查主要了解当前中学课程与教学中存在的一些实际问题，为促进课程政策实施提供参考。问卷中的每一个问题都无所谓对错，请您根据自己的实际情况逐一作答，对您的真诚合作，我们表示衷心的感谢！

"西北少数民族教育公平发展研究"调查组

一 请您根据自己的实际情况对下列问题作答。

1. 所在地区：_____省_____学校
2. 您的性别：（1）男　　（2）女
3. 您的年龄：_____教龄：_____
4. 您的民族：（1）藏族　（2）回族　　（3）汉族
　　　　　　（4）其他
5. 您的职务：（1）校长　（2）教导主任　（3）年级组长
　　　　　　（4）教研组长　（5）普通教师
6. 您的学历：（1）高中　（2）中专　　（3）大专
　　　　　　（4）本科　（5）研究生及以上
7. 您现主要任教的科目：_____

8. 下表列出了您获知有关民族类课程教学方法的途径，请您按照获知的多少排序（填写1、2、3、4）。

途径	请按照获知的多少排序
师范大学（学校）学到的	
工作后向同事不断学习的	
在各种培训中学到的	
在实践中摸索的	

二 请您根据您的实际情况对下列问题作答，其中1代表"完全不符合"，2代表"不太符合"，3代表"基本符合"，4代表"比较符合"，5代表"非常符合"，请直接在符合您实际情况的数字上画"√"。

序号	题目	备选项				
1	在我的工作中，有好多途径可以了解有关课程和教学的要求和规定	1	2	3	4	5
2	我对学校的教学要求很熟悉	1	2	3	4	5
3	我对教学工作有很高的热情和积极性	1	2	3	4	5
4	我很喜欢学校的工作与生活	1	2	3	4	5
5	我认为我校的课程和教学的规定符合我的工作实际	1	2	3	4	5
6	在工作中我一直努力达到学校制定的目标	1	2	3	4	5
7	我在教学中能尽可能地让学生理解学习的内容	1	2	3	4	5
8	我和我的同事对教学工作都持积极的态度	1	2	3	4	5
9	学校中有关教学的要求和规定对我的教学有促进作用	1	2	3	4	5
10	学生在学校里所学的知识对他们今后的生活有用	1	2	3	4	5
11	学校所开的课程符合我们的实际情况	1	2	3	4	5
12	据我了解，大多数学生都能达到教学要求	1	2	3	4	5
13	在工作中，我有参与对学校现行课程评价的机会	1	2	3	4	5
14	我认为考试成绩能正确反映学生的学习水平	1	2	3	4	5

续表

序号	题目	备选项				
15	学校对学生的某些评价方式有进一步改进的必要	1	2	3	4	5
16	目前学校的教学内容切合本地区实际	1	2	3	4	5
17	我能熟练地进行我所教科目的教学	1	2	3	4	5
18	我认为我的教学效果是明显的	1	2	3	4	5
19	学校安排教学科目时会征求我的意见	1	2	3	4	5
20	学校在安排课时量时会征求我的意见	1	2	3	4	5
21	我知道课程管理的相关规定	1	2	3	4	5
22	我知道校本课程是怎么回事	1	2	3	4	5
23	校本课程在我们学校得到了很好的实施	1	2	3	4	5
24	我知道地方课程是怎么回事	1	2	3	4	5
25	地方课程在本地区得到了较好的推行	1	2	3	4	5
26	学校校本课程和地方课程的实施能关照到教师的实际	1	2	3	4	5
27	我们学校有对民族学生的特殊政策	1	2	3	4	5
28	我在教学中能尽量关照到不同民族学生的一些特殊要求	1	2	3	4	5
29	学校的课程内容能调动学生的学习兴趣	1	2	3	4	5
30	我会尽力帮助学生理解教学的内容	1	2	3	4	5
31	通过教学,我的教学能力有所提高	1	2	3	4	5
32	学生学完相应的科目对将来的生活有用	1	2	3	4	5
33	我认为当地的学校教育能为当地的经济社会发展提供必要支持	1	2	3	4	5
34	学校的课程是按照课程文件的要求开设的	1	2	3	4	5
35	目前的课程体现了国家的教育意志	1	2	3	4	5
36	我认为目前的课程很好地反映了老师的意愿	1	2	3	4	5
37	学校课程与本地区的社会实际关系不大	1	2	3	4	5
38	我认为民族地区还有好多内容能纳入学校课程中供学生学习	1	2	3	4	5
39	我认为学校的课程内容对不同民族的学生都是适合的	1	2	3	4	5

续表

序号	题目	备选项
40	我认为本校教师的教学方法对不同民族学生而言都是适合的	1　2　3　4　5
41	我对本地区地方课程很有兴趣	1　2　3　4　5
42	我对学校的校本课程很有兴趣	1　2　3　4　5
43	我认为本校的教育资源与本地区其他学校的教育资源是一样的	1　2　3　4　5
44	学校之间的差距是存在的	1　2　3　4　5
45	我认为本校学生有到其他学校上学的意愿	1　2　3　4　5
46	我经常能听到同事在讲一些本地区好学校发生的事情	1　2　3　4　5
47	学生家长们对我们学校的教育教学质量的评价是积极的	1　2　3　4　5
48	学生家长基本不向我了解学生在校的学习和生活	1　2　3　4　5
49	本地区家长对学生的学习很关心	1　2　3　4　5
50	学生家长经常给孩子购买学习资料	1　2　3　4　5
51	学生家长经常为孩子聘请家教辅导学习	1　2　3　4　5
52	学生家长认可学生在学校的学习内容	1　2　3　4　5
53	学生家长希望学生在学校能学些实用的东西	1　2　3　4　5
54	我有很多有关课程和教学的意见和建议	1　2　3　4　5
55	我的同事对课程和教学有许多意见和建议	1　2　3　4　5
56	学生都希望对现行的课程和教学做相应调整	1　2　3　4　5

三　在本地区的课程和教学中，您认为下列各项在对民族教育的发展中作用方面影响程度如何，请您根据影响程度对下列各项排序（填写1、2、3、4、5、6）。

评价内容	请您根据您的认识对其重要性程度排序
课程目标	
课程内容	

续表

评价内容	请您根据您的认识对其重要性程度排序
课程结构	
课程实施	
课程评价	
课程管理	

四 下列您教学中遇到的问题请按实际难度大小进行排序（填写1、2、3、4、5、6）。

教学中的问题	排序
学生基础差，听不懂	
学生学习积极性不高，对学习没有兴趣	
我的教学方法有问题，效果不明显	
学生的学习态度对我有影响，使我缺乏信心	
教学内容与民族地区的实际不大符合	
教材难度大，学生不愿学	
其他	

五 当您看到"汽车"这个词可能会想到"跑得快、拉东西、铁的"，那么当您看到"民族教育、课程、教学"这些词的时候，您会想到什么呢？请把您想到的词语和句子写到下面的横线上（怎么想就怎么写）。

民族教育：_____

课程：_____

教学：_____

您的每个答案，对我们的研究都很重要，请您回头再看一遍您填写的问卷，有无遗漏问题和需要补充的意见和建议。再次感谢您的支持和合作！

附录二 "西北少数民族地区教育公平发展研究"学生调查问卷

各位同学好：

　　首先感谢你参与本次问卷调查。此次问卷调查主要是了解当前中学课程与教学中存在的一些实际问题，从而为促进课程与教学政策实施的有效性提供参考。调查结果仅做研究之用，问卷中的任何答案都无所谓对错，敬请你根据自己的实际情况作答，你回答的所有问题的答案都将严格保密。对于你给予的合作，我们表示衷心的感谢！

"西北少数民族教育公平发展研究"调查组

一　基本情况。

1. 所在地区：_____省_____学校
2. 你的性别：（1）男　　（2）女
3. 你的年龄：_____所在的年级：_____
4. 你的民族：（1）藏族　（2）回族　（3）汉族
   　　　　　（4）其他_____
5. 你是通过哪些渠道获知本民族（少数民族）的相关文化和知识的，请按照获知的多少排序。

途径	请按照获知的多少排序
在家里听长辈们讲的	
在学校向同学学习的	
参加社会活动时学到的	
学校课程中学到的	
其他（请填写）	

6. 下题主要是了解你的学校课程开设及你的学习兴趣的，请你先在"学校是否开设了该课程"一栏中确认是否开设了该课程（开设了用"√"，没有开设用"×"），然后在"兴趣程度排序"一栏中对开设的课程进行排序。

科目	学校是否开设了该课程	兴趣程度排序	科目	学校是否开设了该课程	兴趣程度排序
语文			生物		
数学			物理		
外语			化学		
民族语文			计算机		
思想品德			音乐		
历史			美术		
地理			体育		

二 请你根据实际情况对下列问题作答，其中1代表"完全不符合"，2代表"不太符合"，3代表"基本符合"，4代表"比较符合"，5代表"非常符合"，请直接在符合你实际情况的数字上画"√"。

序号	题目	备选项				
1	在学习的过程中，我有好多途径了解课程和教学方面的相关规定	1	2	3	4	5
2	我对老师教学的相关规定很熟悉	1	2	3	4	5
3	我对学习有很高的热情和积极性	1	2	3	4	5
4	我很喜欢学校的生活	1	2	3	4	5
5	我认为有关课程和学习的规定符合我的学习实际	1	2	3	4	5
6	学习中我一直努力达到老师提出的要求	1	2	3	4	5
7	科任老师在教学中能尽可能地让我理解学习的内容	1	2	3	4	5
8	我和我的同学对学校的学习都持积极的态度	1	2	3	4	5
9	学校生活中的要求对我的学习有促进作用	1	2	3	4	5

续表

序号	题目	备选项				
10	我坚信学校里学到的知识将来肯定有用	1	2	3	4	5
11	学校各门功课的开设符合我们的实际	1	2	3	4	5
12	大多数学生都能达到老师的学习要求	1	2	3	4	5
13	我有对教师的教学进行评价的机会	1	2	3	4	5
14	当前对学生的考试都是有效的	1	2	3	4	5
15	学校对我们的评价方式有必要做进一步改进	1	2	3	4	5
16	学校应该有更多的评价学生的方式	1	2	3	4	5
17	目前学校提供的学习内容切合我的实际	1	2	3	4	5
18	学校课程内容的编排适合我们的学习	1	2	3	4	5
19	我的学习效果是非常明显的	1	2	3	4	5
20	我经常有机会了解学校课程开设的一些情况	1	2	3	4	5
21	对学校课时的安排我们是可以建议的	1	2	3	4	5
22	学校开设的课程能满足我的学习需求	1	2	3	4	5
23	我知道课程管理的相关知识	1	2	3	4	5
24	我知道校本课程是怎么回事	1	2	3	4	5
25	校本课程在我们学校得到了很好的实施	1	2	3	4	5
26	我知道地方课程是怎么回事	1	2	3	4	5
27	据我了解，地方课程在本地区得到了较好的推行	1	2	3	4	5
28	学校课程和教学的实施能关照到我们的实际情况	1	2	3	4	5
29	不同的学生能在学校中受到相同的待遇	1	2	3	4	5
30	老师在教学中能关照到少数民族学生的一些特殊要求	1	2	3	4	5
31	在学校里我总能找到感兴趣的内容去学习	1	2	3	4	5
32	学习中老师会尽力帮助我理解教学的内容	1	2	3	4	5
33	学校课程提高了我在社会中的适应能力	1	2	3	4	5
34	我们学完老师所教的科目后能得到很好的发展	1	2	3	4	5
35	我认为当地的学校教育能为经济社会发展提供必要支持	1	2	3	4	5
36	学校的课程是按照相关的要求开设的	1	2	3	4	5

续表

序号	题目	备选项				
37	目前的课程完全体现了国家的要求	1	2	3	4	5
38	我认为目前的课程很好地反映了老师的意愿	1	2	3	4	5
39	学校生活与本地区的社会实际是密切联系在一起的	1	2	3	4	5
40	我觉得民族地区还有好多内容能纳入校本课程中供学生学习	1	2	3	4	5
41	我认为学校的课程内容对不同民族的学生都是适合的	1	2	3	4	5
42	我认为学校老师的教学方法对不同民族学生都是适合的	1	2	3	4	5
43	学校在实际教学中给我们开齐了所有的课程	1	2	3	4	5
44	开设的课程都开足了课时	1	2	3	4	5
45	我很喜欢学校地方课程的相应教材	1	2	3	4	5
46	我对学校校本课程的教材很有兴趣	1	2	3	4	5
47	我觉得在本校上学与在其他学校上学都是公平的	1	2	3	4	5
48	我很羡慕在好学校上学的同学	1	2	3	4	5
49	老师在教学中能平等地对待每一位学生	1	2	3	4	5
50	老师经常讲一些好学校发生的事情	1	2	3	4	5
51	我的家长对我学校的教育教学质量的评价是积极的	1	2	3	4	5
52	我的家长对我的学习很关注	1	2	3	4	5
53	我的家长经常为我购买课外学习资料	1	2	3	4	5
54	我的家长经常为我聘请家教辅导我的学习	1	2	3	4	5
55	我的家长对我学习内容的评价是积极的	1	2	3	4	5
56	我的家长希望我在学校能学些实用的东西	1	2	3	4	5
57	我对课程和教学有许多意见和建议	1	2	3	4	5
58	据我了解,我的同学有许多课程和教学方面的意见和建议	1	2	3	4	5
59	我认为老师都希望对现行的课程和教学做相应的调整	1	2	3	4	5

三　下列你所遇到的学习困难中，请你按照难度大小在后面进行排序（填写1、2、3、4、5）。

学习困难	排序
听不懂，对学习没有兴趣	
学习方法不对头，没有效果	
老师经常批评我，我放弃了	
同学经常在学习上打击我，使我缺乏信心	
太多的家务经常影响我的学习	
其他	

四　你觉得学校课程在学生发展中的作用是（　　）。
A. 非常重要　B. 比较重要　C. 一般　D. 不太重要　E. 不重要
请说明原因：_____
_____

五　当你看到"汽车"这个词可能会想到"跑得快、拉东西、铁的"，那么当你看到"民族教育、课程、教学"这些词的时候，你会想到什么呢？请把你想到的词语和句子写到下面的横线上（怎么想就怎么写）。

民族教育：_____
_____

课程：_____
_____

教学：_____
_____

你的每个答案，对我们的研究都很重要，请你回头再看一遍填写的问卷，有无遗漏问题和需要补充的想法和意见。再次感谢你的支持和合作！

附录三 "西北少数民族地区教育公平发展研究" 教育行政官员访谈提纲

一 基本信息

访谈时间：_____ 访谈地点：_____ 被 访 人：_____
性　　别：_____ 学　　历：_____ 职　　务：_____

二 访谈内容

1. 请您对本地区民族中小学课程与教学的现状给予评价。存在哪些问题？有哪些值得其他地区借鉴的经验和做法？

2. 总体而言，您对民族地区实施的课程与教学政策有哪些意见和建议？与其他地区相比较，您认为民族地区的学校教育有哪些特殊性？

3. 请您对国家的少数民族教育政策进行评价。哪些方面还需要国家在政策方面给予特殊的关照？请具体说明。

4. 就您从事的工作而言，您认为少数民族教育在教育公平方面是否有了很大的改观？在民族教育的客观条件和环境方面，您认为哪些方面还要进一步改观？请举例说明。

5. 国家在民族地区实施了大量的倾斜性优惠政策，您作为教育行政官员，您认为这些倾斜性政策的实施是否达到了预期的效果？就您的了解而言，您认为少数民族地区的民众对此的认可程度如何，他们的主观感受怎样？

6. 您对继续改进和完善民族地区的教育政策有哪些意见和建议？从您的角度而言，您认为民众的政策期待有哪些？请举例说明。

附录四 "西北少数民族地区教育公平发展研究"校长访谈提纲

一 基本信息

访谈时间：_____ 访谈学校：_____ 被访人：_____
性　　别：_____ 学　　历：_____ 职　　称：_____
任教时间：_____ 任教科目：_____ 任教年级：_____

二 访谈内容

1. 请您对本校课程与教学的现状给予评价。存在哪些问题（与其他学校相比）？本校有哪些值得其他地区借鉴的经验和做法？

2. 您对民族地区学校实施的课程与教学政策有哪些意见和建议？与其他地区相比较，您认为民族地区的学校教育有哪些特殊性？国家是否按照民族教育的这些特殊性实施了相应的民族教育政策？政策落实得怎么样？

3. 请您对国家的少数民族教育政策进行评价。哪些方面还需要国家在政策方面给予特殊的关照？请具体说明。

4. 国家和政府也在采取各种各样的措施力促教育公平发展。您认为少数民族教育在这方面是否有了很大的改观（如学校的硬件条件等）？在民族教育的客观条件和环境方面，您认为哪些方面还要进一步改观？请举例说明。

5. 国家在民族地区实施了大量的倾斜性优惠政策，作为民族教育机构的负责人，您认为这些倾斜性政策的实施是否达到了预期的效果？您认为少数民族地区的普通民众对此的认可程度如何？人们的主观公平感受怎样？

6. 您对继续改进和完善民族学校的课程与教学政策有哪些意见和建议？从您的角度而言，您认为民众的政策期待有哪些？请举例说明。

附录五 "西北少数民族地区教育公平发展研究"教师访谈提纲

一 基本信息

访谈时间：_____ 访谈学校：_____ 被访人：_____
性　　别：_____ 学　　历：_____ 职　　称：_____
任教时间：_____ 任教科目：_____ 任教年级：_____

二 访谈内容

1. 请结合您教育教学的经历，对所教课程的现状给予评价？存在哪些具体的问题（与其他教师相比）？您认为在您的教学经验中有哪些值得其他老师学习的经验和做法？

2. 作为民族学校的老师，您对民族学校的课程与教学有哪些意见和建议？目前的课程与教材的内容是否很好地反映了民族地区的传统和特色？您是否认为还应该做一些相应的调整，具体体现在哪些方面？

3. 您认为民族地区的学校的教育和教学有哪些特殊性？政府是否按照民族地区学校教学的这些特殊性实施了相应的教育政策？政策落实得怎么样？

4. 请您对国家的少数民族地区的课程与教学政策进行评价，哪些方面还需要国家在政策方面给予特殊的关照？请具体说明。

5. 就您从事的教学工作而言，您认为少数民族教育在这方面是否有了很大的改观（如学校的教学环境和条件等）？在民族教育的客观条件和环境方面（尤其是教学方面），您认为哪些方面还要进一步改观？请举例说明。

6. 就您的角度而言，您认为少数民族地区的普通民众对国家的民族教育政策的认可程度如何？人们的主观公平感受怎样（即他们是如何从主观方面认识这些政策本身的）？

7. 您对继续改进和完善民族地区的课程与教学政策有哪些意见和建议？从您的角度而言，您认为民众的政策期待有哪些（他们认为需要什么样的政策进行有效的课程和教学）？请举例说明。

附录六 "西北少数民族地区教育公平发展研究"学生访谈提纲

一 基本信息

访谈时间：_____ 访谈学校：_____ 被 访 人：_____
性　　别：_____ 年　　龄：_____ 年　　级：_____

二 访谈内容

1. 请结合你学习的经历，谈谈你对学习现状的评价？存在哪些问题（与其他学生相比）？你认为你有哪些值得其他学生学习的经验和做法？

2. 你对学校的老师在教育教学方面有哪些期望？与其他地区相比较，作为民族地区的学生，你认为你的学习有哪些特殊性？学校是否按照你自己学习的这些特殊性实施了相应的课程？课程与教学进行得怎么样？

3. 请你对学校老师的教学进行评价。哪些方面还需在政策方面给予特殊的关照？请具体说明。

4. 作为学校的学生而言，你认为近年来学校在课程与教学方面是否有了很大的改观（如学校的教学环境和条件、硬件设施等）？在学校的客观条件和环境方面（尤其是教学方面），你认为哪些方面还要进一步改观？请举例说明。

5. 作为民族学校的学生，你认为国家针对少数民族实施这些特殊政策是否达到了预期的效果？你认为少数民族地区的人们对这些政策的认可程度如何？人们的主观公平感受怎样（即他们是如何从主观方面认识这些政策本身的）？

6. 你对继续改进和完善课程和教学有哪些意见和建议？从你的角度而言，你认为学生的政策期待有哪些？

参考文献

一 学术著作

1. ［英］安东尼·吉登斯:《社会学》,赵旭东译,北京大学出版社2004年版。
2. ［英］保尔·汤普逊:《过去的声音——口述史》,覃方明、渠东、张旅平译,辽宁教育出版社2000年版。
3. 陈振明:《政策科学》,中国人民大学出版社1998年版。
4. 陈向明:《质的研究方法与社会科学研究》,教育科学出版社2000年版。
5. ［加］大卫·杰弗里·史密斯:《全球化与后现代教育学》,郭洋生译,教育科学出版社2000年版。
6. 戴庆厦:《中国民族语文政策概述》,民族出版社2007年版。
7. ［法］埃德加·莫兰:《复杂性理论与教育问题》,陈一壮译,北京大学出版社2004年版。
8. ［德］恩希特·卡希尔:《人文科学的逻辑》,关子尹译,上海译文出版社2004年版。
9. 哈经雄、滕星:《民族教育学通论》,教育科学出版社2001年版。
10. 黄忠敬:《课程政策》,上海教育出版社2010年版。
11. 金炳镐:《新中国民族政策60年》,中央民族大学出版社2009年版。
12. ［美］克利福德·格尔茨:《文化的解释》,纳日碧力戈译,上海人民出版社1999年版。

13. 联合国教科文组织国际教育发展委员会：《学会生存——教育世界的今天和明天》，教育科学出版社1996年版。

14. ［法］列维·斯特劳斯：《忧郁的热带》，王志明译，生活·读书·新知三联书店2000年版。

15. 李允杰、丘昌泰：《政策执行与评估》，北京大学出版社2008年版。

16. 刘欣：《基础教育政策与公平问题研究》，华中师范大学出版社2008年版。

17. 《马克思恩格斯全集》第42卷，人民出版社1979年版。

18. 马戎：《民族与社会发展》，民族出版社2001年版。

19. 苗力田：《古希腊哲学》，中国人民大学出版社1989年版。

20. 施良方：《课程理论——课程的基础、原理与问题》，教育科学出版社1996年版。

21. 石中英：《教育哲学导论》，北京师范大学出版社2004年版。

22. ［美］泰勒：《课程与教学的基本原理》，施良方译，人民教育出版社1994年版。

23. 滕星：《文化变迁与双语教育：凉山彝族社区教育人类学的田野工作与文本撰述》，教育科学出版社2001年版。

24. ［美］托马斯·戴伊：《理解公共政策》，孙彩红等译，北京大学出版社2008年版。

25. 谢维和等：《中国的教育公平与教育发展（1995—2005）——关于教育公平的一种新的理论假设及其初步证明》，教育科学出版社2008年版。

26. 万明钢：《多元文化视野：价值观与民族认同研究》，民族出版社2006年版。

27. 王飞跃：《公共政策与民族地区城乡统筹发展对策研究》，经济科学出版社2008年版。

28. 王嘉毅、吕国光：《西北少数民族基础教育发展现状与对策研究》，民族出版社2006年版。

29. 王鉴、万明钢：《多元文化教育比较研究》，民族出版社2006年版。

30. 王鉴：《民族教育学》，甘肃教育出版社 2002 年版。

31. 翁文艳：《教育公平与学校选择制度》，北京师范大学出版社 2003 年版。

32. 翁兴利等：《公共政策》，台湾空中大学 1999 年版。

33. 袁振国：《论中国教育政策的转变：对我国重点中学平等与效益的个案研究》，广东教育出版社 1999 年版。

34. ［美］约翰·杜威：《民主主义与教育》，王承绪译，人民教育出版社 1990 年版。

35. ［英］约翰·穆勒：《功利主义》，唐钺译，商务印书馆 1957 年版。

36. ［美］约翰·罗尔斯：《正义论》，何怀宏等译，中国社会科学出版社 1988 年版。

37. ［美］詹姆斯·克利福德、乔治·E. 马库斯：《写文化——民族志的诗学与政治学》，高丙中等译，商务印书馆 2008 年版。

38. 张金马：《公共政策分析：概念、过程、方法》，人民出版社 2004 年版。

39. 赵安君：《民族教育与民族经济》，辽宁大学出版社 1994 年版。

40. 赵汀阳：《论可能生活——一种关于幸福和公正的理论》，中国人民大学出版社 2004 年版。

41. 郑文樾主编：《乌申斯基教育文选》，人民教育出版社 1991 年版。

42. 钟启泉等：《课程与教学论》，华东师范大学出版社 2008 年版。

43. 朱俊杰、杨昌江：《民族教育与民族文化发展研究》，湖南教育出版社 2006 年版。

44. 朱小蔓、陈如平：《对策与建议——2006—2007 年度教育热点、难点问题分析》，教育科学出版社 2007 年版。

45. 周保松：《自由人的平等政治》，生活·读书·新知三联书店 2010 年版。

二 期刊论文

1. 敖俊梅：《高等教育机会平等政策的回顾——基于1950年以来民族预科教育政策的研究》，《黑龙江高教研究》2010年第1期。

2. 曹能秀、王凌：《少数民族地区学校教育与民族文化传承》，《云南师范大学学报》（哲学社会科学版）2007年第2期。

3. 曹喆：《政策分析的三个维度》，《理论探讨》1993年第3期。

4. 陈道山：《浅析费孝通先生的"中华民族多元一体"论》，《中南民族大学学报》（人文社会科学版）2004年第4期。

5. 陈立鹏：《改革开放三十年来我国民族教育中政策的回顾与评析》，《民族研究》2008年第5期。

6. 陈立鹏、李娜：《我国少数民族教育60年：回顾与思考》，《民族教育研究》2010年第1期。

7. 陈如平：《走向有质量的教育公平》，《中国教育报》2007年8月18日第3版。

8. 陈云奔：《近10年来我国"教育公平"研究进展》，《上海教育科研》2004年第4期。

9. 储朝晖：《走出教育公平的观念误区》，《中国教育学刊》2005年第7期。

10. 储朝晖：《义务教育公平矛盾分析》（上），《江苏教育》2007年第3期。

11. 褚宏启：《关于教育公平的几个基本理论问题》，《中国教育学刊》2006年第12期。

12. 褚宏启：《教育公平与教育效率：教育改革与发展的双重目标》，《教育研究》2008年第6期。

13. 丁钢：《价值取向：课程文化的观点》，《北京大学教育评论》2003年第1期。

14. 丁明俊、马俊华：《伊斯兰教对民族教育的影响——以临夏回族自治州为例》，《西北第二民族学院学报》（哲学社会科学版）2008年第5期。

15．杜志强、靳玉乐：《民族地区多元文化课程：问题与对策》，《中国教育学刊》2005年第9期。

16．冯建军：《制度化教育中的公正：难为与能为》，《教育科学研究》2007年第2期。

17．郭晓明：《论课程政策的公正问题》，《教育理论与实践》2002年第4期。

18．郭元祥：《对教育公平的理论思考》，《教育研究》2000年第3期。

19．何波：《论民族教育课程构建的理论框架》，《青海师范大学学报》（哲学社会科学版）2002年第2期。

20．郝文武：《平等与效率相互促进的教育公平论》，《教育研究》2007年第11期。

21．胡东芳：《论课程政策的定义、本质和载体》，《教育理论与实践》2007年第11期。

22．胡东芳：《论加强课程权力表达能力的必要性》，《教育理论与实践》2002年第4期。

23．胡东芳：《课程政策：问题与思路》，《教育理论与实践》2002年第6期。

24．黄忠敬：《我国基础教育课程政策：历史、特点与趋势》，《中小学课程教材研究》2003年第1期。

25．霍文达：《略论我国民族学院学科专业建设的发展变化》，《中央民族大学学报》1995年第6期。

26．金生鈜：《教育正义与教育改革的转向》，《当代教育科学》2005年第20期。

27．金生鈜：《保卫教育的公共性》，《教育研究与实验》2007年第3期。

28．金志远：《课程内容多元文化初探》，《内蒙古师范大学学报》（教育科学版）2002年第1期。

29．金志远：《民族地区课程改革的文化批评》，《西南民族大学学报》（人文社会科学版）2008年第5期。

30．金志远：《主流文化和非主流文化相整合的民族教育课程知识观》,《贵州民族研究》2007年第2期。

31. 金志远：《新一轮课程改革背景下少数民族文化传承与民族基础教育课程改革》,《民族教育研究》2009年第5期。

32. 纪程：《课程民主：新中国基础教育课程改革的不断追求》,《中小学管理》2009年第10期。

33. 劳凯声、刘复兴：《论教育政策的价值基础》,《北京师范大学学报》（人文社会科学版）2000年第6期。

34. 李慧：《教育公平与教育效率关系再探》,《教育与经济》2000年第3期。

35. 李江源、王蜜：《论教育机会平等》,《中国教育学刊》2006年第12期。

36. 李庆丰：《浅谈我国教育机会均等的目标选择》,《教育探索》2001年第10期。

37. 廖清胜：《实践理性范式下科学精神的人文复归》,《科学技术与辩证法》2008年第2期。

38. 刘昌友、罗军兵：《少数民族师资队伍建设研究》,《人民论坛》2010年第5期。

39. 鲁艳：《校本课程开发：教育公平的体现》,《江西教育科研》2001年第4期。

40. 刘旭东：《运用知识管理策略，与小学合作建设学校课程》,《当代教育与文化》2010年第6期。

41. 刘旭东：《论民族地区地方课程资源的开发与利用》,《青海民族学院学报》2003年第2期。

42. 刘旭东：《论民族教育中的宗教问题》,《民族教育研究》1997年第1期。

43. 刘旭东：《论民族文化传统对教育理论的影响》,《教育理论与实践》1995年第2期。

44. 刘旭东、苏向荣：《西部地区学校课程建设中存在的问题与对策思考》,《青海民族学院学报》2011年第2期。

45. 刘旭东、张善鑫：《提升青藏地区基础教育发展质量的思考》,《民族教育研究》2009年第3期。

46．马晓强：《"科尔曼报告"述评——兼论对我国解决"上学难、上学贵"问题的启示》，《教育研究》2006年第6期。

47．茅卫东：《德育：提升生命质量的事业——檀传宝访谈》，《中国教师报》2005年3月4日第3版。

48．倪胜利、张诗亚：《民族基础教育为什么打基础》，《民族教育研究》2007年第1期。

49．祁进玉、孙百才：《少数民族教育课程政策与评价制度研究》，《青海民族学院学报》（社会科学版）2002年第2期。

50．秦玉友：《课程政策的文化抵制研究》，《教育发展研究》2007年第3A期。

51．宋太成、刘翠兰：《少数民族预科教育培养模式研究与实践》，《黑龙江民族论丛》2005年第1期。

52．孙百才、张善鑫：《我国发展少数民族教育的重大举措及其主要经验》，《西北师大学报》（哲学社会科学版）2009年第1期。

53．孙绵涛：《关于国家教育政策体系的探讨》，《教育研究》2001年第3期。

54．孙秋云：《费孝通"中华民族多元一体格局"理论之我见》，《中南民族大学学报》（人文社会科学版）2006年第3期。

55．孙正甲：《参与型政策文化与政策发展》，《理论探讨》1998年第3期。

56．孙振东：《教育何以促进人的幸福》，《湖南师范大学教育科学学报》2008年第1期。

57．沈小碚：《对多元文化课程建构的理性思考》，《民族教育研究》2008年第2期。

58．史亚娟、华国栋：《论差异教学与教育公平》，《教育研究》2007年第1期。

59．滕星、海路：《文化差异与民族地区校本课程开发》，《中南民族大学学报》（人文社会科学版）2009年第2期。

60．滕星、马效义：《中国高等教育的少数民族优惠政策与教育平等》，《民族研究》2005年第5期。

61．王鉴：《地方性知识与多元文化教育之价值》，《当代教育与文化》2009 年第 4 期。

62. 王鉴：《试论我国少数民族教育政策重心的转移》，《民族教育研究》2009 年第 3 期。

63. 王鉴：《试论中华民族多元文化与一体教育观的形成与发展》，《广西民族研究》2002 年第 4 期。

64. 王鉴：《我国民族地区地方课程开发研究》，《教育研究》2006 年第 4 期。

65. 王平：《教育政策研究：从"精英立场"到"草根情结"——兼论教育政策研究的文化敏感性问题》，《清华大学教育研究》2010 年第 4 期。

66. 王炳书：《实践理性问题研究》，《哲学研究》1999 年第 5 期。

67. 王玲：《教育公平视野下课程政策研究》，《辽宁教育研究》2008 年第 5 期。

68. 翁文艳：《我国城市小学家长教育公平观的实证研究》，《中国教育学刊》2007 年第 5 期。

69. 吴德刚：《论促进教育公平成为国家基本教育政策的意义——学习〈教育规划纲要〉的体会》，《教育研究》2010 年第 12 期。

70. 熊和平：《论课程公平即课程改革》，《教育导刊》2007 年第 1 期。

71. 许丽英：《教育效率———一个需要重新审视的概念》，《教育理论与实践》2007 年第 1 期。

72. 徐杰舜、滕星：《在田野中追寻教育的文化性格——人类学学者访谈系列》，《广西民族学院学报》（哲学社会科学版）2004 年第 2 期。

73. 徐杰舜：《论族群与民族文化》，《民族研究》2002 年第 1 期。

74. 徐玉珍：《论国家课程的校本化实施》，《教育研究》2008 年第 2 期。

75. 杨东平：《对我国教育公平问题的认识与思考》，《教育发展研究》2000 年第 9 期。

76. 杨芳：《和谐社会视野下的教育公平》，《文教资料》2006 年第 26 期。

77. 杨启亮：《体验智慧：教师专业成长的一种境界》，《江西教育科研》2003 年第 10 期。

78. 张楚廷：《课程要"回归生活"吗？——论课程与生活的关系》，《课程·教材·教法》2010 年第 5 期。

79. 张华、刘宇：《试论课程变革的文化问题》，《教育发展研究》2007 年第 1A 期。

80. 张海燕、陈融：《口述民族志：人类学的另一种探索》，《文化学刊》2009 年第 1 期。

81. 张家军、靳玉乐：《论课程政策的评价模式》，《教育理论与实践》2004 年第 4 期。

82. 张茂聪、杜芳芳：《县域课程政策保障：一种分析的视角》，《课程·教材·教法》2008 年第 6 期。

83. 张新平：《教育政策概念的规范化探讨》，《湖北大学学报》（哲学社会科学版）1999 年第 1 期。

84. 赵昌木：《我国课程改革研究 20 年：回顾与前瞻》，《课程·教材·教法》2002 年第 1 期。

85. 赵北扬：《社区背景下的校本课程开发：肃南二中和勐罕镇中学的个案研究》，《民族教育研究》2008 年第 5 期。

86. 赵德肃、刘茜：《论民族文化在学校课程中的统整》，《贵州民族研究》2007 年第 3 期。

87. 中央教育科学研究所教育政策分析中心：《义务教育均衡发展是实现教育公平的基石》，《教育研究》2007 年第 2 期。

88. 朱依萍：《课程的文化解读及其现实启示》，《教学与管理》2008 年第 2 期。

三 外文文献

1. Decker Walker, *Fundamentals of Curriculum*, Harcourt Brace Jovanovich, Inc., 1990.

2. E. G. Guba & Y. S. Lincoln, *Fourth Generation Evaluation*, Newbury Park: Sage Publications. 1989.

3. J. A. Banks & J. Banks, *Multicultural Education: Issues and Perspective*, Boston: Allyn and Bacon. 1989.

4. J. I. Goodlad, et al., *Curriculum Inquiry*, 1979.

5. M. Demeuse, A. Baye, et al., *Equity of the European Educational Systems: Asset of Indicators*, Aproject Supported by the European Commission Directorated General of Education and Culture Project Socrates SO2-61OBGE, 2003.

6. Stuart S. Nagel, *Public Policy: Goals, Means, and Methods*, New York: St. Martins Press, 1984.

四 学位论文

1. 安晓敏：《教育公平指标体系研究——基于义务教育校际差距的实证分析》，博士学位论文，东北师范大学，2008年。

2. 胡东芳：《课程政策研究——对"课程共有"的理论探索》，博士学位论文，华东师范大学，2001年。

3. 刘欣：《由教育政策走向教育公平——我国基础教育政策的公平机制研究》，博士学位论文，华中师范大学，2008年。

4. 屠莉娅：《课程改革政策过程：概念化、审议、实施与评价——国际经验与本土案例》，博士学位论文，华东师范大学，2009年。

5. 王玲：《博弈视野下的课程政策研究》，博士学位论文，山东师范大学，2008年。

6. 朱永坤：《教育政策公平性研究——基于义务教育公平问题的分析》，博士学位论文，东北师范大学，2008年。

五 文件类

1. 《国家中长期教育改革和发展规划纲要（2010—2020年）》，2010年7月29日。

2. 《甘肃省中长期教育改革和发展规划纲要（2010—2020

年）》，2011年1月18日。

3.《青海省中长期教育改革和发展规划纲要（2010—2020年）》，2010年9月12日。

4.《宁夏中长期教育改革和发展规划纲要（2010—2020年）》，2011年2月14日。

5.《中国人民政治协商会议共同纲领》，1949年9月29日。

6.《中华人民共和国民族区域自治实施纲要》，1952年2月22日。

7.《中华人民共和国宪法》，1954年9月20日。

8.《中华人民共和国宪法》，1982年12月4日。

9.《关于加强民族教育工作若干问题的意见》，1995年10月20日。

10.《关于加强民族教育工作的意见》，1980年10月9日。

11.《中华人民共和国民族区域自治法》，1984年5月31日。

12. 国务院《关于深化改革加快发展民族教育的决定》，2002年。

13. 国务院《关于加快发展民族教育的决定》，2015年。

六 其他文献

1. 郝文武：《教育与幸福合理性关系解读》，载《教育与幸福》，中国教育学会教育学分会教育基本理论专业委员会第十一届学术年会研究集，陕西师范大学2007年版。

2. 国家教委：《100所高校社科青年》，湖南师范大学出版社1993年版。

3. 江山野：《简明国际教育百科全书·课程》，教育科学出版社1991年版。

后　记

教育公平无疑是当前教育研究的焦点，国家将"促进教育公平作为国家最基本的教育政策"。在此政策背景下，民族地区的教育公平无疑受到了前所未有的关注，但长期以来的政策逻辑和实践路径就是补充资源，加大投入。近年来，在资源条件相对改善的前提下，民族教育质量问题更加凸显，这应是教育公平发展的应有之义，也是本书关注民族学校课程和教学问题的初衷。实证结果发现，民族教育系统内的改观还需经历漫长的进程，教育公平发展仍然是一个沉甸甸的话题。因此，本书完稿之际，内心并无如释重负的轻松，因为我仅仅是经历了一次完整的学术训练。对民族教育公平发展问题探索仅仅是个开始，公平发展面临的困难仍在脑海中回荡。虽然研究当中还有很多缺憾与不足，但却凝聚了许多人的心血，由衷的谢意涌上心头。

本书是在我的博士学位论文的基础上进一步修改及跟踪调研后充实完成的，也是本人近几年关注民族教育公平问题的一个阶段性总结。首先要特别感谢我的导师刘旭东教授，恩师不嫌学生愚钝而经常倾心"敲打"与教化。在整个研究的构思、写作以至最终的修改上都字斟句酌、雕琢润色，每有困惑与疑问时，和刘老师的探讨总能使我茅塞顿开，柳暗花明。此时此刻，千言万语汇成一句话，衷心说一声"谢谢您，刘老师"。

研究属于实证研究，在此也感谢参与本次调查的民族地区17所学校负责人、师生。由于客观原因请恕不能一一列出你们的姓名，但这份感谢是真诚的。同时也衷心感谢青海师范大学李晓华教授在青海调研期间提供的方便和支持，感谢谭月娥师妹在宁夏调研期间提供的帮助和支持，感谢甘肃民族师范学院王莅副教授在甘南调研时给予的协调和支持，使调研得以顺利完成。课题组其他成员在研究过程中提供了无私的帮助，在探讨中也使课题组对研究问题的认识进一步深化，在此一并致谢。

研究过程中，父母及家人给予了宽容、理解和支持，为此我常怀歉疚之意。尤其近三年来，母亲和爱人承担了抚养女儿和所有家务，给我的研究工作造就了便利。家的温暖使我常怀感动，父母的白发敦促我常思孝道与人伦，女儿贝贝每天晚饭后的"爸爸，你去不去办公室"的询问总警醒我常省父道与责任。在今后的日子里，我会在生活中尽力弥补对家人和女儿的亲情，努力工作，回馈所有人的期待、关爱和付出。

研究中引用了大量前人研究的成果，大部分在文中进行了标注。也因为各种原因，个别的未能标注，请各位作者和研究者理解。这些研究成果给了本书很多的思想启迪，在此对各位研究者一并致谢。由于本人的能力有限，研究中存在纰漏在所难免，恳请专家学者不吝指正。

新的起点、新的征程，公平研究无止境，正如广告词所言，"没有最公平，只有更公平"，我会在这样的公平追求中奋力前行！

张善鑫

2015 年 10 月于西北师大